中央司法警官学院学术创新团队资助项目

中国减刑制度研究

赵 亮 著

中国人民公安大学出版社
·北 京·

图书在版编目（CIP）数据

中国减刑制度研究/赵亮著. —北京：中国人民公安大学出版社，2022.9
ISBN 978-7-5653-4590-6

Ⅰ. ①中… Ⅱ. ①赵… Ⅲ. ①减刑-司法制度-研究-中国 Ⅳ. ①D924.134

中国版本图书馆 CIP 数据核字（2022）第 165236 号

中国减刑制度研究

赵 亮 著

出版发行：中国人民公安大学出版社
地　　址：北京市西城区木樨地南里
邮政编码：100038
经　　销：新华书店
印　　刷：涿州市新华印刷有限公司

版　　次：2022 年 9 月第 1 版
印　　次：2022 年 9 月第 1 次
印　　张：16.5
开　　本：787 毫米×1092 毫米　1/16
字　　数：285 千字

书　　号：ISBN 978-7-5653-4590-6
定　　价：56.00 元

网　　址：www.cppsup.com.cn　www.porclub.com.cn
电子邮箱：zbs@cppsup.com　zbs@cppsu.edu.cn

营销中心电话：010-83903991
读者服务部电话（门市）：010-83903257
警官读者俱乐部电话（网购、邮购）：010-83901775
公安业务分社电话：010-83906108

前言

PREFACE

减刑是自由刑执行中的重要环节，罪犯被判处管制、拘役、有期徒刑、无期徒刑，在执行期间，如果认真遵守监规，接受教育改造，确有悔改表现的，或者有立功表现的，可以减刑，有重大立功表现的，应当减刑。对减刑制度的研究，目前主要集中在解决实践问题上，研究者根据减刑过程中出现的种种问题，提出有效的解决方案。从刑罚理论、交叉学科角度开展的研究相对较少。

由于缺乏对减刑背后理论的研究，我国减刑的历史变迁、减刑的性质、减刑的功能、减刑的理论基础、减刑的权力等问题研究不是特别深入，减刑方面的学问显得不像刑法学犯罪论内容那样高深。

以中国减刑实践为立足点，从法律文本考察减刑的发展脉络，从激励、回归社会、经济性、调节监禁时间考察减刑的功能，从特殊预防论、一般预防论、报应论考察减刑的理论基础，通过减刑的运行情况考察其权力属性，通过考察减刑实践提出相关完善建议，是本书的基本思路。

减刑发展历史，能让我们看到减刑的过去，也能对减刑的未来进行预测。减刑在自由刑执行方面具有重要功能，有利于罪犯回归社会，有利于自由刑执行中对罪犯进行管理。特殊预防论、一般预防论、报应论既是减少服刑期限的依据，也是防止滥用减刑的依据。减刑建议权与减刑裁定权有矛盾冲突的一面，也有相互依存的一面，减刑实质化审理促进了两种权力的合作。

减刑制度整体上朝着科学化、精细化方向发展。在实践中，存在一些或大或小的问题，这些问题的解决，需要监狱干警在实践中贡献自己的智慧，需要学者从理论高度加以提升，需要立法者调整法律规定，最大限度发挥减刑制度的功能。

拙作无意写成减刑制度的百科全书，存在观点不够完善、资料不够充实等不足之处，敬请各位学术界、实务界的朋友多加批评。特别期待来自读者的指正与建议，以促进学术上的进步。

赵 亮

2022 年 8 月 9 日于古城保定

目 录

CONTENTS

引　言

一、提出问题

减刑在中国自由刑执行中占有极为重要地位，但是，无论在理论上还是在实践中这一制度并没有得到充分重视。理论上，基于我国乃至大陆法系刑法学的研究取向，学者多钟情于在犯罪论体系上"建功立业"，有学者认为："一个刑法学者，在其学术生涯中，如果对犯罪论体系的问题避而不谈，（例如，只探究刑罚论，甚至仅思考量刑理论的一些问题），其'问题意识'和'难题意识'都不可能得到充分展现。"① 刑罚问题备受冷落，减刑制度自然也没有得到理论上的深入探究，值得研究的根本问题——减刑制度的合理性没有得到深入讨论，导致理论研究与自由刑执行实践中产生诸多片面认识。由于英、美、德、日等国家并没有像我国一样大范围适用减刑制度，而是全面推广假释制度，且假释犯再犯率比较低，因此，有很多论者认为应该废除减刑制度，代之以假释制度。据此，减刑制度存废成为重要争议命题。

减刑直接关系到罪犯能否及早出狱获得自由，作为监狱刑罚执行中的重要权力，监狱享有减刑权的一大部分，但又被法院裁定制约，监狱有将减刑权全部纳为己有的倾向，实践中减刑权归属问题争论不休。减刑制度运行多年，尤其是1997年《刑法》施行后，因其条件设定不科学等原因受到批评，实践也证明其不再适应日益变化的犯罪形势，减刑制度改革势在必行。2016年，最高人民法院出台新的减刑司法解释，新解释中依然存在没有妥善解决的问题，需要进一步在理论上对之评判。

---

① 周光权：《犯罪论体系的改造》，北京：中国法制出版社2009年版，序言。在与一些学者的交谈中，也有人表达了犯罪论方面的研究是硬功夫，刑罚论研究是软功夫、是缥缈的。另外，从刑法学教科书体例中也能发现上述问题，犯罪论体系部分往往鸿篇巨制，而刑罚论部分则薄薄几页。

二、研究目的

为什么在法院判决宣告后还能够对犯罪人减少宣告刑期，其合理性何在？为什么减刑后实际执行刑期要有原判决刑期1/2以上的限制，对部分特殊罪犯，则在立法中直接规定减刑后实际执行的最低年限，其理论基础是什么？减刑权究竟属于行政权还是司法权，能否二分？减刑制度中存在哪些弊端，应该如何改革才能使这一制度焕发青春活力，不被假释制度彻底替代而成为历史的古董？罪犯在服刑期间如果具备法律规定的思想以及行动上的良好表现，就能够得到低于宣告刑实际执行刑期的奖励。原判决宣告刑期并没有错误，实际执行刑期低于原宣告刑期需要有理论支撑，否则将成为沙滩上的大厦。有鉴于此，立足于中国刑事法治的理论与实践，研讨中国减刑制度的理论根基、权力属性及其改革成为本书的使命。

三、研究综述

现行减刑制度研究，焦点大多集中在对减刑制度的批判以及完善建议，较少有人关注减刑在中国的发展历史以及减刑制度的深层合理性问题。

通过在中国知网检索发现，以减刑为题名的期刊论文共计744篇，学位论文256篇，会议文章18篇，报纸相关文章394篇①。其中，影响力较大的文章有王志祥《我国减刑、假释制度改革路径前瞻》，朴永刚《我国减刑假释制度改革创新之设想》，王利荣《减刑运作和刑罚合理弹性》，陈永生《论减刑、假释裁决权之归属》和《中国减刑、假释程序之检讨》，王平、何显兵《减刑制度的价值分析及其思路改革》，林喜芬《中国减刑程序公平性的实证研究》，宋高初《论减刑撤销》，李勤《减刑假释制度的适用：积分制的缺陷及其完善》，等等。以减刑为主题的硕士论文共计254篇，如郦毓贝《论减刑制度》，孙敏《我国减刑制度研究》，曲伟《中国减刑权归属制度探讨》，杨慧《浅析我国减刑制度及其完善》，孙洪成《我国减刑、假释制度的缺失和完善》等，论者分别从各个方面深入论述了减刑中的问题，为减刑制度发展建言献策。也有论者建议废除减刑制度，如陈志刚《减刑制度废除研究》。

---

① 以减刑为篇名关键词在中国知网的检索结果，最后检索时间2022年2月7日。

四、理论意义及实践价值

作为具有中国特色的自由刑执行制度，减刑凝聚了中国人民的智慧，它是在司法实践中经过检验并保存下来的可贵财富。减刑制度存在的合理性有必要深入研究，这是其得以存在与发展的根本。通过研究减刑制度，逐步深化刑罚理论研究的品质，改变国内单纯重视犯罪论问题，相对不重视刑罚论问题的研究现状。定罪问题事关法治国家建设、适用刑法的科学性以及犯罪人的人权，但是，其终究解决的是刑罚以何种名义施加于犯罪人之上。定罪在刑事诉讼法规定的较短时间内即可完成，自由刑执行则需要数年乃至数十年的时间，其重要性不言而喻。因此，学者应该投入更多的时间与精力研究刑罚问题。

充分研究减刑制度，能够为实践提供理论依据，发现减刑制度中存在的问题并加以完善，充分发挥减刑应有的功能。减刑制度研究具有高度的实践价值，关系到数量巨大罪犯①的自由问题。减刑是自由刑执行过程中的重要环节，自由刑执行好坏直接关系到刑罚目的之实现，关系到罪犯是否能够充分接受教育改造不再实施犯罪，关系到普通公民能否信任刑法、信任国家法治而乐于做守法者，所以减刑研究要不断深入。

五、研究方法

首先，本书运用了辩证唯物主义方法对减刑存在的理论基础进行分析研究，着重分析了特殊预防论、一般预防论与报应论对减刑的支撑，同时从另一个角度分析了上述理论对减刑限制的支撑。以辩证唯物主义分析减刑权，发现减刑权可以分为减刑建议权与减刑裁定权，两种权力互相配合、互相制约，共同使减刑得以顺利运作。

其次，本书运用了实证分析方法，通过与监狱干警、法院法官等实践部门工作人员走访座谈等方式，对我国实践中减刑问题进行调研，以对我国减刑现状有

① 《监狱法》称服刑人为“罪犯”，《刑法》第78条称为犯罪分子，司法部2021年发布《监狱计分考核罪犯工作规定》，2017年发布《服刑人员离监探亲和特许离监规定》，司法部监狱管理局2010年发布《监狱罪犯劳动改造工作指导意见》，最高人民法院2016年发布《最高人民法院关于办理减刑、假释案件具体应用法律的规定》中称减刑对象为罪犯。在罪犯、服刑人员、犯罪人、犯罪分子四个名词中，本书选择《监狱法》中称谓，统一为罪犯。

基本认识，为解决实践中存在问题打下良好基础。

六、研究创新

本书的创新之处，首先，全面检索新中国成立前后减刑的相关法律文件。文章系统梳理了数百份法律、法规、司法解释等规范，充分展示了我国减刑制度从无到有，从粗糙到精细的发展历程。最高人民法院于2016年发布的《最高人民法院关于办理减刑、假释案件具体应用法律的规定》（以下简称2016年《减刑假释规定》）等法律文本对刑法相关条文进行了细致分析、评价。

其次，本书系统地研究探讨了减刑制度的合理性基础。从特殊预防论、一般预防论与报应论的角度全面、深入挖掘减刑制度的合理性基础。为保障罪犯顺利回归社会，防止其再次犯罪，具有崭新内容的现代特殊预防论在减刑中实现的途径有三，即隔离、威慑、矫治。国家通过惩罚罪犯确立规范的不可侵犯性，通过对积极向社会规范、刑法规范靠拢的罪犯施以减刑，向公民证实了遵守规范则能带来益处，从而号召公民不实施犯罪行为，这是一般预防论的要求。国家法律被破坏的权威得以复原，被侵犯的常识、常理、常情得以恢复，被害人对罪犯逐步谅解，罪犯自身赎罪观念苏醒，减刑则因报应减弱而可以实现。罪犯接受刑罚的规训，才能够被矫治成人身危险性较低的人，所以，其必须在规定场所接受一段时间隔离。一定时间长度的惩罚是国家刑罚起到一般预防作用的基础。国家、社会以及被害人受害的状态、心理记忆等需要一定时间恢复，故而需要限制减刑。

最后，我国减刑制度在多年运行中出现一些问题，有很大完善空间。减刑权内部冲突需要协调；“立功”与“重大立功”之间的界限需要进一步明确；平等赋予缓刑犯减刑的机会；贯彻宽严相济刑事政策，减刑工作科学化，部分符合条件的罪犯能够获得更多减刑，实际执行期限可低至原宣告刑期的1/3；以实际执行刑期体现罪犯差别；科学利用计分考核新标准；多措并举，完善财产性判项与减刑的衔接。

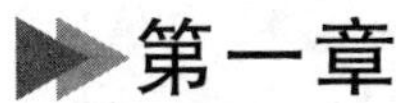

第一章 减刑制度概述

减刑是自由刑执行过程中的重要环节，以法院裁定形式减少表现良好的罪犯在宣告刑范围内可能服刑的期限，使其及早回归社会。减刑在中国自由刑执行过程中适用广泛，是激励罪犯接受教育、矫治的重要手段，在世界自由刑执行制度体系中，有鲜明的中国法治特色。全面研究减刑制度，需要对减刑制度的含义、特征、嬗变过程、功能等基本问题加以全面梳理和充分阐释，为深入研究打好基础，为减刑制度发展完善提供有力的理论支撑。

第一节　减刑制度的含义与特征

减刑制度的含义与特征是减刑制度区别于其他制度的标识，界定减刑的含义，从中分析独有的特征，也为减刑制度研究建立应有的逻辑起点。

一、减刑制度的含义

现代意义的减刑制度有广义与狭义两种概念。具有代表性的广义减刑制度概念又分为两种：有观点认为，“减刑是基于罪犯在服刑期间的良好表现而由有关权力机关减轻其依照原判决还未被执行的刑罚量的刑罚变更执行制度。刑罚量包含刑罚的强度和长度。广义的减刑，包括减短罪犯的服刑期限或改变刑种”①。论者认为减刑包括刑种由重向轻的转变和刑期长度的缩短。论者以俄罗斯刑事法

① 徐静村主编：《减刑、假释制度改革研究》，北京：中国检察出版社 2011 年版，第 7 页。孙琳：《减刑假释实施程序研究》，西南政法大学博士论文 2010 年，第 6 页。

律为例，将罪犯从高惩戒度的监禁设施转移到低惩戒度的矫正设施中是对刑种的变更。同样，刑种变更还包括将未服完的部分剥夺自由刑替代为限制自由、劳动改造和强制性工作，也是减刑的形式。

另有观点认为，“减刑制度广义上应当包括死缓的减刑、附加刑的减刑、特赦与第78条规定的减刑，它们都是因一定的条件由法定的机关减轻犯罪人的原判刑罚”①。论者认为，广义的减刑不仅包括《刑法》第78条规定的减刑，还包含被判处死刑缓期二年执行以及附加刑的减刑的情况，更是将赦免这种形式纳入广义减刑制度的范畴。

第一种广义的减刑概念在自由刑范畴内探讨缩短刑期或者改变刑种，但是此概念过于抽象，且名为广义，实则与狭义的减刑概念相差无几。所举俄罗斯之例，与我国制度相去甚远。第二种减刑制度的概念不仅包含自由刑，还涵盖了死刑、附加刑刑种，范围相对更广。

狭义的减刑制度在概念表述上差异不大，主要取自《刑法》第78条的规定。此类概念在内容上没有太大差别，“对于被判处管制、拘役、有期徒刑、无期徒刑的犯罪人，在刑罚执行期间，如果认真遵守监规，接受教育改造，确有悔改表现，或者有立功表现的，适当减轻原判刑罚的制度”②。有学者认为，狭义的减刑概念不包括死刑缓期执行犯的减刑，不包括特赦，更不包括附加刑的减刑，应在刑法规范中限定，即无期徒刑减为有期徒刑的改变刑种和管制、拘役、有期徒刑刑期的缩短。③ 有论者认为，“减刑，是指国家司法机关对被判处管制、拘役、有期徒刑和无期徒刑，并在刑罚执行中符合法定条件的罪犯，依法减轻原判刑罚的刑事执行制度”④。有学者认为上述观点有欠精准，“不符合普适环境”，所以其定义减刑为，“是基于罪犯在服刑期间的良好表现而由有关权力机关减轻其依照原判决还未被执行的刑罚量的刑罚变更执行制度”，“狭义的减刑，仅指缩短

---

① 陈敏:《减刑制度比较研究》，北京：中国方正出版社2001年版，第5页。

② 张明楷:《刑法学》（第五版），北京：法律出版社2016年版，第621页。类似观点见高铭暄、马克昌主编:《刑法学》（第四版），北京：北京大学出版社、高等教育出版社2010年版，第333页。曲新久主编:《刑法学》（第三版），中国政法大学出版社2009年版，第256页。陈忠林主编:《刑法总论》，高等教育出版社2007年版，第290页。

③ 陈敏:《减刑制度比较研究》，北京：中国方正出版社2001年版，第5页。

④ 王利荣:《减刑运作和刑罚合理弹性》，载《云南法学》2001年第1期，第59页。

罪犯刑期的长度”。[①]

前两种狭义的减刑概念是在《刑法》第 78 条范围内讨论减刑，基本上是法条内容，较为详细，但是没有指出减刑是一种刑罚变更执行制度，同时忽视了减刑的适用主体及程序问题。第三种概念指出了减刑的决定机关及其刑事执行制度的性质，但是对提起机关、法律程序没有涉及。第四种狭义的减刑概念将减刑的范畴限制得更窄，因为不涉及刑种的变更，所以排除了无期徒刑向有期徒刑的减刑，仅在有期徒刑、拘役和管制的范围内探讨减刑的概念，是最狭义的减刑制度概念，因而其所追求的“普适性”略显不足。

笔者将减刑制度研究限定在中国，故而不追求放之全球而皆准的概念，希冀将这一中国特色的“地方性知识”以更为精确、全面的概念表述出来。笔者认为，减刑制度的含义应该是：被宣告自由刑的罪犯，在刑罚执行期间，因具备法律规定的良好表现，由执行机关提请，经中级以上人民法院依法定程序裁定，缩短原宣告刑的变更刑罚执行的制度。

减刑是激励罪犯改造的刑罚制度，是对罪犯在服刑期间良好表现的一种奖励措施，一种缩短其宣告刑，降低实际可能服刑期限的奖励。获得减刑不是罪犯的权利，而是来自国家的奖励。

二、减刑制度的种类

（一）无恶行减刑与善行减刑

无恶行减刑，是指罪犯在服刑期间只要没有实施恶行，就由监狱方当然予以减刑的制度。例如，根据《法国刑事诉讼法典》第 721 条第 1 款的规定[②]，每个罪犯入监第 1 年都可以获得 3 个月的减刑判决，以后每年都可以获得 2 个月的减刑判决，并有可能在服刑期间每个月都获得 7 天的减刑。根据该条第 2 款的规定，一旦罪犯实施了恶行，刑罚执行法官有权要求典狱长处理案件，或者应地区检察官的请求来取消减刑宣告，最多能每年取消 3 个月的减刑和每个月 7 天的减

① 徐静村主编：《减刑、假释制度改革研究》，北京：中国检察出版社 2011 年版，第 7 页。孙琳：《减刑假释实施程序研究》，西南政法大学博士论文 2010 年 3 月，第 6 页。

② Each convicted person benefits from a remission of sentence of three months for the first year, two months for the following years, and of seven days per month calculated from the duration of the sentence imposed on him.

刑。在加拿大，罪犯享有无条件获得减刑的权利，罪犯一入狱就可以获得 1/4 的减刑，除非其实施恶行等，监狱方面、法官或者假释委员会无权没收其获得的减刑。①

善行减刑，是指罪犯在服刑期间必须具备法律规定的善行表现，经相关机关裁定后才能获得减刑，善行减刑是存在减刑制度的各国之通例。在法国存在善行减刑制度，《法国刑事诉讼法典》第 721-1 条第 1 款规定②，对表现出特别明显再社会化的罪犯，可以授予额外的减刑，例如，他们成功地通过了一所学校，大学或者通过专业考试显示出其获得了新知识或者证明了其在学习过程或者训练中获得了真正的进步，或者尽力补偿他们的受害人。罪犯修习新知识或者新技术，无疑是其愿意回归社会，以自己的诚实劳动争取获得新生的表现，其对被害人积极补偿，是悔过的表现，基于这样的善行，可以给予更多的减刑。

《巴基斯坦监狱管理细则》中规定，具有良好表现并且能严格遵守监规、监纪的；传授传统手工艺成绩显著的；在劳动中十分勤奋并且能够在指定时间内完成指定工作的；对增加优质产品的产量有特殊贡献的；使狱政官员以及犯人免受侵犯的；协助发现或者制止违反监规监纪的；能严守宗教教规的犯罪人能获得减刑。③ 巴基斯坦的减刑制度注重犯罪人日常的善行，要求其遵守监规、监纪，积极参加劳动或者阻止违法犯罪现象，与我国有相似之处。对宗教教规的规定，显示出该国法律深受宗教影响，教规中对善行的规定，有可能高于法律的要求，所以遵守教规也是坚持善行的表现。

《美国模范刑法典》第 305-1 条规定了善行对缩短刑期的影响，受刑人保持善行且忠实履行义务时，以及有特别值得称赞的行动或者履行义务达到特别效果时，能获得一定比例的缩短刑期。④《意大利监狱法执行细则》第 71 条规定了罪犯的特别善行能获得更多减刑，罪犯在劳动中、课堂学习中、职业技术培训中特别努力、成绩优异，积极参加合作型文娱体育活动，热心帮助其他囚犯的，能够

---

① 徐静村主编：《减刑、假释制度改革研究》，北京：中国检察出版社 2011 年版，第 35 页。

② Additional remission may be granted to inmates who show serious signs of social readjustment, especially where they successfully sit for a school, university or professional examination demonstrating the acquisition of new knowledge or justifying real progress within the framework of tuition or training, or by making efforts to compensate their victims.

③ 陈敏：《减刑制度比较研究》，北京：中国方正出版社 2001 年版，第 81-82 页。

④ 美国法学会编：《美国模范刑法典及其评注》，刘仁文、王祎等译，北京：法律出版社 2005 年版，第 13 页。

获得更多减刑。[①] 我国《刑法》第 78 条规定，罪犯确有悔改表现、立功或者重大立功才能获得减刑，这是要求罪犯通过良好表现获得减刑，不具备善行的条件，则不可获得缩减刑期的待遇。

（二）可以减刑与应当减刑

依据减刑的条件，分为可以与应当两种情形。英国，在监狱中执行自由刑的罪犯，他们在行罚执行过程中表现的行为和劳动可作为其获得减刑的根据[②]，这说明罪犯的劳动是减刑的条件之一，但是仅仅有良好的劳动不一定能够从官方获得减刑。在美国马里兰州，矫正机构的分类小组必须为罪犯安排某种工作，以便其通过参加工作获得刑期折抵，罪犯每个月应该获得 5 天的刑期折抵奖励，且此种奖励是不能撤销的。[③] 在法国、加拿大等国，无恶行减刑也归入应当减刑之列。

在我国，依据刑法规定，被直接判处自由刑的罪犯以及由死刑缓期执行减为有期徒刑或者无期徒刑的罪犯，在自由刑执行期间或者自由刑缓刑考验期间，如果具备确有悔改或者立功表现的，可能获得减刑，也可能因为其他原因得不到减刑。这是一种酌定奖励情节，减刑的主动性掌握在国家机关手中。

我国刑事法律规定了应当减刑的情形[④]，即罪犯具备重大立功表现中的任一情形的应当减刑。刑法的此种规定意味着只要罪犯的行为构成重大立功，则必须

---

① 孙琳：《减刑假释实施程序研究》，西南政法大学博士论文 2010 年，第 11 页。陈敏：《减刑制度比较研究》，北京：中国方正出版社 2001 年版，第 81 页。

② 陈敏：《减刑制度比较研究》，北京：中国方正出版社 2001 年版，第 80 页。徐静村主编：《减刑、假释制度改革研究》，北京：中国检察出版社 2011 年版，第 35 页。

③ 陈敏：《减刑制度比较研究》，北京：中国方正出版社 2001 年版，第 79 页。

④《刑法》第 78 条对重大立功的规定是：阻止他人重大犯罪活动的；检举监狱内外重大犯罪活动，经查证属实的；有发明创造或者重大技术革新的；在日常生产、生活中舍己救人的；在抗御自然灾害或者排除重大事故中，有突出表现的；对国家和社会有其他重大贡献的。《监狱法》第 29 条对重大立功的规定是：有下列重大立功表现之一的，应当减刑：（一）阻止他人重大犯罪活动的；（二）检举监狱内外重大犯罪活动，经查证属实的；（三）有发明创造或者重大技术革新的；（四）在日常生产、生活中舍己救人的；（五）在抗御自然灾害或者排除重大事故中，有突出表现的；（六）对国家和社会有其他重大贡献的。2016 年《减刑假释规定》对重大立功的界定是：具有下列情形之一的，应当认定为有“重大立功表现”：（一）阻止他人实施重大犯罪活动的；（二）检举监狱内外重大犯罪活动，经查证属实的；（三）协助司法机关抓捕其他重大犯罪嫌疑人的；（四）有发明创造或者重大技术革新的；（五）在日常生产、生活中舍己救人的；（六）在抗御自然灾害或者排除重大事故中，有突出表现的；（七）对国家和社会有其他重大贡献的。尽管司法解释增加了应当减刑的情形，与《刑法》《监狱法》的规定有异，似有违背罪刑法定原则的嫌疑，但是笔者认为，规定有利于罪犯获得减刑，且增加的情形与刑法体系中对重大立功的认定不违背，不会与公众通常认识发生冲突，是恰当的。当然这不是本章节论述的重点。

要对之减刑。2016年《减刑假释规定》第6条规定，有重大立功表现的，一次减刑不超过一年六个月有期徒刑；确有悔改表现并有重大立功表现的，一次减刑不超过二年有期徒刑。有重大立功的罪犯，应该予以奖励，这是法定奖励情节。

（三）普通减刑、限制减刑与禁止减刑

基于罪犯所犯罪行、给国家和社会造成的损失、人身危险性以及原判决刑罚严厉程度不同，刑法规定不同罪犯的减刑有差异。普通罪犯能够因良好表现而按照刑法规定获得减刑。

限制减刑并非彻底不减刑，而是指被限制减刑的罪犯实际执行刑期要长于其他同类罪犯。有些罪犯因罪行严重，人身危险性高，原判决刑罚重而被限制减刑，即使罪犯有良好表现也要受最低服刑期限的限制。在我国，对被判处死刑缓期执行的累犯以及因故意杀人、强奸、抢劫、绑架、放火、爆炸、投放危险物质或者有组织的暴力性犯罪被判处死刑缓期执行的罪犯，人民法院根据犯罪情节等情况在宣告死刑缓期执行的同时决定对其限制减刑。上述9类罪犯并非全部都要限制减刑，法院还要依据犯罪情节等多种因素考虑，所以被限制减刑的罪犯数量应该是有限的。缓期执行期满后依法减为无期徒刑的罪犯，实际执行刑期不能少于25年，缓期执行期满后依法减为25年有期徒刑的罪犯，实际执行刑期不能少于20年。

《刑法修正案（九）》修正了《刑法》第383条，规定了不得减刑、假释的终身监禁。数额特别巨大，并使国家和人民利益遭受特别重大损失的贪污罪犯或者受贿罪犯，应处无期徒刑或者死刑，并处没收财产。被判处死刑缓期执行的贪污罪犯或者受贿罪犯，人民法院根据犯罪情节等情况可以同时决定在其死刑缓期执行二年期满依法减为无期徒刑后，终身监禁，不得减刑、假释。这是我国首次在刑法中规定某类罪犯不得减刑，该规定增加了减刑的种类，丰富了死刑缓刑执行的层次。

三、减刑制度的特征

减刑制度的特征是其区别于其他制度的特性。

（一）减刑对象是被宣告自由刑的罪犯

依据《刑法》第78条的规定，被判处自由刑的犯罪分子，在被剥夺或者限

制自由的执行期间可以获得减刑。由于被判处拘役或者3年以下有期徒刑并宣告缓刑的罪犯并没有被执行自由刑，通常不能被减刑，但是，缓刑期间有重大立功表现的，可以减刑。被判处死刑缓期执行的罪犯不是减刑制度的调整对象，缓期考验期满后减为无期徒刑或者减为有期徒刑，是死刑执行制度的表现形式，此种从死刑转化为自由刑的“减刑”方式名为减刑，但不是自由刑执行中的减刑。死缓犯经高级人民法院裁定宣告减为无期徒刑或有期徒刑后则属于减刑的对象。因此，减刑的对象是被宣告自由刑的罪犯。减刑制度包含从无期徒刑减为有期徒刑的自由刑刑种变化，在有期徒刑、拘役、管制之内减刑。减刑制度不包含从死刑缓期执行减为无期徒刑或者有期徒刑，从死刑转化为自由刑的刑种变化不是我国刑法规定的减刑范畴。

（二）获取减刑须具备法律规定的良好表现

在我国，罪犯欲获得减刑必须具备法律规定的良好表现，减刑是对积极靠拢、服从社会行为规范的罪犯的奖励。监规纪律、服刑人员行为规范同其他法律法规一样，是社会行为规范的一种，包含着丰富的内容，遵守监规即遵守社会规范。接受教育改造意味着罪犯愿意纠正自己的错误思想和行为方式。确有悔改表现是罪犯认识到自己行为的反社会性，给国家、社会、被害人等造成了损害，不仅有内心深处的悔罪，还有表现于外部的行为。有立功表现或者重大立功表现是罪犯给国家和社会作贡献。所有这些均为良好表现的内容。对遵守规范，有良好表现的罪犯才可以减刑。

（三）减刑由自由刑执行机关提请

减刑由自由刑执行机关对罪犯考察后提请。对被判处拘役的以及剩余刑期在3个月以下有期徒刑罪犯之减刑，由看守所所属地市级公安局提请。未成年犯在未成年犯管教所的减刑由未管所提请。被执行剩余刑期3个月以上有期徒刑以及无期徒刑的罪犯之减刑，由监狱提请。

对管制犯、缓刑犯、假释犯、暂予监外执行犯依法实行社区矫正。对上述罪犯之减刑，由社区矫正机构提请。2020年开始实施的《社区矫正法》简化了对社区矫正对象减刑的程序，该法第33条规定，符合减刑条件的社区矫正对象，由社区矫正机构向社区矫正执行地的中级以上人民法院提出减刑建议。按照2020年《社区矫正法实施办法》，县级社区矫正机构有权力单独提出减刑建议。

（四）减刑由中级以上人民法院裁定

减刑缩短宣告刑确定的刑期，涉及法院判决的既判力问题。既判力问题始于古罗马法的“一案不二讼”原则，在民事诉讼法学体系中使用此概念较多，“它指民事判决实质上的确定力，即形成确定的终局判决内容的判决，所具有的基准性和不可争性效果”①。学者将这一概念引入刑事诉讼领域，既判力在刑事诉讼中强调的是法院刑事判决的确定力、权威性与稳定性。从诉讼活动意义上，诉讼法律关系因判决出台而告终结，判决正式生效。从罪犯权利与义务意义上，判决认定的犯罪事实被视为曾经真正发生的事实，罪犯在罪前、罪中与罪后的表现被以刑事责任的形式固定，罪犯因此而承担的刑罚也是确定的。无论从程序意义还是实体意义上，非经法定事由，判决不得改变。原判决既判力的权威性与稳定性会因减刑而受到一定动摇，因此需要较高层级的法院依法定程序严格变动刑期，以确保法律、法院以及法官的权威性，确保公民对法律以及其他权威社会规范的信任和信赖。我国法律规定，对被判处无期徒刑的罪犯的减刑，由罪犯服刑地的高级人民法院作出裁定。对被判处有期徒刑、拘役、管制和被减为有期徒刑的罪犯的减刑，由罪犯服刑地的中级人民法院作出裁定。

（五）减刑是变更自由刑执行制度

我国减刑制度包括无期徒刑减为有期徒刑的刑种变化，以及有期徒刑、拘役、管制缩短宣告刑确定的服刑期限或者缩短缓刑考验期限两种形式，减刑是变更自由刑执行内容的制度。例如，法院判处罪犯某甲有期徒刑 10 年，监狱所在地中级人民法院在该犯减刑的刑事裁定书中会写道，本院认为，对罪犯某甲减去有期徒刑 1 年 6 个月。这份刑事裁定书变更了原判决宣告 10 年有期徒刑的内容，罪犯将少服刑 1 年 6 个月，这是对原判决确定的服刑期限的变更。

从另外一个层面讲，减刑制度没有导致执行刑对宣告刑的变更，而是使执行刑依然在宣告刑的范围内动态执行。执行刑并不是对宣告刑的彻底变更，并非对宣告刑确定的无期徒刑进行刑种变更，或者对确定的有期限的自由刑进行减免，而是通过减刑制度，在宣告刑划定的范围内较为灵活地变动。

《刑法》第 78 条第 2 款规定了减刑以后实际执行的刑期不能少于一定的期

① 吴明童：《既判力的界限研究》，载《中国法学》2001 年第 6 期，第 76 页。

限。通过减刑制度，人民法院判处具有确定刑期的管制、拘役、有期徒刑，变成了一个相对浮动的区间。人民法院判处的无期徒刑，变成了一个最少服刑 13 年且无上限的相对确定自由刑。被限制减刑的死缓犯，在死缓确立之初，即被确立了服刑的底线，减为无期徒刑的，服刑 25 年以上；减为有期徒刑的，服刑 20 年以上。2016 年《减刑假释规定》第 12 条规定，被判处死刑缓期执行的罪犯经过一次或者几次减刑后，其实际执行的刑期不得少于 15 年，死刑缓期执行期间不包括在内。这意味着，区别于限制减刑的死缓犯，普通死缓犯服刑的底线并不包括死缓考验期的 15 年。

有观点认为减刑改变了刑罚执行方式，笔者认为此观点有可商榷之处。假释是对自由刑执行方式的变更，即把罪犯服刑场所由监狱转为社区，由剥夺自由的形式转为限制自由的方式。减刑后的罪犯依然是在监狱这个剥夺自由的环境中受刑，执行方式并没有发生变化。

第二节 我国减刑制度的嬗变

中国古代有恤刑等对罪犯减轻处罚的制度，但并不存在与现行减刑类似的制度。具有现代意义的减刑制度发源于清末法律改革，其后北洋政府、国民党政府颁布的法律中均有减刑的相关规定，但鉴于各种原因，减刑制度没有发展起来。1949 年中华人民共和国成立后，减刑工作在摸索中前进，逐渐发展成现行的减刑制度，这是一个人类理性不断探索进步的过程。

一、中华人民共和国成立前的减刑制度

（一）清末狱政改良中的减刑探索

1840 年鸦片战争失败后，清政府陷入内外交困的窘境，被迫师夷长技，经历了一个从学习资本主义强国的科学技术到学习列强政治、法律制度的过程。1905 年，载泽等 5 大臣受命留洋考察，因德、日保留封建传统较多而开始以两国为榜样修律改良。在监狱改良方面，首先学习外国监狱法律和学说，翻译日本监狱法律及著作，著作以介绍小河滋次郎作品为主，其《独逸监狱法》影响巨大。

1908年，在沈家本、伍廷芳等修律大臣的主持下，清政府延请日本监狱学家小河滋次郎负责起草监狱法典，其指导思想为沈家本所接受的感化论，“泰西监狱，初亦未得感化之宗旨，而惟以苦人、辱人为事。迨后有仁慈者出，目睹大惨毒之方，惨刻之状，同为人类，何独受此，于是倡为感化之说，播于欧洲。更有学人辈出，相与研究，定厥宗旨”①。1910年，《大清监狱律草案》拟定，但未及颁行清王朝就土崩瓦解，更遑论付诸实践。在《大清监狱律草案》中贯彻了当时西方流行的教育刑思想，监狱被设定为执行监禁，剥夺罪犯自由，使之接受教化，能习得技艺而顺利回归社会的场所。该草案分为总则、收监、拘禁、戒护、作业、教诲与教育、给养、卫生及医疗、出生及死亡、接见及书信、赏罚、领置、特赦减刑及暂释、释放，共14章，合计241条。可以看出，特赦减刑及假释在法律草案中具有重要地位，单成一章。《大清监狱律草案》第220条对特赦或者减刑申请书需要具备的文件进行了详细规定②：1. 判决缮本；2. 指挥行刑书缮本；3. 刑期计算书；4. 户籍缮本；5. 关于犯罪情形，本人品行，受刑中品行，将来生计及其他可为参考之调查文件。由上述内容可见，《大清监狱律草案》中的指导思想先进，尽管与当年中国社会实践有脱节，但是，该文本为中国狱政改革，为减刑制度划定发展方向，做了必要铺垫，有其积极的历史进步意义。

(二) 北洋政府与国民党政府的减刑立法

北洋政府对《大清监狱律草案》进行修订，基本承袭其所确定的制度，于1913年12月颁行《中华民国监狱规则》，共15章103条。该规则是北洋政府有关监狱法律法规的核心规范，也是我国首部具有法律效力的监狱法。由于这一时期军阀混战，国库无力支撑监狱开支，减刑制度以及其他制度没有经济条件等外部因素支撑，不能充分发挥其功能。

国民党政府在统治期间也颁布了一系列监狱法律法规。1928年10月颁行《中华民国监狱规则》，共14章109条，同时颁行的还有《监狱处务规则》，1930年8月颁布《军人监狱规则》，1946年1月颁布《监狱行刑法》和《监狱条例》。在国民党政府1940年7月颁布实施的《徒刑人犯移垦实施办法》第12

① 沈家本：《监狱访问录序》，《沈寄簃先生遗书》甲编《寄簃文存》卷6。转引自赵国玲：《二十世纪之中国监狱法学》，载《中外法学》1998年第3期，第78页。

② 陈敏：《减刑制度比较研究》，北京：中国方正出版社2001年版，第22页。

条规定，“移垦人犯依累进处遇办法进级者，有期徒刑得缩减其刑期，无期徒刑得减为有期徒刑，减缩办法另定之”[①]。

旧中国的减刑，由监狱掌控，脱离于刑法规定，由于当时的政治、经济和法律条件限制，设计超前的监狱制度及其中的减刑制度没能展现出其在西方社会中的功效。

二、中华人民共和国成立后的减刑制度

（一）孕育于革命战争时期

新中国的减刑制度伴随着监狱行刑制度的逐渐成熟而产生，在不断的罪犯改造过程中总结经验教训得以发展。我国的减刑制度发源于革命战争时期的一系列监狱管理制度。在解放战争之前，政府机构设置受苏联影响巨大，设立劳动感化院、犯罪自新学艺所或监狱，关押有期徒刑罪犯，同时还将罪行轻的罪犯组成苦工队，参加前线工勤任务。

1942 年 1 月 15 日，时值晋察冀边区临时行政委员会成立 4 周年，在扩大统一战线，团结一切可以团结的力量进行抗日的大背景下，边区政府决定，凡是 1942 年 1 月 15 日以前判决确定的都减轻其刑 1/2，执行徒刑剩余期限不满 1 年的一律免刑释放。[②] 这种减刑政策得到罪犯的高度赞扬，均表示愿意效力于抗战事业。笔者认为，此种举措既有减刑的性质，又包含赦免的性质，这表明我们在新中国成立前的减刑是在特殊的时代政治背景下进行的探索。1944 年 2 月 14 日，晋察冀边区政府颁行《司法工作应围绕大生产运动进行》，该文件中包含对罪犯的奖励规定，对生产积极性高、劳动成果更多的罪犯不仅仅有物质、精神方面的双重奖励，在一定情况下还能够适当缩短他们的原判决刑期或将其提前释放。[③] 在经历一段时间探索后，此时的减刑制度，深受战争时期对敌政策的影响，但是

---

① 陈敏：《减刑制度比较研究》，北京：中国方正出版社 2001 年版，第 23 页。资料另见王爱鲜：《我国减刑制度的一般理论研究》，河南大学硕士论文 2004 年，第 10 页。周超：《减刑基础理论及实务问题研究》，中国政法大学硕士论文 2010 年，第 8 页。另外，周超认为，“《中国监狱史》以及《天津监狱史》等资料，均无国民党时期关于减刑的实践”，因此，作者认为此时的减刑是具有赦免性质的措施，而非我们今天的减刑。

② 马克昌主编：《刑罚通论》，武汉：武汉大学出版社 1999 年版，第 605 页。

③ 鲍圣庆：《减刑、假释的理论与实践》，长春：吉林人民出版社 1992 年版，第 5-6 页。

已经表露出对表现积极的罪犯进行奖励的色彩。

解放战争时期，中国共产党设立劳改队与管训队这样的特色监狱，另外还接收了国民党政府的大批监狱为我所用。由于并未形成统一的全国的法制体系，各个根据地往往根据自身监禁罪犯的实践以及革命战争的需要，创设有关减刑的制度。成立于 1948 年 9 月 26 日的华北人民政府于 1949 年 1 月 13 日颁行《为清理已决及未决案犯的训令》，其中对已决犯规定了 4 种处理方式：改判、减刑、假释和继续执行。对减刑的规定较为详细：对判刑无误之案犯，刑期执行满 1/3 后，有下列情形之一的[①]，由监狱呈报原判刑司法机关减刑，转呈行署核准执行。依照华北人民政府的这一训令规定，察哈尔核准减刑者 57 人；冀中改判减刑者 194 人；冀南行署专署自新所减免释放与减刑、假释者近 500 人；行署自新所 10 年以下徒刑者改判减免刑期假释者 41 人；石家庄市改判减刑、假释 30 人。[②] 这一时期的减刑实践，基本上为新中国成立后的减刑奠定了思想基础与制度基础，指导思想是，减刑为对表现良好罪犯的奖励；表现良好的内容为遵规守纪、认罪服法、劳动积极、帮助他人等；减刑的决定机关是法院；减刑的幅度受原判决刑期长短的影响。

有批评者指出，华北人民政府的训令对罪犯的减刑条件过宽、减刑幅度太大、生产表现受到过分重视，而罪犯的人身危险性、再犯可能性等问题却被忽视了。[③] 笔者认为，这种批评值得商榷，在中华人民共和国成立之前，社会主要矛盾是战争与和平，根据地政府要在艰苦的环境中生存下来，能有精力顾及减刑等罪犯改造问题已实属难得，尽管当时的减刑以今人的眼光看起来仍显粗糙，但在当时是先进的理念和积极的制度探索。以今人的视角批评当年的工作者没有重视人身危险性等问题，有欠公允与客观。新中国成立前根据地的减刑制度受制于那个时代的政治、经济、法律、科学等多种条件限制，有其出现的必然性。[④] 华北

---

① 1. 经常遵守规则，遵守纪律者；2. 对错误坦白真实，且有清楚认识者；3. 主动积极从事劳动、能完成任务或超过任务者；4. 学习经常，且能帮助别人者；5. 其他适合于减刑之行为者。前项减刑不得超过宣告刑 1/3，不得少于宣告刑 1/10。减刑后，合乎假释条件者，应予假释。轻微案犯减刑后，所余刑期不满 1 年，认为无继续执行之必要者，得教育释放。详见鲍圣庆：《减刑、假释的理论与实践》，长春：吉林人民出版社 1992 年版，第 7 页。

② 鲍圣庆：《减刑、假释的理论与实践》，长春：吉林人民出版社 1992 年版，第 7 页。部分内容又见马克昌主编：《刑罚通论》，武汉：武汉大学出版社 1999 年版，第 606 页。

③ 陈志刚：《减刑制度废除研究》，中国政法大学硕士论文 2010 年，第 5-6 页。

④ 如果在数十年后有学者批评我们今天减刑制度粗糙、不人道、不科学等，我们在感慨之余也会批评他没有用历史唯物主义的观点看待问题。

人民政府的减刑规定适合当时的历史环境，赢得了罪犯以及人民群众的认可与大力支持，在当时的历史环境下，发挥了重要作用，并结合中国特色开创了减刑制度的新时代。

（二）完善于新中国成立后至“文化大革命”前

1. 新中国成立初至1954年9月

作为监狱刑罚执行中的重要制度，减刑备受重视，因为国内环境好转，国家建设者开始有时间与精力完善减刑制度。1950年12月，成立于1949年12月4日的中南军政委员会所属司法部发布了《对本区部分监狱关于罪犯减刑与假释报告的初步意见》，文件汇总了减刑、假释中的现象，指出大多数罪犯释放过早，因生产表现结合思想改造及学习情况的仅占10%。针对这种现象，上述机关提出指导意见：（1）对确有改造成绩或立功的罪犯，监狱应将具体情况报原判决法院转其上级法院批准，监狱无行使减刑或者假释的权力；改造成绩通过罪犯的思想、学习、劳动以及生活等表现考察，并且要注意上述表现的真实性以及犯罪的性质，不能仅仅因为单纯的劳动、清理积案等原因而实施减刑或者假释；（2）对反革命不得减刑；（3）普通刑事罪犯的减刑，被判处无期徒刑的，须执行10年以上，有期徒刑的须执行原判决刑期的1/2以上①。尽管上述规定仅仅是6大行政区之一——中南区的司法部意见，但是类似意见在其他大行政区也有颁布，这些意见为中国现行减刑制度的内容划定了基本范围。例如，监禁机关无权减刑，重视罪犯思想改造，罪犯须实际执行一定年限等。

此后，关于减刑的规定多次出现在各个机关的文件中，但是由于法制初创，难免有相互矛盾之处。1950年11月，司法部在《对东北人民政府司法部关于反革命犯减刑、假释、复权及上诉问题的答复》中明确指出：“反革命不得减刑。”1951年10月，中央人民政府法制委员会《关于判处死刑缓期执行的反革命犯案件中疑义的解释》又规定：“判处死刑缓期二年执行的反革命罪犯……如果改造得好，确有具体表现，则改判无期徒刑，如果将来改造得好，第二步还可再减刑。”1951年，最高人民法院在《关于“判处死刑、缓期两年、强迫劳动、以观后效”的案犯执行问题的函》中对最高人民法院中南分院进行答复，其中指出对于死刑缓期二年的案犯，“如在缓期时间有特别立功表现者（如对反革命案件

---

① 鲍圣庆：《减刑、假释的理论与实践》，长春：吉林人民出版社1992年版，第8-9页。

材料有重大贡献者），亦可提前减刑”。公安部在1952年出台与其他部门不同的新规定，对符合条件的反革命犯，可以在呈报原判决机关批准后予以减刑。文件中对反革命犯的减刑条件进行了详细规定，如须一贯努力自我改造；遵规守纪，积极劳动；给国家创造大批财富；防止重大事故或者帮助破获重大案件的等情形。[①] 减刑的反革命犯由省公安厅与省人民法院共同审核，省人民法院院长批准执行，这凸显了对反革命罪犯减刑的重视。显然上述4个主体出台的减刑相关规定存在矛盾之处，3个同意减刑，1个不同意减刑。因此，有法院工作人员向最高人民法院提起“通知有关部门再规定‘假释’‘减刑’办法”的建议[②]。

1952年10月，最高人民法院在《关于三反运动中对贪污犯判处徒刑缓期执行以观后效的判决如何执行问题的答复》中答复山东省人民法院沂水分院的疑问，指出了缓刑期满后罪犯有3种可能，即不予执行、仍予执行以及减刑，因此缓刑犯也可以减刑[③]。

1953年5月22日，最高人民法院和司法部在《关于犯人在刑满释放后复权问题的批复》中批复了最高人民法院中南分院的请示，犯人在执行徒刑期满获得释放，而剥夺政治权利部分未执行完毕时，“对其判处剥夺政治权利部分可宣告减刑或免予执行”，这样能够及时给予罪犯一定工作，使其有为社会主义奉献的机会。

1953年5月22日，最高人民法院西北分院在《关于减刑问题的批复》中回答了西安市人民法院的问题，指出尽管减刑无明文法律依据，但是根据“惩罚管制与教育改造相结合”的狱政方针政策，对切实恪守监管纪律，一贯劳动积极，

① 鲍圣庆：《减刑、假释的理论与实践》，长春：吉林人民出版社1992年版，第10页。

② 参见1951年最高人民法院《关于审判制度及刑事法律等六个问题的解答的函》（法编字第6773号）。

③ 笔者根据相关法律文件认为，这一时期缓刑并非现行刑法中规定的缓刑制度。当时的缓刑制度是对被判处有期徒刑的罪犯宣告缓刑，酌定1年或者2年缓刑考验期，以观后效，缓刑期满后再决定是否执行原判决有期徒刑或者减轻原判决有期徒刑的制度。缓刑一般适用于社会危害性不大，处刑较轻并因其他具体情况，以暂不执行为宜的罪犯。同时，缓刑制度区别适用于普通罪犯和贪污类罪犯，一般罪犯被宣告缓刑，无须剥夺自由，而对于死刑和《惩治贪污条例》所定的无期徒刑罪犯之缓期执行则仍须实行监禁并在强迫劳动中观其后效。《惩治贪污条例》规定的有期徒刑犯之缓期执行，可酌情不予剥夺自由，而在管制中考察。在当时，被判处有期徒刑10年的贪污犯也可以宣告缓刑。因此，彼时的缓刑犯减刑并非因变更刑期而缩短缓刑考验期，而是对原判刑期的变更，无关缓刑考验期。另详见1952年5月最高人民法院《关于贪污犯应否缓刑及缓刑期限问题的复函》，1953年6月最高人民法院办公厅《关于缓刑等问题的解答》，1953年12月最高人民法院《关于缓刑问题的复函》，1954年3月最高人民法院华北分院《关于普通刑事犯判处有期徒刑宣告缓刑若干问题的解释》。

真诚悔罪并能帮助其他犯人改造的罪犯，是可以减刑的。减刑要经过一定的程序，即首先由主管人犯的机关提出减刑意见，经同级法院同意，报请上级法院决定。因为减刑具有奖励的意义，所以要以行政命令的形式而非判决书形式。

1954年6月29日，最高人民法院、司法部发布《关于无期徒刑和刑期较长之有期徒刑人犯是否可以改判及改判后其刑期应自何日起算问题的指示》①，指示中厘清了减刑与改判的概念。减刑是“在原判决的基础上提出的，是以较轻的刑来代替原来较重的刑，是根据原判决确定后在执行过程中的新情况而决定对原判决确定刑期的减轻和缩短，它不是推翻原判决所认定的事实和量刑情况而重行判决”。改判是“撤销原来有错误的判决而重行判决”。在该指示中有一个需要注意的问题，即被判处无期徒刑的罪犯在减刑前已经执行的刑期，同被判处有期徒刑的罪犯一样，将会计算在减为有期徒刑后的刑期之内。这意味着，某罪犯被判处无期徒刑，实际执行4年后被减为15年有期徒刑，如果不存在减刑或者假释的情况，该犯继续服刑11年后即可出狱。这是与现行《刑法》第80条规定的不同之处，现行规定中，无期徒刑犯裁定减刑前的服刑期间不计入有期徒刑的刑期之内，这是罪刑均衡原则的要求，也是刑罚执行准确性的体现。

在这段时期内，我国立法者、司法者对减刑制度的认识不断深入，减刑制度还处于完善阶段。此时减刑制度具有如下特点：

第一，减刑具有奖励的性质。对于能够真诚悔罪，认识到自己行为给国家造成的损害，遵守监规监纪，认真积极劳动、完成或者超额完成任务，给国家创造财富的罪犯，在监管过程中能帮助其他犯人改造的罪犯，进行奖励。奖励的内容是罪犯最需要的自由。

第二，减刑没有系统的法律法规加以规范。新中国成立初期百废待兴，国民党政府时期的“六法全书”被废除，我国各项法律制度都在学习苏联经验并结合我国社会主义法治建设实践创制完善。减刑制度在这一阶段主要依靠新中国成立前根据地的实践，新中国成立后各地同犯罪作斗争的实践，依据国家处理敌我、人民内部矛盾的政策，最高人民法院、最高人民法院各大区分院、司法部以

---

① 此后，1954年9月30日，《劳动改造条例》颁行，最高人民法院、司法部在《关于“改判”与“减刑”的法律解释问题的函》中指出，在本指示中确定的“减刑”与“改判”之概念经政务院政法委员会讨论已经报政务院备案。所以，尽管本指示主要解决无期徒刑和刑期较长之有期徒刑罪犯是否可以改判及改判后其刑期应如何起算的问题，但是其对“减刑”与“改判”的界定已经得到享有更高立法权限机关的认可。

及公安部等相关部门的指导，等等。从对待反革命犯的减刑中即可看出，减刑缺乏统一规定，不同部门有不同的认识且出台不同的政策规定，导致在实践适用中有些部门出现无所适从的状况。

第三，减刑需要执行机关提出减刑意见，经同级法院同意后报上级法院批准，有的地方用行政命令形式发出。自由刑执行过程中的减刑，排除了监管机关的决定权，这样能够有效避免监管机关随意减刑，防止破坏法治的统一性。监管机关对表现良好的罪犯减刑，需要经同级法院同意，经上级人民法院审核后批准减刑。受国内外形势的影响，对于反革命犯减刑还须经过省公安厅的审核同意，省法院院长批准执行。减刑结论的制作在当时各地区法院有不同方式，有判决式，也有行政命令式。

第四，对缓刑犯的原判刑期可以减刑，但不改变缓刑考验期，对剥夺政治权利刑可以单独处以减刑。由于缓刑制度在这一阶段也处于创立、完善过程中，所以与缓刑交叉的减刑情况难以处理。实践中缓刑考验期不可以缩减，原判刑期可以判决形式予以减少。政治权利在那个时代对罪犯具有重要意义，是其参加一定工作、社会活动所必须具备的条件，对有期徒刑执行完毕且有着良好表现的罪犯，可以单独变更剥夺政治权利的刑期，这是给罪犯以更多参加社会活动的机会，能使其尽早融入社会。

第五，无期徒刑减刑后的起算点是宣告执行之日。这意味着对于被判处无期徒刑的罪犯，其减刑前被执行的刑期将计入减刑后确定的有期徒刑内。这一规定以现代人的观点看没有注意无期徒刑犯与有期徒刑犯的区别，没有注意无期徒刑这种刑罚自身的特点。但是，以当时的立法水平及认识观察，具有一定合理性。它反映了国家对罪犯的关怀，这是法律工作者为罪犯改造事业进行的不断探索。

第六，“减刑”这一词汇内涵尚不确定。这一阶段减刑并非专属于刑罚执行过程中对罪犯的刑罚变更执行。1950 年 11 月，最高人民法院华东分院在《关于纠正对反革命犯的轻刑倾向的指示》中，批评了上海市法院在处理匪特案件中的“宽大无边”倾向，减刑理由各种各样，还存在不说理即减刑的情况。指示中有如下文字：“对于反革命案件量刑既有了标准，就不能随意科处，如果就这个标准再行酌减，尤必须有正当理由，合于减刑条件，慎重适用，并应在判决理由内举出该项事由，不应随便滥减”，显然此处的减刑是量刑中的减轻处罚之意。直到《关于无期徒刑和刑期较长之有期徒刑人犯是否可以改判及改判后其刑期应自何日起算问题的指示》出台后，减刑的内涵才确定下来。

2. 1954 年 9 月至“文化大革命”前

1954 年 9 月 7 日，《劳动改造条例》由中央人民政府政务院颁布施行，这一法律文件开宗明义地指出立法目的，即惩罚罪犯，强迫罪犯在劳动中将自己改造成新人。笔者认为，这是新中国第一部系统、完备的监狱法规，该条例共 9 章 77 条，含总则、劳动改造机关、劳动改造生产、管理犯人制度、奖惩、经费、附则等内容，该条例的出台对于减刑制度的发展具有里程碑意义，之前发布的文件与该条例相冲突的一律无效。

《劳动改造条例》第 68 条规定了罪犯获得减刑的条件：（1）一贯遵守纪律，努力学习，对所犯罪过确有悔改表现的；（2）劝告其他犯人的不法行为或者检举监内、外反革命组织和活动，经查明属实的；（3）积极劳动，能完成或者超额完成生产任务的；（4）节约原料，爱护公共财物有特殊成绩的；（5）精研技术，有发明创造或者把自己技术教会别人有特殊表现的；（6）消灭灾害或者重大事故避免损失的；（7）有其它有利于国家人民的行为的。其中包含了当今减刑的重要条件，如确有悔改表现、完成劳动任务、发明创造、检举犯罪活动等。该条例是减刑活动制度化的重要标志，其中确立的指导思想“应当贯彻惩罚管制与思想改造相结合，劳动生产与政治教育相结合的方针”在减刑的条件中得到充分展示，犯人欲获得减刑，首先要有遵守纪律、认真学习的悔改表现，然后需要阻止其他违法犯罪行为，应该在劳动中为国家做出贡献。

《劳动改造条例》第 70 条规定了减刑的相关机关，对罪犯的减刑，劳动改造机关负责报请，主管人民公安机关负责审核相关材料并呈报，当地省、市人民法院批准对罪犯减刑，宣布执行。此时的减刑较现行减刑多了一层审核程序，即主管公安机关的审核，减刑权链条上有劳动改造机关、公安机关、省或者市人民法院三个环节。

1954 年 9 月 20 日，《宪法》公布，国家一切主体都在宪法与法律的范围内活动。为此，公安部曾于 1955 年 1 月 30 日下达了《关于各级人民公安机关必须严格遵守宪法和法律的指示》，文件中第 2 条第 5 款规定各级人民公安机关对犯人减刑，都应向相关人民检察院提出要求审理的意见，经人民检察院审核移交相关人民法院进行审理，但如果人民检察院因多种原因无法承担减刑工作时，可仍按《劳动改造条例》规定直接向相关人民法院提起减刑建议。此后，减刑权链条上又增加一环，人民检察院负责审查罪犯劳动改造情况，对减刑活动进行监督。

1956年10月22日，最高人民法院在《关于审批减刑、假释案件时是否审阅原卷问题的批复》中答复了湖南省高级人民法院的请示。省、市人民法院批准对罪犯的减刑，主要是依据减刑条件，一般可不必审阅原卷，认为有必要的可以重点阅卷。这一时期，重视的是罪犯的服刑期间表现，原判决罪行一般情况下可以不考虑。

1956年10月29日，在《关于判处劳役如何执行及农民犯普通刑事罪刑期未满可否提前释放问题的复函》中涉及因普通刑事犯罪被判处徒刑的农民，刑期未满，在农业合作社要求监禁机关释放回村生产的问题，最高人民法院在答复江西省高级人民法院中认为这类问题应该按照减刑或者假释的方法处理。笔者认为这一复函可以进行如下解读：第一，该省被判处徒刑的农民有一定数量，且被要求回村生产的较多；第二，农业合作社在当时不仅仅有农业生产的职能，还兼具部分行政管理职能；第三，在惩罚与改造、劳动与教育的指导思想下，农民减刑或者假释后在农村从事生产劳动也能起到改造作用；第四，减刑的条件有所变化，尽管复函中指出“合于减刑、假释条件的，依法予以批准减刑、假释”，但是减刑工作还是受到其他因素影响。

1957年1月14日，最高人民法院在《关于死刑缓期二年执行的犯人减刑等问题的批复》中指示，对无期徒刑或有期徒刑犯减刑的具体标准问题，涉及立法问题，有待国家立法机关在刑事立法中加以解决。在《刑法》未公布前，各地对于减刑案件，可依据犯人在劳动改造中的具体悔改表现、立功表现、原判决罪行及原判决刑罚等方面，自由酌定。这说明，尽管《劳动改造条例》已经出台，但是，专门的减刑法规依然没有出台，仍由各地法院自行掌握。

1957年3月9日，最高人民法院在《关于判处无期徒刑的罪犯是否劳改二年后必须减刑及减刑幅度问题的批复》中指出，在劳动改造2年后，无期徒刑犯可以减刑，但不能一律减刑，还要考察罪犯是否符合减刑的法定条件。不一律减刑，有利于鼓励罪犯积极改造，防止减刑失去其激励功能。

1957年5月11日，最高人民法院、最高人民检察院、公安部以及司法部联合下发《关于对劳改犯减刑、假释的批准问题的联合通知》。该文件出台的背景是：1954年8月《劳动改造条例》出台时规定减刑由省、市人民法院批准，1954年9月《人民法院组织法》出台，将人民法院的体制由3级改为4级，即基层人民法院、中级人民法院、高级人民法院与最高人民法院，取消省人民法院的分院。该法施行后，减刑、假释的批准全部由省、市、自治区高级人民法院进行，导致因各地减刑案件数量巨大，以至于影响到各省高级人民法院的监督与指导职能。有鉴于此，四部门在联合通知中指出，对于减刑案件的批准，如果全部由省、市、自治区高级人民法院进行确有困难的时候，也可由省、市、自治区的公、检、法、司4个机关商量酌定由中级人民法院进行。在《人民法院组织法》及相关法律、法令中取消的中级人民法院减刑批准权在联合通知中又再次赋予中级人民法院。在四部门联合通知发出后不久，1957年10月5日，四部门再次联合发出《关于劳改犯人的减刑、假释问题的联合批复》，文中认为应慎重处理罪犯的减刑问题，四川省高级人民法院、人民检察院、公安厅以及司法厅将某些罪犯的减刑权授予基层人民法院审批的做法“应予改变”，“即便多花一点时间”，也应该由中级或者高级人民法院批准。这表明了国家当时对减刑程序的重视。

1957年6月18日，《最高人民法院有关减刑问题的批复》中首次明确管制犯的减刑问题，最高人民法院认为，《关于对反革命分子的管制一律由人民法院判决的决定》中所规定的缩短管制期限或者提前撤销管制就是减刑，按照无期徒刑或者有期徒刑犯的减刑程序处理。对于判处“徒刑监外执行”的罪犯能否减刑问题，黑龙江省高级人民法院认为一般不应予以减刑，但如悔改情形确实显著，在工作中或劳动中有立功表现的，可以酌情减刑。这一意见得到了最高人民法院的同意。

1957年12月26日，最高人民法院发布《对于判处短期徒刑的罪犯不宜适用减刑、假释的批复》，对山西省高级人民法院提出的短期徒刑犯不适用减刑的意见表示原则上同意，但有特殊立功的可以减刑，短期徒刑的期限由该法院自行决定。现阶段大多数监狱在实践中对3年以下徒刑犯很少予以减刑，笔者认为有可能是在一定程度上受此规定影响。

1959年10月13日，最高人民法院发布《关于无期徒刑减为有期徒刑，其刑期应从何日起算问题的批复》，其中对无期徒刑减刑后的刑期起算点问题进行了规定，减刑后的新刑期应从减刑确定之日起算，减刑以前的关押日期不予折抵。这是对1954年6月29日《关于无期徒刑和刑期较长之有期徒刑人犯是否可以改判及改判后其刑期应自何日起算问题的指示》所进行的部分修订。1964年5月30日，最高人民法院、最高人民检察院、公安部下发《关于死缓和无期徒刑减为有期徒刑的刑期计算问题的联合批复》彻底明确了死缓和无期徒刑减为有期徒刑的刑期计算问题。1964年，三部门对福建、安徽、湖南、黑龙江省以及宁夏回族自治区高级人民法院，并各省、市、自治区高级人民法院、人民检察院、公安厅（局）指出，死刑缓期2年执行减为无期徒刑后又减为有期徒刑，无期徒刑减为有期徒刑的刑期情况，从文件下发之日起一律从裁定减为有期徒刑之日起计算，裁定减刑前关押的日数一律不得折抵。过去已裁定减为有期徒刑，并按当时的规定计算了刑期的，可不必再作变动。在3部门联合下发此批复后，之前有关死缓和无期徒刑减为有期徒刑的刑期计算办法的规定不再适用。

1962年7月16日，最高人民法院在《关于处理劳改犯减刑、假释案件应制作裁定书的复函》中认为，减刑工作是一项严肃认真的活动，应该在认真地进行审查改造机关呈批的资料后，作出减刑裁定书，并发给正在服刑的罪犯。简单地在劳动改造机关的减刑呈批表上写明批准减刑年限，加盖法院印章的办法不可取。

1963年3月21日，最高人民法院、公安部联合下发《关于无期徒刑罪犯需服刑多久才能考虑减刑问题的联合通知》，解决了部分高级人民法院多次请示关于无期徒刑罪犯在通常情况下需服刑几年才能考虑减刑的问题。通知中认为，在法律没有新规定之前，为保障法制统一，应按照公安部1953年相关指示中规定的期限执行，即依据无期徒刑罪犯在改造中的实际表现决定减刑，通常为满2年为最低服刑期限。

1963年5月4日，最高人民法院办公厅发布《关于劳改犯要求重新处理如何履行法律手续问题的函》。江苏省部分地区出现了原判法院对已投入劳改的罪犯，用公函的形式提出重新处理的意见（提前释放、减刑等），不办法律手续的现象，办公厅要求对在押罪犯，需要重新处理时，应当履行必要的法律手续，并制作法律文书，发给犯罪分子本人及其所在的劳改单位。这反映了当时部分地区对减刑工作的运作并不规范，法律意识不够浓厚的问题。

1966年5月7日，最高人民法院发布《关于无期徒刑减刑权限问题的批复》。文件中明晰了减刑的权限：（1）原由高级人民法院初审、上诉审或依法复核，并制作法律文书的死缓、无期徒刑和有期徒刑案件的减刑、假释案件，中级人民法院和基层人民法院判决的死缓案件，由死缓减为无期徒刑或有期徒刑，由高级人民法院办理。（2）中级人民法院和基层人民法院判决的无期徒刑和有期徒刑案件，死缓犯减为无期或有期徒刑以后再由无期徒刑或有期徒刑减刑时，其减刑、假释可由中级人民法院办理。（3）社教工作团委批准的无期徒刑和有期徒刑的案件，如果是由中级人民法院或基层人民法院判决的，其减刑、假释可由中级人民法院办理。

这一时期，减刑工作的特点是：

第一，《劳动改造条例》的出台，标志着减刑工作走出了依靠临时规定、指示的时期，开始走上制度化的道路。相关法律在运行中依然存在较多问题，需要最高人民法院等机关对相关问题作出指导甚至创设性意见，如管制犯的减刑问题就是在一次批复中确认等。各省高级人民法院以及市中级人民法院在处理减刑问题时拥有较大自主权，甚至存在不依法定程序办理减刑的情况，例如，不制定减刑裁定书，仅仅在减刑呈批表上签字等，法制在全国并没有完全统一。

第二，减刑工作受到全国政治运动的影响。农业合作社能对本合作社成员提起影响到减刑的建议。在 1958 年“大跃进”期间，罪犯改造机关重视劳动而忽视了减刑活动，造成了罪犯几乎不能被减刑甚至被延长执行刑期的现象。

第三，1954 年《宪法》颁布后，减刑工作应按照宪法原则活动，接受检察机关监督。受制于检察机关的人力、物力，并非所有减刑工作都在检察机关的监督下进行。

第四，由于处在全国法制创设、发展阶段，减刑制度及其工作运行受到其他法律、法规的产生、变更影响很大，减刑权限变动较为明显。在实践操作中有很多矛盾或者不规范之处，如享有减刑权的法院层级经常变动，基层法院时而有权裁定减刑，时而无权裁定，高级人民法院在减刑工作中不堪重负。

第五，减刑过程中重视罪犯在服刑期间的表现，注意到罪犯人身危险性的变化。减刑机关对原判决罪名除反革命罪外考虑较少，重视罪犯在服刑期间的劳动、学习等悔改表现，甚至在减刑时可以不阅原判决案卷而直接依据罪犯良好表现而裁定减刑。

第六，死缓犯或者无期徒刑犯减为有期徒刑的刑期计算问题在一段时间内极大地困扰着各高级人民法院。在此阶段确定了无期徒刑犯通常要服刑 2 年期满后才可以减刑。被判处死刑缓期 2 年执行的罪犯或者无期徒刑犯减为有期徒刑后的刑期，从裁定减刑之日起计算。相关文件修改了上一阶段确定的从无期徒刑判决之日起算的规定，这一修改使无期徒刑与有期徒刑犯的法律后果出现了重大差别，完善了无期徒刑这个刑种，更完善了减刑的规定。

第七，开始重视减刑中的程序。例如，给罪犯减刑必须制作减刑裁定书，减刑不能仅仅发函了事，还应接受检察机关监督等。倡导减刑程序的益处在于引起减刑相关机关的重视，以严密的程序保障减刑活动的质量，防止滥减刑或者不减刑的现象发生。

（三）停滞于“文化大革命”

始于1966年的“文化大革命”，历时10年，对社会主义建设的各个方面均产生了严重的破坏，法制建设概莫能免，初具形态的减刑制度在“文化大革命”中几乎面目全非。在笔者能搜索到的资料中，这一时期有关减刑的文件凤毛麟角。1974年4月，最高人民法院在《关于无期徒刑可否减为提前释放问题的复函》中，答复了青海省高级人民法院对无期徒刑罪犯能否直接减为提前释放的问题，最高人民法院认为，“该犯在劳动改造中确有显著的悔改表现，应予减刑”。这一回复表明当时的劳动改造工作还在进行，尽管有“砸烂公检法”的运动，但是依然有法院在进行一定工作，减刑就是其中的一部分。减刑工作中仍然坚持一定程序，尤其在遇见疑难案件或者难以处理的问题时，下级人民法院需要请示上级人民法院寻求业务指导。“如果过去由于工作上的原因，未能及时对该犯予以减刑，直到现在才处理其减刑问题，可以考虑适当地多减一点。”文字中透露出自“文化大革命”以来，初步建立起来的减刑制度未能得到进一步发展，减刑工作受到重大创伤，很多罪犯没有依法及时获得减刑①。

对于未能及时减刑的罪犯，最高人民法院认为可以适当多减刑期，以弥补过去工作的影响。尽管这可能没有坚持减刑的幅度，但是相对于不减刑造成的危害已经是难能可贵。“但是否一下子就从无期徒刑减到提前释放，则请你们与省公安局共同研究，从执行政策、法律的严肃性和有利于对罪犯的改造工作出发，提出意见，报请省委核定，并按照省委的批示执行。”相较之前最高人民法院的指导，此次复函中的意见比较保守，没有给予明确的肯定或者否定，复函中采用商讨形式，笔者认为，最高人民法院委婉地表达了否定的态度。其原因在于，尽管无期徒刑犯可能因工作原因没有能够得到及时减刑，但是如果直接减为提前释放，有可能影响惩罚与改造相结合的行刑政策在实践中的贯彻，不利于对罪犯的改造工作，如果无期徒刑犯直接从监狱中减为提前释放，将有损法律的严肃性。强调法律的严肃性和权威，在法律虚无主义盛行的时代能坚持这种精神实在难能可贵。

---

① 笔者透过这一复函推测的结论在相关论著中得到证实。“判处死刑缓期二年执行的罪犯服刑十年以上未得到及时处理，有的已服刑二十年以上。判处无期徒刑的罪犯，服刑已在五年以上尚未减刑的数量相当多，占无期徒刑犯总数的75%，其中已服刑二十年以上的占38%。”参见鲍圣庆：《减刑、假释的理论与实践》，长春：吉林大学出版社1992年版，第13页。

文件中还透露出疑难或者重大减刑工作需要与公安局共同商讨，法院没有独立办案的权力，这与1954年通过的《人民法院组织法》第4条的规定①是相违背的，与减刑工作需要人民检察的监督也不相符。在法院与公安局共同提出意见后，同样不能决定是否减刑，需要报请省委核定、批示，这反映了当时省委的职责中包含了对重大疑难减刑案件的最终决定权。

（四）在1979年颁行的《刑法》中获得新生

1976年"文化大革命"结束后，国家进入全面恢复发展期，减刑工作重新运行并表现了鲜明的时代特色。1978年11月28日，最高人民法院、国家科委、国家计委、民政部、国家劳动总局、公安部联合下发《关于贯彻国务院批准的〈关于劳改犯、劳教分子、留场就业人员中科技、外语人员处理问题的请示报告〉的联合通知》，通知中对减刑工作有了新的指导精神，"全国管押的劳改犯、劳教分子和留场就业人员中，共有科技和专长外语人员×××××名"，他们中或留学海外，专长物理、化学、生物、农学、医学，或专长英、法、日、德等外语，是改革开放中不可多得的建设人才。上述联合发文机关认为，对于正在劳教和服刑的科技人员，在加强改造的基础上，鼓励他们努力从事创造发明，为国家多做贡献。同时根据改造表现，将功赎罪，可以予以提前解教或减刑。上述规定具有指导意义，既表明了特定时代国家对人才的渴求，又为以后减刑条件的规定创造了基础，罪犯在刑罚执行期间能够给国家立功或者重大立功的，可予以减刑的鼓励。

历经近30年没有一部刑法典的时光后，新中国刑法典终于随着法治建设的重新起步而诞生，第五届全国人民代表大会第二次会议于1979年7月1日通过了《刑法》。这是中国法治建设的重大事件，是减刑制度在中国发展的崭新里程碑。同一次会议上还通过了《刑事诉讼法》，其中关于减刑程序的规定为减刑工作提供了具体的操作方案。

1979年《刑法》第71条规定了减刑的对象，被判处自由刑即管制、拘役、有期徒刑、无期徒刑的犯罪分子。虽然法条中没有明确，但是被判处死刑缓期2年执行的罪犯，在减为有期徒刑或者无期徒刑以后，也可以减刑。减刑的条件是犯罪分子在刑罚执行期间确有悔改或者立功表现。有期徒刑犯减刑后实际执行的

① 该条内容为"人民法院独立进行审判，只服从法律"。1987年12月24日该法被宣布失效。

期限不能少于原判决刑期的1/2，无期徒刑犯减刑后实际执行的刑期应该在10年以上。第72条规定了无期徒刑减为有期徒刑后刑期的起算点，为裁定减刑之日。这两条规定既是对几十年减刑实践的高度总结，结束了法出多门的局面，又为刑罚执行中的减刑工作提供了可靠的法律依据。

1979年《刑事诉讼法》第162条第2款规定，对被判处自由刑的犯罪分子减刑的提出机关是管制、拘役、有期徒刑、无期徒刑的执行机关，提出减刑的方式为书面，决定减刑的机关为人民法院，其依照的程序是裁定程序。程序性规定明确了减刑过程中的相关机关及其职能，结束了多部门管理的局面，使这项工作重回法治轨道。

1979年10月10日，最高人民法院、最高人民检察院以及公安部联合颁布了《关于死缓犯和无期徒刑犯减刑问题的联合通知》（以下简称《减刑联合通知》），其中介绍了颁布文件的背景，由于受到林彪、“四人帮”反革命集团的严重干扰破坏，死缓犯、无期徒刑犯的减刑工作未能正常进行，以至于大量罪犯长期羁押，不能视其表现给予减刑的处理。这些现象既严重地违反了党的相关政策、国家的法律，又不利于罪犯改造，因此需要对死缓犯和无期徒刑犯的减刑问题提出指导性意见。通知中对无期徒刑犯之减刑进行了十分详细的规定，从减刑条件到减刑幅度，从减刑实际执行年限到减刑程序，无一不涵盖。无期徒刑减为有期徒刑的刑期，一律从裁定减为有期徒刑之日起计算，裁定减刑前关押的日期不予折抵。

依据无期徒刑犯已服刑年限与剩余刑期间的对应关系，制作图表如下。

确有悔改或立功表现的已服刑期（年）	2	2-5	5-10	10-15	15-20	>20
减为有期徒刑的区间（年）	酌情减刑	13-18	10-13	5-8	1-3	<1或释放

笔者认为，这种详细的规定是在1979年《刑法》规定较为粗糙且在《刑法》颁行前大量无期徒刑犯长期羁押的情况下所作出的恰当选择。首先，《减刑联合通知》中认为基本上不存在永远关押的罪犯，被判处无期徒刑的罪犯大多数在确有悔改的前提下获得减刑，这贯彻了劳动改造的方针政策。其次，文件中的这一指导性意见并不违背刑法的规定，无论已经服刑多少年，无期徒刑犯至少要被关押10年，没有破坏罪刑法定原则，保证了法治的统一和尊严。再次，由于减刑在刑法中规定得不够详细，《减刑联合通知》开创了由最高人民法院、最高

人民检察院等部门联合出台司法解释以指导实践中减刑工作的先河。最后，《减刑联合通知》对无期徒刑减刑前刑期折抵的问题，在1979年《刑法》没有规定的情况下，作出权威性解释，解决了之前广受争议的问题，为日后《刑法》修订打下良好基础。

对无期徒刑犯的减刑，在程序上也有规定。《减刑联合通知》中规定，应由犯人所在监狱、劳改队提出减刑意见，报请本省、市、自治区公安局①审查同意后，提请当地高级人民法院依法裁定。减刑裁定书除交监狱、劳改队执行外，应抄送原判法院备查。由于无期徒刑犯社会危害性大，人身危险性强，所以由无期徒刑减为有期徒刑需要高度谨慎，故而其减刑程序要更加严密，以保证减刑质量和法律权威。无期徒刑的执行机关提出减刑意见后尚需厅（局）级公安机关审查把关，由高级人民法院裁定，并且要抄送原判法院备查。普通罪犯减刑则不需要公安机关审查，而由执行机关直接报请中级人民法院裁定，无须抄送原判决法院。

1979年12月31日，最高人民法院、最高人民检察院、公安部联合发布《关于已减为有期徒刑的原死缓犯和无期徒刑犯减刑问题的批复》，文件批复了新疆维吾尔自治区、广西壮族自治区、宁夏回族自治区、青海省高级人民法院、人民检察院、公安局的请示。三部门认为，过去已减为有期徒刑的无期徒刑犯，由于当时减刑幅度较小，与《减刑联合通知》规定的幅度相比悬殊很大，现在继续表现好的，可以按照《减刑联合通知》的规定精神再次予以减刑。但由于这部分无期徒刑犯的刑期已经减为有期徒刑，在法律程序上，无须再按照无期徒刑犯减刑的程序执行，以节约司法资源，应该按照有期徒刑犯减刑的处理程序，并放在冬训或年终评审的后期予以处理。这一批复显示了当时减刑工作在全国细致地展开，相关机关开始注重法治统一，保障罪犯应有的权利。

1980年12月26日，最高人民法院、司法部等四部门联合发布《关于罪犯减刑、假释和又犯罪等案件的管辖和处理程序问题的通知》，对1979年《刑法》《刑事诉讼法》没有详细规定的减刑管辖等问题进行细化。无期徒刑犯的减刑应严格对待，文件重申了1979年《减刑联合通知》的精神，仍然由服刑机关提出减刑意见，经本省、自治区、直辖市公安厅（局）审查同意后，提请罪犯服刑

① 由于《减刑联合通知》是下发给各省、市、自治区高级人民法院、人民检察院、公安局，所以笔者认为此处公安局指省、自治区公安厅以及直辖市公安局。

地高级人民法院依法裁定。文件首次在1979年《刑法》颁布后明确规定了有期徒刑犯、拘役犯、管制犯的减刑裁定机关。对有期徒刑犯（包括原判决死刑缓期二年执行、无期徒刑已减为有期徒刑的犯人）的减刑，由罪犯所在的监狱、劳改队提出意见，提请罪犯服刑地中级人民法院依法裁定。相较于无期徒刑犯与有期徒刑犯的减刑，拘役犯以及管制犯的减刑程序略显简单，拘役犯的减刑提请机关是犯人所在的拘役所或其他代押的场所，管制犯的减刑提请机关是执行管制的县级公安机关。尽管两类罪犯减刑的裁定部门都是当地基层人民法院，但是拘役犯的减刑尚需报请当地县级公安机关审查同意。之所以出现4种罪犯减刑裁定、审核、提请机关有异的原因在于罪犯社会危害性、人身危险性有异，执行机关不同。另外，当时法治发展程度——人力、物力水平不允许中级以上人民法院裁定全部减刑案件。笔者认为，关于上述减刑规定是现行《刑法》第79条的基础。只有在实践中不断检验此规定的科学性，才能为减刑制度的完善提供基础。

上述文件指出，公安劳改机关办理减刑应当改变过去那种半年、年终集中奖惩的制度，要把这项工作列入日常业务。笔者认为，这一规定表明之前的减刑工作是半年或者年终才解决一次，这种做法的弊端已经在实践中暴露出来，所以四部门要求公安劳改机关要“随有随办”。

1981年1月5日，《人民检察院监所检察工作试行办法》（以下简称《试行办法》）通过并颁布执行。《试行办法》第8条与第9条赋予检察机关部分减刑建议权，对于正在服自由刑的罪犯，经检察院发现罪犯在执行期间确有悔改表现或有立功表现的，应当依法提出减刑意见，建议自由刑执行机关报请相关人民法院裁定。笔者认为，《试行办法》是在1979年《刑法》与《刑事诉讼法》的框架内所做的轻微调整，检察机关享有建议监狱等机关报请对罪犯减刑的权力，一方面有利于行使检察监督权，另一方面有利于保障罪犯应有的权利。此规定也可能存在弊端，检察机关毕竟不同于刑罚执行机关，对罪犯改造情况的掌握相对较差，可能出现以偏概全的现象，影响减刑工作的正常开展。

1983年8月28日，最高人民法院、最高人民检察院、公安部、司法部在《关于严厉打击劳改犯和劳教人员在改造期间犯罪活动通知》中指出，劳改、劳教工作移交司法行政部门管理后，劳改、劳教单位需要提请人民法院裁定减刑的案件，按照原规定应报主管公安机关审核的，改由主管的司法行政机关审核。该文件是对1980年12月26日四部门联合发布的文件的修订，由于劳改、劳教工作移交司法行政部门管理，所以，无期徒刑犯、拘役犯的减刑审核单位变成司法厅（局）或者县级司法局。减刑工作开始由司法行政部门更多管理。

1984 年 10 月 20 日，最高人民法院、最高人民检察院、公安部、司法部转发了河北省高级人民法院、省人民检察院、省公安厅以及省司法厅《关于及时核实处理在押犯和劳教人员提供的案件线索的通知》，要求各省相关部门结合实际情况执行。为配合"严打"顺利进行，对于在押罪犯所提供的线索经查证属实的，特别是对因检举而破获重大案件、或抓获严重犯罪分子、或使国家和人民的生命财产免遭重大损失的，该通知要求有关部门给予罪犯奖励，可依法减刑。罪犯在服刑过程中检举揭发其他罪犯，有利于打击犯罪，挽回各项损失，给国家和人民作出了重大贡献，是"确有悔改或者立功"的表现，予以减刑符合 1979 年《刑法》的规定。

1985 年 5 月 8 日，最高人民法院研究室电话答复陕西省高级人民法院的请示，内容是关于判处无期徒刑的罪犯在服刑期间又犯新罪是否要再判处刑罚问题，其中涉及无期徒刑犯在服刑期间又犯新罪的减刑问题。最高人民法院研究室认为，罪犯在无期徒刑服刑期间再犯应该判处有期徒刑的罪，在近期其他无期徒刑犯减刑时该犯不能获得减刑。这一答复符合 1979 年《刑法》规定，罪犯在服刑期间须具备确有悔改或者立功的表现，毫无疑问，再犯新罪不符合减刑的条件。最高人民法院研究室还认为，如果该罪犯在一段时间后确实遵守法律法规、监规监纪，"老实劳动改造"，确有悔改或者立功表现，可以依照法律减刑，减刑幅度，减刑间隔的确定，离不开其曾犯新罪的记录。笔者认为，无期徒刑犯在服刑期间犯罪，应该受到刑罚惩罚，出于改造的目的还应该"给出路"，如果其人身危险性降低依然可以获得减刑。对这种罪犯的减刑应考虑其与其他罪犯的差异，毕竟其曾经在监狱再次实施犯罪行为。

1985 年 5 月 9 日，最高人民法院发布《关于缓刑考验期内表现好的罪犯可否缩减其缓刑考验期限的批复》，批复了上海市高级人民法院的相关请示。该批复解决了缓刑犯的 3 个问题：首先，法律依据问题。对缓刑考验期限单独缩减没有法律依据。1979 年《刑法》并没有关于缓刑犯减刑的规定，更没有缓刑考验期缩短的条文。如果罪犯在缓刑考验期间确有突出的良好表现，可以实施减刑，减刑参照《刑法》第 71 条的规定。其次，减刑后的刑期问题。缓刑犯减刑后的刑期同样要符合刑法中减刑的相关规定，剩余刑期不能少于原判刑期的 1/2。最后，减刑后缓刑考验期问题。对原判 3 年以下有期徒刑或者拘役的罪犯予以减刑，同时相应地缩减其缓刑考验期限。缓刑考验期限相应缩减要符合 1979 年

《刑法》第68条的规定，即在减刑后的刑期以上，拘役犯以及有期徒刑犯的缓刑考验期限分别不能少于1个月或者1年。

1985年7月18日，最高人民法院和最高人民检察院联合发布，《关于当前办理经济犯罪案件中具体应用法律的若干问题的解答（试行）》，其中涉及减刑的适用问题。该文件第5部分指出，关于在中央〔1983〕1号、〔1984〕1号和〔1985〕1号文件下达前，按当时政策、法律规定办结的经济犯罪案件中，有些案件的处理不符合3个1号文件精神和新的政策规定。是否需要纠正的问题有3种处理方案，其中第2种是：按当时政策法律规定，处理得正确，但与当前政策法律规定不符合的，一般不改判。笔者认为，不予改判的原因在于维护政策、法律法规的稳定性与权威性。依照现行政策法律，过去有些罪犯被判处的刑期较长，不符合罪刑均衡原则，可能略显不公正，文件认为可以用依法减刑、假释的办法解决。笔者认为，减刑的方法在此处有缓解政策法律法规缺乏连贯性导致案件处理差异过大的功能。改判显然不合理，当时的政策法律法规没有错误，可是，依照当时的政策法律法规处理显现出不公正或者不平等之类的弊端，所以通过减刑的方式纠正当时政策的弊端是一个既不失法律尊严又不僵硬的处理方式。

1985年11月19日，最高人民法院研究室电话答复了山东省高级人民法院关于对缓刑犯减刑应由哪级单位申报的请示，其中部分解决了缓刑犯减刑的程序问题。第一，缓刑犯减刑的提请机关是公安机关。负责对缓刑犯考察的单位或者基层组织，向公安机关提出减刑意见，公安机关对减刑意见审查后提请法院减刑。第二，缓刑犯减刑的决定机关是缓刑考察地人民法院。判处拘役宣告缓刑的，由当地基层人民法院决定，判处3年以下有期徒刑宣告缓刑的，由当地中级人民法院决定。第三，缓刑犯减刑的程序。缓刑犯减刑由人民法院适用裁定程序。

1987年2月20日，最高人民法院、最高人民检察院、公安部、司法部联合发布《关于罪犯在看守所执行刑罚以及监外执行的有关问题的通知》。该通知发出的背景是，“一些地方对在看守所服刑的罪犯，不经人民法院的裁定，擅自决定‘减刑’”。针对这种滥用减刑权的现象，该通知规定，对符合法律规定条件的、在看守所服刑的罪犯，看守所无权减刑，仅能提出书面减刑意见，该意见要经过主管公安机关审查、签署意见后才能报请同级人民法院裁定。人民法院对在看守所服刑的罪犯作出减刑裁定后，应将裁定书副本同时送同级人民检察院。人民检察院发现减刑、假释不当时，可向人民法院提出纠正意见，或按审判监督程序提出抗诉。该通知的出台表明在留所执行过程中，看守所对罪犯的“减刑”

现象较为突出，需要四部门联合发布文件纠正制止，也表明缺乏有效监督的减刑工作容易发生偏差。

1987 年 3 月 18 日，公安部发布《公安机关办理刑事案件程序规定》，第 107、113 条涉及减刑方面规定。条文中规定了在被判处管制、拘役宣告缓刑、有期徒刑宣告缓刑的罪犯在需要减刑时公安机关的职权。管制犯的减刑由县（市）公安机关提出书面意见，报请人民法院审核裁定；被宣告缓刑的拘役犯之减刑由缓刑考察地公安机关向当地基层人民法院提出，由当地人民法院裁定；被宣告缓刑的 3 年以下有期徒刑犯之减刑，由缓刑考察地公安机关向当地中级人民法院提请，由中级人民法院裁定。公安机关在减刑中的职权在此之前大多散见于公安部同最高人民法院和最高人民检察院等部门的联合法律文件中，该规定首次单独以公安部名义确定了公安机关在减刑中的职权，基层公安机关对管制犯以及拘役、有期徒刑缓刑犯有考察职权，因而享有部分减刑建议权。

1987 年 7 月 23 日，最高人民检察院发布《人民检察院看守所检查工作细则（试行）》和《人民检察院劳改检察工作细则（试行）》两个法律文件。前者在第 3 节第 14 条规定了人民检察院对看守所留所服刑罪犯的减刑享有监督权。人民检察院有权检察罪犯服刑是否有人民法院的判决书、裁定书、执行通知书；是否符合在看守所服刑的有关规定；对罪犯减刑是否合法。后者在第 2 章第 1 节第 6 条规定了人民检察院在减刑过程中的检察职权。人民检察院有权检察执行机关对于判处自由刑的罪犯，在服刑期间具备减刑条件时，执行机关是否依法报请人民法院裁定减刑；检察公安机关对于在考验期间确实有良好表现的缓刑犯，是否依法向相关人民法院呈请减刑，同时执行缩减缓刑考验期的裁定；在发现人民法院作出的减刑裁定切实存在错误时，有权提出纠正意见，或者直接按照审判监督程序提出抗诉。这两个文件是在 1979 年《刑法》《刑事诉讼法》颁布后首次单独、明确规定人民检察院对被判处自由刑的罪犯之减刑监督，有利于减刑工作更加公正地进行，防止出现滥用减刑权的现象。

1988 年 1 月 4 日，最高人民法院发布了《关于被判处拘役或者三年以下有期徒刑宣告缓刑的罪犯减刑的管辖和处理程序的批复》，批复中答复了福建省高级人民法院关于缓刑犯减刑的管辖和处理问题。对于缓刑犯的减刑，尽管有司法解释规定可以减刑，但是在程序上依然没有进行专门规定，对于缓刑犯的减刑要区别对待。文件指出，对于被判处拘役宣告缓刑的犯罪分子，决定对原判刑罚予以减刑，并且缩减其考验期限的，应由派出所以及负责考察罪犯的工作单位，或者其生活所在地的基层组织提出书面意见，报县级以上公安机关审查后，提请被宣告缓刑的拘役犯当地基层人民法院裁定。对有期徒刑缓刑犯的减刑，应该由县级以上公安机关审查相关材料，合格的方能提请当地中级人民法院裁定。无论是被宣告缓刑的拘役犯还是3年以下的有期徒刑犯，对之减刑，人民法院均应将裁定书副本同时送同级人民检察院，接受人民检察院的监督。

1988年10月25日，《北京市高级人民法院、北京市人民检察院、北京市公安局、北京市劳改工作管理局、北京市人民政府劳动教养管理委员会通告》（以下简称《通告》）颁布。《通告》出台的背景是为了鼓励服刑人员、劳教人员和少管人员坦白检举，悔改立功，认真改造，弃旧图新；政策是对上述3类人员进一步实行惩办与宽大相结合，坦白从宽，抗拒从严，立功受奖。减刑在《通告》中成为对服刑人员重要的奖励措施，不同刑期的服刑人员揭发检举不同数量的罪犯或者使案件得到侦破，能得到年限不等的减刑。第一，减刑幅度最大的是罪犯有特大立功表现。服刑人员因检举揭发使1起特大案件得到破获，或使3名以上严重罪犯逮捕归案，或使3名以上罪犯隐瞒的严重罪行被揭露以及有其他立特大功表现的，原判10年以下有期徒刑的，可以减刑释放；原判10年以上有期徒刑的，可以减刑期1/2；原判无期徒刑的，可以减为10年有期徒刑。第二，减刑幅度居中的是罪犯有重大立功表现。服刑人员因检举揭发使1起大案得到破获，或使2名严重罪犯逮捕归案，或使2名罪犯隐瞒的严重罪行被揭露以及有其他重大立功表现的，原判5年以下有期徒刑的，可以减刑释放；原判5年以上有期徒刑的，可以减刑；原判无期徒刑的，可以减为10年以上15年以下有期徒刑。第三，减刑幅度最小的是一般立功表现。服刑人员使1起以上刑事案件得以破获，或使1名以上犯罪分子得到处罚的，可以减刑，减刑幅度小于上述2种，由法院自由裁定。

笔者认为，北京市相关部门的规定有利于鼓励罪犯揭发检举犯罪，悔过自新，能协助公安机关侦破大案要案，抓获犯罪分子。《通告》在实践中为现行《刑法》减刑条件的创设奠定了基础，在之前并没有法律文件直接规定减刑与揭发检举犯罪相联系，其规定具有开拓性意义。但是上述规定也有一定弊端，尤其是在特大立功的奖励方面。首先，减刑不能违反1979年《刑法》第71、72条的规定，不能违背罪刑法定原则。原判10年以下有期徒刑的，直接减刑出狱也只能是在罪犯已经服刑3个月至5年间的前提下才能实现。原判10年以上有期徒刑可以减刑1/2以及原判无期徒刑的可以减为10年有期徒刑也都是在法条范围内的规定，没有能够凸显特殊的奖励。此种鼓励方式主要在于将减刑幅度扩大，并没有实质性变化。其次，一次性减刑幅度过大容易留下“后遗症”。如果被判10年以下有期徒刑罪犯已经服刑过半，一次性减刑出狱不容易对罪犯进行足够的教育，可能出现教育改造不足的现象。如果为了奖励原判10年以上有期徒刑或原判无期徒刑的罪犯，一次性将可减刑期全部减完，则会在减刑后出现难以改造的情况。例如，某罪犯被判处16年有期徒刑，已服刑2年，一次性减刑8年虽然能够带来一时的巨大震撼，但剩余6年的漫漫监狱生活将使他失去自我改造的动力，悔改或者立功与否无所谓，劳动是否积极等与获得自由的益处没有必然联系，该罪犯很难在监狱中继续表现良好。

1988年11月25日至29日，全国法院减刑、假释工作会议召开，通过总结经验，于1989年形成《全国法院减刑、假释工作座谈会纪要》（以下简称《减刑、假释座谈会纪要》），文件涉及减刑内容主要有7大方面：

第一，减刑的条件问题。减刑的对象是被判决宣告自由刑的犯罪分子。尽管1979《刑法》中并没有明确规定，但是根据实践需要，重申了被宣告缓刑的罪犯，在条件符合的情况下，能够对原判拘役或者有期徒刑予以减刑，并且缩减缓刑考验期。

界定确有悔改表现，认为该表现要求罪犯必须同时具备4个条件，缺一不可：认罪服法；始终如一地遵守监规监纪；参加“三项”学习积极；劳动态度积极端正，按时、按质、按量完成下达的劳动任务。对罪犯申诉的行为，不能全部认定是抗拒改造，要视具体情况而定。

对确有立功表现进行归纳总结，主要表现为：与犯罪行为作斗争，制止将要发生或者正在发生的犯罪活动；在生产中发挥聪明才智，为国家和社会做贡献，创新技术；能够做到积极救助他人；其他对国家和社会有贡献的活动。

第二，减刑的幅度问题。减刑幅度与罪犯的良好表现相联系，表现越好减刑的幅度越大。对被判处无期徒刑的罪犯和被判处有期徒刑的罪犯分别执行不同标准，总体而言，无期徒刑犯的减刑幅度大于有期徒刑犯。针对没有规定缓刑犯减刑幅度的问题，笔者认为，由于缓刑犯原判决刑期已经较短，具体规定减刑幅度会导致适用法律僵硬，所以《减刑、假释座谈会纪要》并没有规定上述罪犯减刑的幅度。

《减刑、假释座谈会纪要》对在减刑时出现的附加剥夺政治权利的情况进行建议，罪犯从无期徒刑减为有期徒刑，附加剥夺政治权利的年限调整为3-10年；

有期徒刑犯被附加剥夺的政治权利则可以不同时缩减。

第三，被判处有期徒刑的罪犯减刑的起始和间隔时间。以 5 年有期徒刑为界，5 年以上的有期徒刑犯，通常行刑 1 年 6 个月以上才有获得减刑的机会；前后减刑之间的间隔应当超过去年。刑期在 5 年以下的，可以相应缩短。为鼓励罪犯良好表现，对于有立功表现的，可打破通常的时间限制。

第四，对特殊罪犯的减刑。不同罪名的罪犯，社会危害性不同，体现的对抗社会规范的精神力量也有较大差异。反革命分子对抗国家政权，可以说是“与人民为敌”；犯罪集团的首犯、主犯组织能力强，对抗社会的能力大，反社会思想和情绪严重；累犯和多“进宫”惯犯屡教不改，需要更长时间的改造，因此对于这类罪犯，《减刑、假释座谈会纪要》要求法院严格掌握减刑幅度。笔者认为，对上述犯罪分子减刑时应严格掌握符合罪刑均衡原则的要求，并且这一规定为《刑法修正案（八）》对部分罪犯限制减刑提供了值得参考的经验。

第五，减刑案件管辖问题。1979 年《刑法》《刑事诉讼法》颁布后，在司法解释以及其他法律文件中对减刑案件的管辖作出规定，《减刑、假释座谈会纪要》中再次加以体现。监狱所在地高级人民法院管辖无期徒刑犯的减刑。服刑地中级人民法院管辖有期徒刑犯、被判处有期徒刑的缓刑犯之减刑。服刑地基层人民法院管辖拘役、拘役缓刑犯、管制犯的减刑。看守所所在地的同级人民法院裁定在看守所服刑罪犯的减刑案件。笔者认为，在看守所服刑罪犯减刑的管辖最为特殊，“同级人民法院”有可能是基层、中级、高级人民法院，因此提起减刑的则有可能是县、市、省级公安机关。

第六，减刑审理的程序问题。《减刑、假释座谈会纪要》对审理减刑案件的流程进行详细规定：应审查何种材料、事实；如何审理；减刑裁定书制作、宣告、送达；发现裁定书错误后的处理方法等。

第七，减刑活动的性质。《减刑、假释座谈会纪要》认为审理罪犯的减刑案件，“是法律赋予人民法院审判权的一部分”。这是对减刑活动的定性，即减刑权是审判权的一个组成部分。

笔者认为，《减刑、假释座谈会纪要》是对 1979 年《刑法》《刑事诉讼法》颁布后的减刑工作实践经验以及相关司法解释等法律文件的全面总结。它明确了减刑的条件、幅度、起始和间隔时间、减刑案件的管辖等一系列问题，使规定相对抽象的相关法条具有可操作性，对会后的工作具有重要指导意义，也是减刑制度发展历程中的重要环节。

1989 年 9 月 11 日，内蒙古自治区科学技术委员会与内蒙古自治区劳改局联合发布《关于在押劳改犯人申请专利的暂行规定》，文件中涉及罪犯发明创造与减刑之间的关系。该规定指出，犯人完成的发明创造获得专利权的按照其经济或社会效益的显著程度，结合其改造表现，所在劳改单位对罪犯提请减刑。内蒙古自治区的这一规定有利于鼓励罪犯在生产活动中发挥积极性、主动性，为国家和社会多做贡献。这一规定同 1988 年 10 月《通告》有异曲同工之妙，《通告》将罪犯检举犯罪活动与减刑挂钩，内蒙古自治区将罪犯发明创造与减刑建立联系，它们都是减刑制度发展过程中的重要环节，都为现行《刑法》中减刑的完善提供了实践参考价值。

1989 年 5 月 29 日，最高人民法院刑二庭在《关于办理减刑假释工作有关问题的电话答复》（以下简称《电话答复》）中对山东省高级人民法院刑二庭减刑相关问题进行了答复。《电话答复》指出：判处“五年以上有期徒刑犯”减刑的起始和间隔时间，含“五年有期徒刑犯”；判处“五年以下”有期徒刑的，不含本数。被判处死刑缓期二年执行的罪犯，减为无期徒刑后，再报减刑的，应按无期徒刑犯减刑的程序办理。《电话答复》还指出，1987 年 2 月 20 日最高人民法院、最高人民检察院、公安部、司法部联合发布的《关于罪犯在看守所执行刑罚以及监外执行的有关问题的通知》中第 3 点涉及在看守所中服刑罪犯的减刑问题，与《减刑、假释座谈会纪要》中的精神是一致的，即看守所中服刑罪犯的减刑由“县以上公安机关［包括县、市（地区）、省级公安机关］”报请同级人民法院，即“县、市（地区）、省各级人民法院”，并非仅限于基层人民法院。

1990 年 1 月 10 日，最高人民法院刑二庭在对江苏省高级人民法院《关于审理减刑假释案件有关问题的几点意见》有关问题的电话通知中纠正了有关减刑中立功的认定问题。最高人民法院刑二庭认为，立功必须是罪犯在某件事上作出了重大突出贡献，减刑中立功的认定需要和《刑法》《刑事诉讼法》以及《减刑、假释座谈会纪要》中的立功规定相符合。江苏省高级人民法院认为罪犯一年被评为劳改积极分子，一年受支队大会表扬或者连续两年被评为劳改积极分子，可以视为有立功表现是与相关法律法规以及《减刑、假释座谈会纪要》的精神相违背的。罪犯的上述表现应作为确有悔改表现来对待，或者比一般有悔改表现在减刑时优先考虑，但不能视为立功表现予以减刑。笔者认为，减刑工作在实践操作中，各地法院存在不同认识，对法律的理解与适用有异，最高人民法院进行统一解释，有利于减刑标准统一，实现刑法面前人人平等原则，维护法制的统一。

1990年4月5日，最高人民法院研究室在《关于有期徒刑犯减刑后又改判的原减刑裁定撤销后应如何办理减刑手续问题的电话答复》中解答了四川省高级人民法院的问题。有期徒刑犯被依法减刑后，原审人民法院发现原判决确有错误，应当按照审判监督程序给予改判，对已执行的刑期在改判后的刑期中予以折抵，并将改判的判决书送达罪犯所在的劳改执行机关和作出原减刑裁定的人民法院，由作出原减刑裁定的人民法院撤销原减刑裁定。之后，有关监管机关和人民法院依照法律法规重新考虑是否减刑及办理有关手续。

1990年8月31日，司法部印发《关于计分考核奖罚罪犯的规定》，共5章33条，内容包含总则、考核的内容和标准、考核的组织和方法、奖惩、附则。本规定不仅是对罪犯奖惩的标准，更是对罪犯减刑的重要标准，它增强了减刑工作的准确性、公开性、公平性、公正性，能有效克服之前减刑工作中的随意性，加强减刑的规范性，有利于调动罪犯改造积极性，主动参与到思想改造与劳动改造中去，从而提高改造质量。

1990年12月27日，山东省第七届人民代表大会常务委员会第十九次会议通过《山东省改造罪犯工作的若干规定》。该规定第13条对减刑案件的裁定期限提出要求，即人民法院对监管机关提请的有期徒刑罪犯的减刑案件，应当在1个月内作出裁定。对减刑案件的裁定期限提出要求，有利于提高裁定效率，提高减刑工作质量、罪犯改造效率。

1991年6月1日，最高人民法院、最高人民检察院、公安部、司法部联合发布《关于办理少年刑事案件建立互相配套工作体系的通知》。该通知认为，少年罪犯的可塑性强，心理变化快，其改造与成年罪犯有重大差异，在其具备减刑条件时，执行机关应当及时报请人民法院审核裁定。人民法院对少年罪犯的减刑，可以比照成年罪犯在法定范围内适度放宽。随着减刑工作的深入发展，人们认识到少年犯的减刑条件应该宽松于成年犯，在减刑时可以在幅度或者间隔方面更有利一些，以使少年犯及早出监，有利于其早日回归社会。

1991年10月8日，最高人民法院发布《关于办理减刑、假释案件具体应用法律若干问题的规定》（以下简称1991年《减刑假释规定》）。该司法解释大部分内容是对《减刑、假释座谈会纪要》予以法律规范形式确认，并增加许多内容。1991年《减刑假释规定》涉及减刑的处理问题如下：

第一，关于减刑的条件问题。1979年《刑法》规定减刑需要具备确有悔改或者立功表现，确有悔改表现在多个法律文件中均有涉及，但一直没有系统规定，最高人民法院在该文件中以司法解释形式加以明确、系统规定。在立功认定问题上出现值得注意的变化，最高人民法院对于之前确定的犯罪分子被评为劳改积极分子不能作立功处理进行变更，被评为省级劳改积极分子与立功同样处理。

第二，关于无期徒刑犯减刑的问题。1991 年《减刑假释规定》中新增加了两种情况的处理方式：一是无期徒刑犯在服刑期间重新犯罪的要在 2 年或者更长时间不能予以减刑。二是无期徒刑犯实际执行的刑期不能少于 10 年，起算点应当自判决确定之日起计算。

第三，关于有期徒刑犯的减刑期限问题。1991 年《减刑假释规定》增加了 10 年以上有期徒刑犯的减刑方式，视罪犯表现程度，一次最长可以减 2-3 年有期徒刑。

第四，关于有期徒刑犯减刑起始和间隔时间的问题。1991 年《减刑假释规定》增加了被判处 10 年以上有期徒刑犯的减刑起始与间隔时间，此类罪犯 2 次减刑之间的间隔要更大，在减刑 2-3 年有期徒刑后，减刑间隔时间一般不少于 2 年。

第五，关于有期徒刑犯附加剥夺政治权利的减刑问题。1991 年《减刑假释规定》增加了附加剥夺政治权利最短不得少于 1 年的规定。

第六，关于假释后的罪犯能否减刑的问题。最高人民法院认为，假释的罪犯通常不能减刑，考验期也不可缩短。

第七，关于减刑裁定送达前罪犯有“恶行”的处理问题。在庞大的减刑罪犯基数下，出现减刑裁定书送达前罪犯实施违法犯罪的情况时有发生。如果发现减刑的事实有出入或者罪犯有违纪、犯罪行为，可能影响减刑的，最高人民法院认为，减刑裁定书应当进行复议。这意味着减刑裁定书有可能被撤销。

第八，关于未成年犯的减刑。1991 年《减刑假释规定》认为，对未成年犯的减刑可比照成年犯依法适度放宽，间隔时间可以相应缩短。

第九，关于审理减刑、假释案件的程序和制度问题。程序问题相对实体问题，没有特别细致的规定。笔者初步认为，这与当时重实体轻程序的司法理念有一定关系。

1992 年 4 月 1 日，最高人民法院研究室颁布《关于死缓犯和无期徒刑犯经几次减刑后又改判原减刑裁定是否均应撤销问题的电话答复》。该答复认为，对原判无期徒刑的罪犯，几次减刑后减为有期徒刑，按照审判监督程序将原判改为有期徒刑的，应当将原减刑裁定一并撤销。若根据罪犯已实际服刑的刑期或者其在原判执行期间的表现，还需依法减刑的，应当按照改判有期徒刑后的刑期再重新办理减刑。

笔者认为，最高人民法院研究室的上述答复是合理的，原因在于：首先，减刑的基础是原判决刑罚。减刑是对原判决刑罚的变更，减刑的条件、幅度、间隔深受原判决刑期影响。原判决刑期的长度如 5 年以上或以下，10 年以上或以下，无期徒刑等都会有与之相对应的幅度与间隔。原判决刑罚被改判，基于原判决刑罚确立的减刑也应撤销。其次，防止出现法律冲突。如无期徒刑犯甲某服刑 2 年后减为有期徒刑 15 年，又服刑 7 年，其间因悔改表现突出获得 2 次减刑共 4 年。经法定程序再审后对该犯改判为有期徒刑 7 年，如果不撤销减刑裁定，减刑期已经超过再审改判刑期的 1/2，此时就会与 1979 年《刑法》第 71 条规定相冲突。再次，根据罪犯在原服刑期间的表现还可以再次减刑。尽管刑期发生改变，但是罪犯服刑期间的悔改表现或者立功表现已经被固定在各种材料当中，依据其表现结合新刑期依然可以再次办理减刑。最后，最高人民法院研究室在电话答复中还指出，如果依据罪犯在服刑期间的表现应予以释放的话还可以办理释放手续。再审改判后依据新刑期、罪犯已服刑期和减刑刑期，发现罪犯没有继续服刑必要的，可以办理释放手续，则减少了再次减刑等带来的“刑罚过剩”问题。

1993 年 4 月 10 日，最高人民法院颁行《关于办理假释案件几个问题的意见（试行）》。由于之前的法律文件没有系统规范罪犯在减刑后假释的处理，该意见对罪犯减刑后又假释的间隔时间问题进行了规定。最高人民法院认为，罪犯减刑后可以适用假释，一般以间隔 1 年以上为宜；对于 1 次减 2-3 年有期徒刑后，需要适用假释的，其间隔至少是 2 年；对于有重大立功表现，国家以及社会需要的特殊情况，可以打破间隔时间的限制。

1994 年 3 月 21 日，最高人民法院颁行《关于审理刑事案件程序的具体规定》。由于减刑案件的审理零散规定在一些司法解释或者答复中，没有体系性的规定，不利于案件处理，也容易造成理解偏差，所以该规定对减刑案件的管辖、裁定等进行详细规定，以使减刑工作的法律依据更加丰富完善。被判处拘役宣告缓刑的罪犯、管制犯、拘役犯的减刑需要经当地基层人民法院裁定，由所在地县级公安机关审查报请；被判处有期徒刑宣告缓刑的罪犯，被判处有期徒刑 1 年以下或者余刑在 1 年以下、由看守所监管的罪犯，在监狱、劳动改造机关服刑的有期徒刑犯的减刑由当地中级人民法院裁定，但是前两者需要当地县级公安机关审查报请，后者需要罪犯所在的监狱、劳动改造机关提出减刑意见。无期徒刑犯的减刑由高级人民法院裁定，由罪犯所在监禁机关提出意见，经司法厅（局）审核同意后报请。该规定第 243 条第 5 项还强调，缓刑犯“确有立功表现”的，才能获得减刑，这是对《减刑、假释座谈会纪要》中所确定的“确有悔改或者立功表现”的修订。

1994 年 12 月 29 日获得通过的《监狱法》是我国减刑制度发展史上的又一重要里程碑，笔者认为，其最大贡献是详细规定了认定在监狱内服刑的有期徒刑犯、无期徒刑犯重大立功的条件以及重大立功的法律后果。《监狱法》关于重大立功的条件有 5 项较为明确的规定、1 项概括性规定①，这些规定是对之前各种法律文件以及司法实践的高度总结，不仅对实践工作具有指导意义，对 1979 年《刑法》的修订亦有重大贡献。罪犯有重大立功的情况下，应当减刑，这意味着罪犯在具有阻止他人重大犯罪活动等情形下，享有被减刑的权利。《监狱法》还吸收改进了发布于 1990 年的山东省《改造罪犯工作的若干规定》中关于减刑案件的处理期限规定，即减刑案件应当在 1 个月内予以裁定，情况特殊的可以延长 1 个月。《监狱法》以法条形式肯定了人民检察院对人民法院减刑案件的监督权。

由于相关法律文件对关于未成年人的减刑规定较为笼统，没有能够体现刑法对未成年人的特殊政策，1995 年最高人民法院发布《关于办理未成年人刑事案件适用法律的若干问题的解释》（以下简称《解释》），根据未成年人自身的特点，对未成年人的减刑工作进行了特别规定，这有利于未成年人回归社会。减刑中对未成年犯的特殊规定如下：第一，未成年犯减刑条件低于成年犯。成年犯“确有悔改表现”需要同时具备 4 个条件，由于未成年人体力等原因，《解释》并没有要求未成年人必须具备积极参加劳动，完成生产任务这一条件。被判处缓刑的成年犯之减刑需要确有立功表现，但是被判处缓刑的未成年罪犯在思想上、行动上认罪悔罪，也可予以减刑，并缩短缓刑考验期。第二，被判处无期徒刑的未成年犯减刑的幅度、起点等宽于成年犯。成年的无期徒刑犯首次减刑后可以减为 18 年以上 20 年以下或 13 年以上 18 年以下有期徒刑；未成年犯则可以减为 15 年以上 18 年以下或 10 年以上 15 年以下有期徒刑。成年的无期徒刑犯通常服刑 2 年后开始减刑，未成年的无期徒刑犯在服刑 1 年 6 个月后即可减刑。第三，被判

---

① 阻止他人重大犯罪活动的；检举监狱内外重大犯罪活动，经查证属实的；有发明创造或者重大技术革新的；在日常生产、生活中舍己救人的；在抗御自然灾害或者排除重大事故中，有突出表现的；对国家和社会有其他重大贡献的。

处有期徒刑的未成年犯减刑的起点、幅度、两次减刑之间的间隔等宽于成年犯。未成年有期徒刑犯，执行1年以上即可减刑，而被判处5年以上的成年有期徒刑犯则需要多考察6个月。成年有期徒刑犯通常1次减刑不超过1年，有特别良好表现的，一般1次减刑不超过2年，未成年有期徒刑犯可以在相同条件下多减半年。未成年有期徒刑犯2次减刑之间间隔6个月以上即可。第四，部分未成年犯服刑期间成年后的减刑条件依然较宽松。被判处有期徒刑以上刑罚的未成年犯，即便在服刑期间已成年，因余刑不满2年继续留在未成年犯管教所服刑，对其减刑、假释仍然可以适用对未成年犯的从宽标准。

1995年12月25日，最高人民法院研究室发布《关于原判有期徒刑的罪犯被裁定减刑后又经再审改判为无期徒刑应如何确定执行刑期问题的答复》。该答复坚持了1992年《关于死缓犯和无期徒刑犯经几次减刑后又改判原减刑裁定是否均应撤销问题的电话答复》中的指导原则，即有期徒刑犯减刑后经再审改判为无期徒刑，作出减刑裁定的人民法院撤销原减刑裁定。罪犯在改判后符合无期徒刑减刑条件的，应重新由监管机关报请减刑。

1996年3月17日，第八届全国人民代表大会通过了《关于修改〈中华人民共和国刑事诉讼法〉的决定》，自1997年1月1日起施行修订后的《刑事诉讼法》。涉及减刑的最大变化是增加了人民检察院对减刑监督的期限、方式，人民法院对检察监督的处理。人民检察院收到裁定书副本后认为人民法院减刑裁定不当，应在20日以内向其提出书面纠正意见。人民法院应当在收到纠正意见后1个月以内重新组成合议庭进行审理，作出最终裁定。以《刑事诉讼法》的形式明确检察院对减刑工作的监督权力，有利于减刑工作公开、公正、公平进行。

1996年12月20日，最高人民法院颁行《关于执行〈中华人民共和国刑事诉讼法〉若干问题的解释（试行）》。根据实践中出现的新问题，该司法解释对由看守所执行刑罚的罪犯之减刑进行了更加详细的规定，罪犯由县、地市级公安机关看守所监管的减刑分别报请基层人民法院、中级人民法院裁定减刑。

1979年《刑法》颁行后，减刑制度再次进入蓬勃发展时期。这段时期减刑的特点是：

第一，法条规定较为概括，解决难题主要依靠司法解释。1979年《刑法》中对减刑的规定仅2条120余字，1979年《刑事诉讼法》中专门规定减刑的仅70余字，高度概括的规定给实践操作带来诸多问题，地方各级法院在处理减刑案件时的疑难问题需要最高人民法院给予答复。最高人民法院在进行答复以及召开相关会议后，出台司法解释或者以座谈会纪要形式对下级法院形成指导性意见。

第二，减刑制度运行相对不规范。在笔者所收集到的资料以及与相关部门工作人员座谈中发现，这一时期的减刑权限较为混乱，基层、中级、高级人民法院都享有减刑裁定权，县级、地市级公安机关，各监狱，劳改机关甚至检察机关一度都享有减刑建议权。减刑权限交错运行，使减刑工作在缺乏有效监督的情况下出现乱减刑的情况，有些看守所不经法院裁定私自减刑；有些监狱减刑考核仅凭监狱干警主观印象，没有科学标准；有些减刑暗箱操作，没有坚持公开、公正、公平原则，打击罪犯改造积极性；有些减刑案件裁定时间过长，影响法律运行效率。

第三，减刑制度在实践中不断完善。实践中出现的各种问题是减刑制度发展的原动力，最高人民法院、最高人民检察院、公安部、司法部以及地方相关部门出台多项措施，规范减刑活动。在这一时期，除《刑法》《刑事诉讼法》外，还有一批具有重要意义的法律文件丰富了减刑的法律依据，如《关于罪犯减刑、假释和又犯罪等案件的管辖和处理程序问题的通知》《减刑、假释座谈会纪要》《关于计分考核奖罚罪犯的规定》《关于审理刑事案件程序的具体规定》《监狱法》等。尽管这些法律法规之间存在一定程度的矛盾或者内部问题，但是通过各部门协调，实践部门的检验，它们都以各种形式从不同角度对减刑制度进行规定和完善，促进减刑制度在刑罚体系中发挥更大作用，使罪犯能早日顺利回归社会。

（五）在 1997 年《刑法》中进一步完善

1997 年 3 月 14 日，第八届全国人民代表大会第五次会议修订了 1979 年《刑法》，修订后的刑法对减刑规定更加详细，共 3 条 230 余字。条文详细规定了减刑的对象、条件、实际执行期限、裁定机关、裁定方式、无期徒刑减为有期徒刑的起算点等问题。新条文中的变化主要是：第一，增加罪犯考察内容。罪犯在监狱中服刑，需要认真遵守监规，接受教育改造。第二，增加重大立功内容。罪犯具有重大立功表现之一的，应当减刑，并对重大立功内容进行了规定。第三，增加程序性规定。基层人民法院的减刑裁定权被取消，减刑由中级以上人民法院裁定。没有经过合法程序的不得减刑。

1997 年 10 月 29 日最高人民法院公布的《关于办理减刑、假释案件具体应用法律若干问题的规定》（以下简称 1997 年《减刑假释规定》）是这一时期减刑发展的另一重要文件。1997年《减刑假释规定》中涉及减刑的内容如下：第一，阐释了“确有悔改表现”和“立功表现”的内容，使刑法条文规定更具有可操作性。第二，规定无期徒刑犯和有期徒刑犯减刑的幅度、起始时间、间隔时间和如果被附加剥夺政治权利时政治权利的缩减。第三，规定缓刑犯的减刑，缓刑犯原则上不减刑，减刑需要具备的条件。第四，未成年犯和老残犯的减刑，他们的减刑条件相对宽松。第五，减刑与假释的适用。假释犯原则上不减刑，罪犯在减刑后可以假释，但是有时间间隔要求。

1998年5月14日，公安部颁行《公安机关办理刑事案件程序规定》，其中涉及管制犯，在拘役所、看守所中服刑的拘役犯和余刑在1年以下的有期徒刑犯的减刑。上述3类罪犯的执行机关提出减刑建议后，由县级以上公安机关审查同意后，报请所在地中级以上人民法院审核裁定。

1998年9月8日起施行的最高人民法院《关于执行〈中华人民共和国刑事诉讼法〉若干问题的解释》（以下简称《解释》）以较大篇幅对减刑问题进行规定。《解释》根据修订后《刑法》的规定，对《关于执行〈中华人民共和国刑事诉讼法〉若干问题的解释（试行）》在减刑方面有重大修改。第一，取消基层人民法院的减刑裁定权，所有减刑案件均由中级以上人民法院裁定。缓刑犯、管制犯、拘役犯、有期徒刑犯的减刑全部由中级人民法院裁定，无期徒刑犯的减刑由高级人民法院裁定。第二，减刑建议书的处理发生变化。无期徒刑犯的减刑建议书不能再直接向高级人民法院提出，须经所在省、自治区、直辖市的监狱管理机关审核后再提交。管制犯、拘役犯、公安机关看守所监管的罪犯、缓刑犯之减刑建议书全部由地市级公安机关提起，派出所、拘役所、看守所无权提起减刑建议书。第三，增加减刑材料要求。《解释》要求减刑前必须审核减刑建议书、法院判决书复制件等是否齐全，减刑材料齐全，能更加明确减刑各方的权利、义务，规范减刑活动开展。

1999年2月9日，陕西省高级人民法院、陕西省人民检察院、陕西省公安厅、陕西省司法厅联合发布《罪犯减刑、假释、监外执行暂行规定》。该规定第2章专设减刑规定，其主要内容是基于1997年《减刑假释规定》进一步细化。陕西省的这一规定将执行机关的考核结果——“积极”与有期徒刑犯、无期徒刑犯的减刑幅度相联系，累积12个或20个“积极”可以获得为期不等的减刑。在2次减刑之间的间隔上，陕西省的规定与最高人民法院的规定基本相同，但是10年以上有期徒刑犯一次减刑2至3年后再次减刑时的间隔打破了最高人民法院的规定，即再减刑时相隔时间不是“不得少于二年”而是“不得少于一年”，缩短了1年。另外，陕西省的规定对被判处不满5年有期徒刑的罪犯、拘役犯和管制犯的减刑起始和间隔时间进行了详细规定，已执行1/3刑期（不含羁押折抵的刑期）后，方可以减刑；2次减刑之间的间隔时间为第二次减刑的幅度。在笔者收集到的资料中，陕西省的减刑相关规定在《刑法》修订后出台最早，较为详细，但是其中与最高人民法院规定相矛盾之处应值得注意。

1999年4月1日，海南省监狱管理局颁行《关于办理罪犯减刑、假释案件的规定》。该规定共11条，结合相关法律，根据海南省实际情况制定，主要是对减刑相关环节进行细化，如减刑名额的确定方式为监狱、少管所根据罪犯计分考核月表扬或者累计表扬次数（即月表扬12个，累计表扬16个）由高到低依次排列等。

1999年12月18日，司法部发布《未成年犯管教所管理规定》，其中涉及未成年犯的减刑部分是对最高人民法院1997年《减刑假释规定》中相关条文的细化，体现了对未成年犯的特殊宽松政策、措施。成年有期徒刑犯一般服刑1年半后可以减刑，成年无期徒刑犯一般服刑2年后可以减刑，未成年犯较之短半年。未成年犯服刑期间2次减刑的间隔时间通常在6个月以上，依然较成年犯短。

2003年4月2日，司法部颁布《监狱提请减刑假释工作程序规定》，该规定分为总则，监狱提请减刑、假释的程序，监狱管理局审核减刑、假释建议的程序，附则，共4章21条，对监狱提请减刑程序进行详细规定。该规定的出台，有利于规范监狱提请减刑工作程序，使减刑工作在公开、公平、公正的原则下健康运行。

2004年3月19日，司法部颁行《监狱服刑人员行为规范》。该规范共5章38条，分为基本规范、生活规范、学习规范、劳动规范和文明礼貌规范。在监狱管理工作中，将该规范与罪犯百分考核相结合，违反行为规范将会被扣分，是否遵守行为规范是考察罪犯是否具有悔改表现的重要内容。该规范既能起到规范罪犯在监所中的行为，又能引导罪犯形成良好的行为习惯，为以后融入社会打下良好基础，还能够起到减刑考察的作用，可谓一举多得。

2004年4月5日，黑龙江省高级人民法院发布《关于明确减刑、假释工作中若干问题》，这一法律文件是对“《实施细则》[①]”的部分修订，修订内容较为

① 笔者认为这是对黑龙江省《关于办理减刑、假释案件实施细则》的简称，但由于可能是“内部文件”，无法收集。

详细，共 10 条。该法律文件较为创新之处如下：第一，无期徒刑减为有期徒刑后的刑期确定。为体现罪犯在无期徒刑执行期间的改造差异，减为有期徒刑时可以增加一个档次，即无期徒刑减为有期徒刑时，可以分别减为 20 年、19 年零 6 个月、19 年等。第二，对重大立功罪犯减刑不受起始和间隔时间限制进行详细解释。不受限制仅指具有重大立功情节呈报减刑的本次，如果下次不具有重大立功的情节，依然要受限制。罪犯在一个考核期间，既符合普通减刑条件，又具有重大立功情节的，应该一并报请减刑，不能先报请普通减刑，再报请重大立功后的减刑，防止重大立功情节被双重评价，减刑被滥用。

2004 年 6 月 24 日，最高人民法院发布《关于在全国各高、中级人民法院开展减刑、假释工作专项大检查的通知》（以下简称《通知》）。为深入总结实践中的工作经验，认真清理和纠正减刑过程中存在的问题，改进和加强减刑、假释工作，《通知》决定从 2004 年 6 月到 2005 年 3 月在全国范围内开展减刑、假释工作专项大检查。《通知》中涉及减刑的主要内容包括：第一，人民法院办理减刑案件的基本情况。第二，人民法院审理减刑案件的基本做法。第三，减刑工作中存在的问题。第四，检察机关提出书面纠正意见案件的办理情况。专项大检查活动，既是对 1997 年《刑法》修订后减刑工作的全面总结，又能发现各地减刑工作中好的做法以及存在的问题，为下一步完善减刑工作提供理论与实践依据。

2005 年 3 月 22 日，上海市高级人民法院、上海市人民检察院、上海市司法局在 2003 年发布《关于办理减刑、假释案件实施细则（试行）》后，开始实施《关于办理减刑、假释案件实施细则（修订）》（以下简称上海《实施细则》）。上海《实施细则》对减刑条件进行了较为详细的规定：第一，对确有悔改表现中的认罪服法、积极参加劳动、完成生产任务等条件进行较为详细的规定，尤其是对一些现象不认定是不认罪服法、不积极参加劳动等。第二，对立功中的技术革新提出量化标准，“成绩突出”不再是任意主观判断。对有其他有利于国家和社会的突出事迹进行列举，鼓励罪犯积极为国家、社会做贡献。第三，将罪犯减刑幅度与考核结果相关联。有期徒刑犯、无期徒刑犯的减刑，不仅和 1997 年《减刑假释规定》中确定的确有悔改表现、立功、重大立功内容相联系，更细化为与监狱中的考核结果相联系，如记功、监狱改造积极分子、上海市改造积极分子对减刑幅度的影响也很大。对 8 类罪犯的减刑幅度进行限制，要少于普通罪犯的减刑量。第四，对管制犯、拘役犯、3 年以下有期徒刑犯的减刑起始时间、幅度进行细化。第五，对未成年犯的减刑起始和间隔时间、幅度进行较为详细的规定，总体上宽松于成年犯。第六，为配合社区矫正工作的展开，上海《实施细则》充实了社区服刑人员的减刑规定。对社区服刑人员的减刑从严掌握，主要在于上述人员的人身自由已经得到较大程度恢复，如果继续放宽减刑条件，有违刑罚惩罚功能实现，也不利于达到减刑的目的，更不利于罪犯的教育改造。

2005年5月，安徽省高级人民法院发布《关于执行〈最高人民法院关于办理减刑、假释案件具体应用法律若干问题的规定〉实施细则》（以下简称安徽《实施细则》），共计36条。该细则涉及减刑的特色内容包括：第一，区分应当认定立功情节与可以认定立功情节。应当立功的认定与最高人民法院的规定相同，可以视为立功的情节有3种，即被评为省级服刑积极分子的；经省监狱管理局确认的，制止他人破坏监管秩序中表现突出；被省监狱管理局选派参加市级以上单位组织的现身说法等重大活动，取得良好社会效果的。第二，将立功条件中的技术革新、成绩突出表现量化。成绩突出的规定在实践中难以把握，如果纯凭干警个人判断，可能主观性较强，不易令罪犯心服口服。安徽省高级人民法院认为应将罪犯的技术革新送权威鉴定机构确认，并已经创造5万元以上经济价值的认定为立功。第三，将重大立功条件中部分内容量化。重大犯罪活动是指被阻止或者检举的犯罪嫌疑人可能判处无期徒刑以上刑罚或案件在安徽省内有较大影响。发明创造或者重大技术革新的认定，需要经省级以上有关机构确认，并颁发有关发明创造或重大技术革新证书。第四，将老年和身体有残疾（不含自伤致残）明确化。该细则规定，60周岁以上男性、55周岁以上女性罪犯为老年犯，经省政府指定的医院诊断患有聋、哑、盲、严重残疾（不含自残）及其他严重疾病的罪犯视为身体有残疾。第五，将减刑幅度与安徽省监狱管理局制定的《罪犯改造计分考核奖惩办法》相结合。给罪犯办理减刑，除考察是否确有悔改表现外，还要看罪犯是否依照《罪犯改造计分考核奖惩办法》获得表扬、立功或者安徽省监狱管理局认定的单项表扬、记功。该细则第9条第2款专门规定了无期徒刑犯获得表扬与立功的数量与减为有期徒刑18、19、20年之间的关系。

安徽省高级人民法院制定的实施细则在1997年《减刑假释规定》基础上进一步细化。安徽省高级人民法院增加可以认定为立功的情节，使对罪犯的减刑标准更加灵活。将技术革新交由权威部门鉴定，引入第三方评价机制，将创造经济效益为衡量方式之一的做法，增加了减刑的公开性、公正性、公平性，能有效调动罪犯改造积极性。将“老残犯”认定细化，既能防止减刑滥用，又能给监管机关以明确的操作标准。《罪犯改造计分考核奖惩办法》对罪犯的考核规定十分详细，基本上将法律和司法解释中的减刑考核要求纳入其中，将其与罪犯减刑幅度相关联，能够使罪犯一言一行都成为减刑考核内容，为了获得自由，罪犯必将严格要求自己的行为，积极改造思想，有利于改造罪犯的目的实现，增强减刑工作的客观性。

2005 年 10 月 1 日，北京市高级人民法院、北京市人民检察院、北京市公安局、北京市监狱管理局颁行《关于对监所罪犯减刑工作的规定》，用以指导北京市减刑工作。北京市减刑工作的特点如下：第一，根据罪犯所处监管级别和获得奖励确定减刑幅度。奖励是将确有悔改表现和立功表现具体化的措施，确有悔改表现可以获得综合奖励，具体分为监狱改造积极分子、监狱嘉奖、监狱表扬 3 种。立功以及重大立功可以获得监狱管理局的单项奖励，分为重大立功、立功、局嘉奖 3 种。例如，获得一次监狱表扬奖励的，根据宽管、普管、严管级别，分别减刑 6 个月、5 个月、4 个月；获得一次局嘉奖奖励的，减刑 5 个月。第二，奖励的取消。除重大立功外，其他奖励均会因罪犯被发现余罪、新罪、严重违纪被惩处而使之无效，一定时间内取消减刑资格。第三，不同处遇级别的有期徒刑犯减刑幅度不同，有期徒刑犯和无期徒刑犯的减刑幅度应有差异。有期徒刑犯因宽管、普管、严管的情况不同获得减刑的幅度不同。例如，有期徒刑犯获得一次监狱改造积极分子奖励的，根据宽管、普管、严管级别，分别减刑 12 个月、11 个月、10 个月。无期徒刑犯获得一次监狱改造积极分子奖励的，减刑 12 个月。

北京市结合罪犯获得奖励的差异确定减刑幅度，使减刑更加科学与客观，罪犯欲获得奖励须在日常生产、生活、学习中积极表现以早日出狱。设立奖励撤销制度，能防止罪犯在获得一次减刑或者奖励后放松对自己思想、行为的要求，一直保持良好的行为。将罪犯的减刑与刑种、关押级别、奖励相结合能防止“一刀切”式的减刑，保证减刑的公开、公平、公正。

2006 年 1 月 11 日，最高人民法院发布《关于审理未成年人刑事案件具体应用法律若干问题的解释》。该司法解释中涉及未成年犯减刑问题时，仍然贯彻对未成年犯从宽的政策，对未成年犯的减刑标准比照成年犯依法适度放宽，未成年犯在服刑期间成年的，依然可以适用较宽松标准。而笔者认为，罪犯服刑期间不满 18 周岁的可以从宽减刑，如果罪犯在服刑期间已经成年，则没有必要从宽。例如，某犯 17 周岁时被判处 10 年有期徒刑，入少管所执行刑罚，如果在其成年后与 16 周岁的未成年犯按相同标准减刑则显失公平。

2008 年 2 月 29 日，公安部发布《看守所留所执行刑罚罪犯管理办法》，其中涉及看守所留所执行刑罚罪犯的减刑问题。该办法中关于减刑的规定主要是看守所提请减刑的流程、应当送交的材料、减刑的撤销建议等。该办法修订了以前规定中看守所的减刑建议由县级以上公安机关审查同意后，报请所在地中级以上人民法院审核裁定的规定，结合最高人民法院相关司法解释，改为“所属公安机关审核”。看守所所属公安机关既可能是地市级公安局，也可能是区县级公安局，很显然应做地市级公安局理解。

这一阶段减刑制度的发展具有如下特点：

第一，刑法规定更加完善。1997 年《刑法》在修订后规定减刑的内容更加丰富。刑法中的规定结束了在此之前的诸多争议，对实践中的经验在总结后以法律条文形式固定下来，为减刑工作的开展奠定了坚实的基础。

第二，各实践部门对刑法中的规定进行细化，并开始形成各省特色。在刑法修订后，最高人民法院迅速出台相关司法解释，对刑法中没有详细规定的内容加以完善，使减刑的可操作性增强。公安部、司法部分别在各自管辖范围内完善减刑的程序以及实体性规定。地方高级人民法院开始制定减刑的实施细则，将刑法、司法解释等与本地特点相结合，形成各省、自治区、直辖市不同的减刑运行模式。在各省、自治区、直辖市的司法厅（局）主持下，监狱管理局制定《监狱管理工作规范》等文件，其中涉及罪犯日常考核以及减刑的内容，但是这些文件多为内部掌握，一般不对外公开。据此，各地方法院、监狱管理局在不违反法律规定的情形下，减刑规定各具特色，罪犯在监狱能获得减刑的幅度也有差异。

第三，减刑在实践中运用广泛。相较假释的运用而言，减刑无论在总人数还是在比例上均远远高于假释，是自由刑执行中广泛运用的一种措施。减刑的对象，从之前的以在监狱、少管所中的罪犯为主，开始逐渐扩展到在看守所中服刑的有期徒刑犯和拘役犯，管制犯以及缓刑犯，在相关新闻报道中管制犯、缓刑犯的减刑越来越多。

（六）2011 年《刑法修正案（八）》以及之后的变化

2011 年 2 月 25 日第十一届全国人民代表大会常务委员会第十九次会议通过《刑法修正案（八）》，该修正案自 2011 年 5 月 1 日起施行。《刑法修正案（八）》是 1997 年《刑法》修订后最大规模的对刑法进行修订，直接涉及减刑的部分是《刑法修正案（八）》第 15 条，对《刑法》第 78 条进行了较大修改。管制、拘役、有期徒刑的实际执行期限比例没有发生变化，仍然为不能少于原判刑期的1/2。被判处无期徒刑的罪犯，实际执行刑期不能少于13年。被判处死刑缓期2年执行的罪犯因累犯、故意杀人、强奸、抢劫、绑架、有组织的暴力性犯罪等被限制减刑的，减为无期徒刑后，实际执行刑期不能少于25年，减为25年有期徒刑的，实际执行刑期不能少于20年。

因《刑法修正案（八）》的上述规定，从《刑法》法条设定的底限计算，因数罪并罚被判处25年有期徒刑的罪犯，有期徒刑减刑后至少服刑12年6个月，较修订前数罪并罚被判处20年有期徒刑的罪犯减刑后最少服刑底线，增长了2年6个月。无期徒刑犯减刑后实际执行刑期底线较之前增长了3年。然而，因为缺乏司法解释配套规定，死缓犯减刑后最少实际执行的年限，成为困扰实践的难题。依照法理，死缓犯在不含死刑缓期执行2年的刑期的前提下，至少实际执行13年①，因此部分被限制减刑的死缓犯之实际服刑刑期也增长了7年或者12年②。减刑工作将面临更多的考验。

（七）2012年《减刑假释规定》中的改革

2012年2月22日，《关于办理减刑、假释案件具体应用法律若干问题的规定》（以下简称2012年《减刑假释规定》）在最高人民法院审委会通过3个月以后发布，自2012年7月1日起生效，对减刑相关制度进行了大幅度改革。1997年《减刑假释规定》在实践中暴露出较多问题，导致不再完全适应减刑工作的需要，自2009年起，最高人民法院开始酝酿对1997年《减刑假释规定》进行修订，历时3年完成。新规定对减刑条件、幅度、间隔等均作出重大调整③，其出台对正确适用法律办理减刑案件，维护刑罚执行的公平公正，具有重要的指导意义。

---

① 《刑法修正案（八）》规定，死缓犯有重大立功的，减为25年有期徒刑，如果依照有期徒刑犯实际执行刑期限制，该死缓犯至少执行12年6个月。但这又低于无期徒刑犯实际执行刑期的底限——13年，故被裁定减为无期徒刑或者25年有期徒刑的死缓犯实际执行刑期应高于13年。1997年《减刑假释规定》要求死缓犯在不计缓刑2年的前提下至少服刑12年的规定因与法律规定相冲突而无法适用。所以，在《刑法修正案（八）》出台后，2012年《减刑假释规定》颁行前，死缓犯实际执行刑期底限出现了法律空白。2012年《减刑假释规定》不含死缓犯2年缓刑考验期，普通死缓犯实际执行刑期至少为15年。为还原《刑法》修订后减刑规定的状况，笔者仍然用13年这一逻辑推导出来的数字。

② 2012年《减刑假释规定》不含死缓犯2年缓刑考验期，普通死缓犯实际执行刑期至少为15年。部分被限制减刑的死缓犯较刑法修订前实际服刑期增长了5年或10年。为还原《刑法》修订后减刑规定的状况，笔者仍然用13年而非15年这一逻辑推导出来的数字进行计算。

③ 限于结构安排，对2012年《减刑假释规定》的介绍、评析置于后文章节。

（八）《中共中央政法委关于严格规范减刑、假释、暂予监外执行切实防止司法腐败的意见》及其影响

2014 年 1 月 21 日中共中央政法委发布《中共中央政法委关于严格规范减刑、假释、暂予监外执行切实防止司法腐败的意见》（以下简称《五号文件》）。《五号文件》共有四个目的。其一，严格规范减刑、假释、暂予监外执行；其二，切实防止徇私舞弊、权钱交易等腐败行为；其三，坚决杜绝社会反映强烈的“有权人”“有钱人”被判刑后减刑快、假释及暂予监外执行比例高、实际服刑时间偏短等现象；其四，确保司法公正，提高司法公信力。

《五号文件》包含四方面的内容，分别指向减刑、假释的实体条件、程序规定、环节责任与腐败行为。

第一，从严把握减刑、假释、暂予监外执行的实体条件。对职务犯罪、破坏金融管理秩序和金融诈骗犯罪、组织（领导、参加、包庇、纵容）黑社会性质组织犯罪等罪犯（以下简称“三类罪犯”）减刑、假释，必须从严把握法律规定的“确有悔改表现”“立功表现”“重大立功表现”的标准。对“三类罪犯”与其他罪犯的计分考核应当平等、平衡。对依法可以减刑的“三类罪犯”，必须从严把握减刑的起始时间、间隔时间和幅度。对“三类罪犯”适用保外就医，必须从严把握严重疾病的范围和条件。从 2014 年 1 月开始，以省、自治区、直辖市和新疆生产建设兵团为单位，各地职务犯罪罪犯减刑、假释、暂予监外执行的比例，不得明显高于其他罪犯的相应比例。

第二，完善减刑、假释、暂予监外执行的程序规定。对“三类罪犯”的计分考核、行政奖励、立功表现等信息，应当在罪犯服刑场所及时公开；拟提请减刑、假释的，一律提前予以公示。对“三类罪犯”中因重大立功而提请减刑、假释的案件，原县处级以上职务犯罪罪犯的减刑、假释案件，组织（领导、包庇、纵容）黑社会性质组织罪犯的减刑、假释案件，原判死刑缓期执行、无期徒刑的破坏金融管理秩序和金融诈骗犯罪罪犯的减刑、假释案件，一律开庭审理。健全检察机关对减刑、假释、暂予监外执行的同步监督制度。推进刑罚执行机关、审判机关、检察机关减刑、假释网上协同办案平台建设，对执法办案和考核奖惩中的重要事项、重点环节，实行网上录入、信息共享、“全程留痕”，从制度和技术上确保监督到位。对原厅局级以上职务犯罪罪犯减刑、假释、暂予监外执行的，裁定、决定或者批准后 10 日内，由省级政法机关向中央政法机关逐案

报请备案审查。对原县处级职务犯罪罪犯减刑、假释、暂予监外执行的，裁定、决定或者批准后 10 日内，由地市级政法机关向省级政法机关逐案报请备案审查（省级政法机关裁定、决定或者批准的除外）。

第三，强化减刑、假释、暂予监外执行各个环节的责任。对减刑、假释、暂予监外执行各个环节的承办人、批准人等执法司法人员，实行“谁承办谁负责、谁主管谁负责、谁签字谁负责”制度，执法司法人员在职责范围内对执法办案质量终身负责。审判机关应当建立专门审理减刑、假释、暂予监外执行案件的审判庭。

第四，从严惩处减刑、假释、暂予监外执行中的腐败行为。检察机关对减刑、假释、暂予监外执行中有关执法司法人员涉嫌违法犯罪的举报、控告和相关线索，应当依法严查，并根据情况，向有关单位提出纠正违法或者不当的建议，或者建议更换办案人，并对涉嫌违法犯罪的，建议依纪予以纪律处分或者依法追究刑事责任。对执法司法人员在减刑、假释、暂予监外执行中捏造事实、伪造材料、收受财物或者接受吃请的，一律清除出执法司法队伍；徇私舞弊、权钱交易、失职渎职构成犯罪的，一律依法从重追究刑事责任，且原则上不适用缓刑或者免予刑事处罚。对非执法司法单位和个人，为罪犯减刑、假释、暂予监外执行出具虚假病情诊断证明等材料，违法违规提供便利条件的，或者在罪犯减刑、假释、暂予监外执行中搞权钱交易的，执法司法机关应当建议主管部门依法依纪追究责任，并有针对性地加强管理、堵塞漏洞；对构成犯罪的，依法追究刑事责任。对任何单位和个人干预减刑、假释、暂予监外执行，或者施加压力要求执法司法人员违法违规办理减刑、假释、暂予监外执行的，执法司法机关及其工作人员应当坚决抵制，并向其上级机关报告。有关机关应当依法严肃追究有关单位和个人的违纪违法责任。

需要注意的是，《五号文件》基于特殊的刑事政策，通过实体性条件规定，如推迟首次减刑时间，延长两次减刑之间的间隔时间等，对“三类罪犯”严格减刑、假释，防止他们通过减刑程序过快结束监禁。在某种程度上，“三类罪犯”实际服刑的年限会长于相同刑期、近似表现的其他罪犯。例如，针对被判处无期徒刑的“三类罪犯”，由 2012 年《减刑假释规定》中“执行二年以上方可减刑”提高到《五号文件》中“执行三年以上方可减刑”，延长了一年；2012 年《减刑假释规定》没有对无期徒刑减为有期徒刑后减刑时间间隔作规定，参照有期徒刑减刑的间隔时间，“两次减刑之间一般应当间隔一年以上”，《五号文件》明确增加条文限制，“减为有期徒刑后，一次减刑不超过一年有期徒刑，两次减刑之间应当间隔二年以上”。针对被判处死刑缓期执行的“三类罪犯”，减为无期徒刑后，由2012年《减刑假释规定》中“执行二年以上方可减刑”提高到《五号文件》中“执行三年以上方可减刑”，延长了一年；2012年《减刑假释规定》没有对死缓减为有期徒刑后减刑时间间隔作规定，参照有期徒刑减刑的间隔时间，“两次减刑之间一般应当间隔一年以上”，《五号文件》明确增加条文限制，“减为有期徒刑后，一次减刑不超过一年有期徒刑，两次减刑之间应当间隔二年以上”。

从《五号文件》规定进行计算，“三类罪犯”在服刑期间表现良好，具备减刑应有的各种条件，对其在每一次减刑程序中能够及时按照法定时间减刑①，被判处无期徒刑的，经过几次减刑以后实际执行的刑期将比2012年《减刑假释规定》延长4年以上，最低为17年左右。被判处死刑缓期执行的“三类罪犯”，经过几次减刑以后实际执行的刑期将比2012年《减刑假释规定》延长5年以上，最低为22年左右。被限制减刑的死刑缓期执行罪犯中因有重大立功表现被减为25年有期徒刑的，最少服刑20年，“三类罪犯”中被判处死刑缓期执行的罪犯，相较他们最低服刑年限，还要长2年。

按照《五号文件》的指导意见，最高人民法院、最高人民检察院、公安部、国家安全部、司法部对相关司法解释、部门规章或者《五号文件》在刑罚执行实践中得到贯彻落实。

2014年4月10日，由最高人民法院审判委员会第1611次会议通过《最高人民法院关于减刑、假释案件审理程序的规定》（以下简称2014年《减刑、假释程序规定》)，2014年4月23日予以公布，自2014年6月1日起施行。2014年《减刑、假释程序规定》共分22条，解决7类主要问题。第一，对刑种不同的罪犯之减刑假释规定处理方式，审查材料的内容。第二，规定公示的时间、内容、期限。第三，明确减刑、假释案件审理的合议庭以及应该在审理中应审查的内容。第四，应开庭审理的减刑、假释案件以及开庭程序。第五，书面审理的问题。第六，减刑、假释公示。第七，减刑、假释裁定不当的处理。

2014年7月21日，最高人民检察院第十二届检察委员会第二十五次会议通过《人民检察院办理减刑、假释案件规定》（以下简称《检察院减刑假释规

---

① 据笔者在监狱走访调研，这种逢减刑必能获得减刑的现象，实践中十分少见。

定》)，于2014年8月27日公布并施行。《检察院减刑假释规定》共分为五部分内容。第一，明确人民检察院办理减刑、假释案件，实行统一案件管理和办案责任制，划定审查范围。第二，明确人民检察院应当进行调查核实的六类案件。第三，规定人民检察院派员出席人民法院开庭审理减刑、假释案件过程中的职责任务。第四，人民检察院发现减刑、假释案件不当的，有权予以纠正。第五，依法调查减刑、假释中的违法犯罪行为。

2014年10月10日，司法部部务会议修订通过《监狱提请减刑假释工作程序规定》(以下简称《监狱提请减刑假释规定》)，原文件2003年4月2日以司法部令第77号发布，修订后的文件于2014年10月11日以司法部令第130号公布，自2014年12月1日起施行。《监狱提请减刑假释规定》的修改工作主要在审核环节进一步完善减刑、假释程序。

(九)《刑法修正案(九)》以及之后的变化

2015年8月29日，第十二届全国人民代表大会常务委员会第十六次会议通过《刑法修正案(九)》，自2015年11月1日起施行。《刑法修正案(九)》改变了死刑缓期执行期间故意犯罪的处理方式，只有“故意犯罪”且“情节恶劣”的，才报请最高人民法院核准后执行死刑。这在制度上降低了死缓转化为死刑立即执行的可能性，增加了死缓减为徒刑的数量。《刑法修正案(九)》修改了《刑法》第383条，规定“……数额特别巨大，并使国家和人民利益遭受特别重大损失的，处无期徒刑或者死刑，并处没收财产”，“犯第一款罪，有第三项规定情形被判处死刑缓期执行的，人民法院根据犯罪情节等情况可以同时决定在其死刑缓期执行二年期满依法减为无期徒刑后，终身监禁，不得减刑、假释”。

终身监禁是死缓的一种执行方式，规定了被判处死缓终身监禁的贪污受贿罪犯减为无期徒刑后，不得减刑、假释。这一法条使无期徒刑具备了真正“无期”的可能，在对部分死缓犯限制减刑、假释之后，开创了禁止减刑、假释的规定，增加了死缓后果的可能性，丰富了死缓的层级。

(十) 2016年《减刑假释规定》中的深度改革

2016年《减刑假释规定》于2016年9月19日由最高人民法院审判委员会第1693次会议通过后公布，自2017年1月1日起施行。2016年《减刑假释规定》在2012年《减刑假释规定》29个条文的基础上，修改条文17条，合并条文 2 条，删除（程序性）条文 6 条，新增条文 20 条，保留不变 3 条，总条文达 42 条。在原司法解释生效 4 年半以后，几乎全部变更，对司法实践与刑罚执行实践产生了重要影响。

（十一）《关于进一步严格规范贪污贿赂罪犯减刑假释工作的通知》的规定

2017 年 3 月 1 日，最高人民法院、最高人民检察院、公安部、司法部《关于进一步严格规范贪污贿赂罪犯减刑假释工作的通知》（以下简称 2017 年《通知》）以司发通〔2017〕16 号发布。通知共分成五部分。第一，准确理解贪污贿赂罪犯的概念及内涵。第二，切实加强对贪污贿赂罪犯的管理及考核。第三，从严把握贪污贿赂罪犯减刑、假释的实体条件。第四，严格贪污贿赂罪犯减刑、假释的程序。第五，加强对办理贪污贿赂罪犯减刑、假释工作的监督。2017 年《通知》限定了贪污贿赂罪犯的范围，是党的十八大以来交付执行的因实施刑法分则第八章所规定的贪污受贿犯罪而被判处刑罚的具有国家工作人员身份的罪犯，缩小了严格减刑假释的范围。

（十二）《最高人民法院关于办理减刑、假释案件具体应用法律的补充规定》的规定

2019 年 4 月 24 日，最高人民法院公布《关于办理减刑、假释案件具体应用法律的补充规定》（以下简称 2019 年《减刑、假释补充规定》），自 2019 年 6 月 1 日起施行。2019 年《减刑、假释补充规定》共有 7 条，根据宽严相济刑事政策，对依照刑法分则第八章贪污贿赂罪判处刑罚的原具有国家工作人员身份的罪犯的减刑、假释作了补充规定。对被判处死刑缓期 2 年执行、徒刑的罪犯，在开始第一次减刑的时间、每次减刑的幅度、减刑的间隔时间都严格于其他罪名的罪犯。对拒不认罪悔罪的，或者确有履行能力而不履行或者不全部履行生效裁判中财产性判项的，一般不予减刑。

（十三）《关于加强减刑、假释案件实质化审理的意见》的规定

2021 年 12 月 1 日，最高人民法院、最高人民检察院、公安部、司法部发布《关于加强减刑、假释案件实质化审理的意见》，共计 20 条。第一部分为准确把握减刑、假释案件实质化审理的基本要求。共有四方面内容：要求坚持全面依法审查、坚持主客观改造表现并重、坚持严格审查证据材料、坚持区别对待。第二

部分为严格审查减刑、假释案件的实体条件。要求严格审查六方面内容：严格审查罪犯服刑期间改造表现的考核材料，严格审查罪犯立功、重大立功的证据材料，严格审查罪犯履行财产性判项的能力，严格审查反映罪犯是否有再犯罪危险的材料，严格审查罪犯身份信息、患有严重疾病或者身体有残疾的证据材料，严格把握罪犯减刑后的实际服刑刑期。第三部分为切实强化减刑、假释案件办理程序机制。共有六方面内容：充分发挥庭审功能，健全证人出庭作证制度，有效行使庭外调查核实权，强化审判组织的职能作用，完善财产性判项执行衔接机制，提高信息化运用水平。第四部分为大力加强减刑、假释案件监督指导及工作保障。共有四方面内容：不断健全内部监督，高度重视外部监督，着力强化对下指导，切实加强工作保障。

第三节　减刑制度的功能

减刑作为刑罚执行过程中的一个环节，有其特定的功能，这也是减刑制度得以存在的前提和基础。邱兴隆教授认为，刑罚的功能“指的是国家设置与运用刑罚所可能有的积极的社会作用”。[①] 立足于这一概念，减刑制度的功能是指国家创设与运用减刑制度所可能产生的积极的社会作用。笔者认为减刑的功能有如下4种：激励功能、回归功能、经济功能、调节功能。

减刑制度尽管直接作用于罪犯，但是每个社会成员或多或少都会受到减刑制度的影响。虽然某一个社会成员终其一生都没有被判处刑罚，更遑论减刑之类的措施，但是其行为无时不在刑法的影响下，其对自己有意或无意的约束，均会使行为不触犯刑法。刑法作为一个整体来调节人的行为，减刑作为刑法中的一个环节，和刑法中的其他制度共同影响着社会成员的行为。例如，监狱提请对某有期徒刑犯减刑，法院裁定对该罪犯减刑，会对罪犯及其社会关系、被害人及其社会关系以及其他知情者产生一定影响。对该罪犯的有期徒刑判决是基于刑法中关于犯罪的认定，无犯罪则无刑罚。何种行为应该被纳入犯罪体系，这取决于立法者的选择。所以，减刑对社会成员的影响，既产生于自身的机制，又来源于其所属的刑法体系。减刑的客观影响可能是积极的，也可能是消极的。法律制定者、适

① 邱兴隆：《撩开刑罚的面纱——刑罚功能论》，载《法学研究》1998年第6期，第56页。

用者和执行者希望这些影响能够提升法治水平，促进社会发展，产生积极的作用。

减刑制度的功能是减刑制度在整个法治运行过程中所产生的作用。立法者在刑法中创设自由刑以及缩短罪犯自由刑宣告刑期的制度，执法者根据罪犯在自由刑执行期间的表现提请法院减刑，法院裁定对罪犯减刑，检察院对这一过程进行监督，减刑功能的发挥贯穿法律运行的每一个环节。认为减刑制度功能的发挥仅仅依靠自由刑刑罚执行机关或者法院的观点是不全面的，没有能够从刑事法律整体角度考察这一问题。

减刑制度的功能是减刑制度可能产生的作用。一定的功能是减刑制度固有的属性，并不以是否外化为判断基准。在设立之初，其功能已经确定，除非对减刑制度进行变更，其功能才会随之发生变化。这就如同一丸感冒药，按照一定成分比例生产出来后其功能就已经确定，它可以缓解鼻塞、头痛、打喷嚏等症状，不服食这丸药并不等于它没有这些功能。只有在实践中才能检验减刑制度的某项功能是否已经发挥，在不同的监狱或者不同的省市，减刑功能发挥的程度有异，但是不能否认减刑制度不具有某项功能。

减刑制度的功能是减刑制度的积极作用。国家创设与运用法律，是一种意志性很强的活动，希冀其有益于社会，促进公民幸福，而不愿意见到其鼓励犯罪、给公民增加恐惧。所以，减刑制度的功能是积极的，起到有利于社会发展的作用。减刑制度的功能与作用是不同的概念。作用是事物已经产生的客观影响，既有积极的一面也有消极的一面，如同感冒药既能产生缓解不适症状的作用，又能产生瞌睡、影响工作效率的作用一样。我们不能把感冒药产生的瞌睡作用称作它的功能，这只是它的消极作用，瞌睡作用是安眠药的功能。减刑制度可能产生激励罪犯改造的作用，也可能因个别部门运作不当成为罪犯逃避惩罚的漏洞，造成公民对国家法律的信仰下降。我们绝不能说因某一案件导致公民对国家法律不信任的作用是减刑的功能，只能说这是减刑的消极作用，没有任何法律的创制者、适用者与执行者希望或者追求减刑的消极作用。

一、激励功能

2016 年《减刑假释规定》第 1 条即明确规定了减刑的激励功能："减刑、假释是激励罪犯改造的刑罚制度，减刑、假释的适用应当贯彻宽严相济刑事政策，最大限度地发挥刑罚的功能，实现刑罚的目的。”通过给予罪犯减少在高墙内剥夺自由时间的奖励，实现对罪犯更好的改造。

韩非子云：明主之所导制其臣者，二柄而已矣。二柄者，刑德也。何谓刑德？曰：杀戮之谓刑，庆赏之谓德。[①] 古代君主用庆赏和惩罚两种方式获得臣民对法律或者对自己的顺从。然而，“只要是制造痛苦是如此之廉价，而造福又是如此之昂贵，那么，惩罚就总是被采用的”[②]。在任何社会中，制造臣民或者公民的痛苦是容易的，简单的暴力就可以产生巨大的不幸；相反，要使臣民或者公民满足需要而付出的奖赏则难以估量。正如梅传强教授所言，“需要的内容不断生成，永无止境；需要总是处于永不满足的状态”[③]，奖赏永远不能满足无止境的需要，通过奖赏获得服从的成本远远超过了惩罚，因此惩罚措施在古代法律当中被更广泛地应用，专制集权社会尤其如此。单纯的严刑峻罚能带来一时的压制性服从，但是不能带来长久的服膺，秦王扫六合，虎视何等雄，然其二世而亡，短命的暴政王朝给后人留下了深刻的教训。因此，各种统治者或曰社会管理者认识到惩罚不是针对普通公民也不是针对罪犯唯一的工具，他们开始注重奖赏在社会管理中的作用。

从现代法治国家的角度，刑法不再是一种镇压民众反抗的工具和统治者玩弄的权术[④]，“刑法的运作并不简单地表现为压制与威慑，它应当有助于促进法治精神力量的生成”[⑤]。笔者认为，减刑是“赏”的一种方式，是建立在“罚”基础上的奖赏，是现代刑法破除工具主义的产物。

减刑能够缩短原判刑罚，减少罪犯因自由被剥夺或者被限制所带来的各种痛苦。罪犯在监管中，无论最基本的“食”“色”这些生理性的需要，还是名誉、社会地位、尊严等更高级的社会性需要都不能得到充分满足，这是对罪犯人性的一种压抑，通过此种压抑产生的痛苦实现对罪犯的惩罚。罪犯想要满足自己的需要，只能通过积极、努力地改过自新，获取减刑等奖赏，早日通过自己的力量结

---

① 《韩非子·二柄》。

② ［美］E·A·罗斯：《社会控制》，秦志勇、毛永政译，北京：华夏出版社 1989 年版，第 81 页。

③ 梅传强：《论犯罪与刑罚的人性基础》，王牧主编：《犯罪学论丛》（第 3 卷），北京：中国检察出版社 2005 年版，第 50 页。

④ 中外历史上利用刑法的名义铲除异己，打压不同政见者的案例屡见不鲜，如明朝的胡惟庸案、蓝玉案，清朝的“文字狱”，德国纳粹党为打击共产党而制造的“国会纵火案”等。

⑤ 周光权：《公众认同、诱导观念与确立忠诚——现代法治国家刑法基础观念的批判性重塑》，载《法学研究》1998 年第 3 期，第 31 页。

束自由被剥夺的状态。如果罪犯在监狱、少管所、看守所或者社区的表现与其人性需求的满足没有任何关系，无论表现好坏都必须执行完全部宣告刑，在其生活待遇上也没有任何改变，那么罪犯当然没有动力接受改造，实现自我矫治。恰如计划经济时代的分配制度，“干多干少一个样，干好干坏一个样”，无法充分调动劳动者的积极性，没有激励措施的纯监禁难以发挥其改造等作用。

减刑首先能够满足罪犯对自由的需要，而自由这一需要的满足意味着正常人的生活，其他需要也能随之得到满足。减刑还能够满足罪犯在一定程度上自我实现的需要，对罪犯的减刑是对其在一段时间内良好表现的肯定，能够在一定程度上体现其人生价值。例如，罪犯通过一段时间内认真改造思想，积极参加劳动，遵守监规等良好表现，在计分考核中获得“表扬”的奖项，就有了获得减刑的机会。“表扬”既是对罪犯的积极肯定，又能给其带来自由，满足了罪犯人性的需要。罪犯如在监狱中确有悔改表现或有立功、重大立功表现，体现了与其他罪犯的差别，这一积极表现应该得到相应回报。对表现更好的罪犯减去更多的刑期，能够激励罪犯继续保持良好的表现或者做到更好，调动罪犯改造积极性。

二、回归功能

减刑制度具有使罪犯回归社会的功能，有限度、有条件地减刑，能够为罪犯顺利回归社会、实现矫治罪犯的目的创造有利条件。尽管罪犯能够通过减刑及早获得自由，但是其要受到实际执行刑期的限制。必要的执行期限既能起到惩罚罪犯的作用，又能发挥刑罚的教育功能，对于知法犯法者，通过惩罚使其明确法律的不可侵犯性，对于不知法而犯法者，使其明了法律的界限。必要的执行期限使罪犯与社会隔离，能够防止罪犯因人身危险性没有降低而再次犯罪，这样不会使罪犯离主流社会越来越远。

罪犯获得减刑的条件是确有悔改表现、有立功表现或者有重大立功表现。三种表现都是社会主流价值观的体现。罪犯只有真诚悔改，认识到自己行为给社会造成了损害，自己受到刑罚惩罚是罪有应得，才能成为其回归社会的前提。如果罪犯没有认识到自己行为的反社会性，一门心思想着出狱后再把失去的“捞回来”，那对其减刑无异于放虎归山。罪犯有立功或者重大立功表现，表明其愿意为国家、为社会、为他人做贡献，这是罪犯回归社会的征兆，相关机关应该及时进行回应，奖励罪犯的向善之举。

减刑与罪犯在监狱中的日常行为密切相关。《监狱服刑人员行为规范》（以下简称《行为规范》）是罪犯在日常生活、学习、劳动、与人交往中应遵守的规范，也是罪犯日常计分考核的基本内容，遵守《行为规范》能够获得减刑，违反《行为规范》将会被扣分从而影响减刑。《行为规范》中的内容体现了社会交往中，人与人、人与社会、人与自己相处的基本准则，服刑人员遵守这些规范，在日常生产、生活中基本不会犯错误，至少不会成为被其他社会成员厌恶的人。罪犯在服刑期间按照《行为规范》的要求行为会逐渐成为习惯，如果依照行为的惯性在减刑出狱回归社会后继续保持这些习惯，将为他们在社会上立足提供有利条件。《行为规范》第26条要求罪犯积极参加劳动，这一要求成为山东省罪犯的奖惩与考核中的重要指导思想，并细化为若干条款。例如，罪犯遵守劳动纪律，熟练操作技能，爱护劳动工具，保持劳动环境卫生等能在劳动技能一项中获得满分。如果罪犯在车间劳动中睡觉、打闹或者擅离劳动岗位、野蛮装卸造成产品损伤等将会被扣分。如果罪犯在监狱车间劳动中习得了良好的操作技能、养成了保持整洁卫生等习惯，减刑出狱后他们在工厂劳动中也会成为优秀的员工，能够凭自己的劳动过上幸福的生活。“有的罪犯在监狱内学到了一技之长，出狱后成为劳动模范、厂长经理、人大代表。”① 上述山东省监狱系统的成效是全国监狱系统改造效果的一个缩影，罪犯在监狱中遵守规范，习得一技之长，或者学到文化，增强了自身素质，改变了冲动暴躁的习性，能够顺利融入社会，成为一个守法公民。

三、经济功能

减刑符合行刑经济性的要求。监狱行刑，需要国家直接或者间接支付大量资金，投入数量可观的人力、物力等，开支巨大。罪犯在符合一定条件时及早出狱，有利于提高监舍利用率，发挥监狱的更大功能，节约国家开支。

据统计，2006年英国平均每间牢房的成本近10万英镑，关押每名犯人的开支每年要3.7万英镑，为解决监狱人满为患的问题，英国允许将服满刑期的犯人提前10天释放，但这一措施并非毫无原则的滥用，对暴力犯罪、性犯罪和外国

---

① 徐吉中、夏虹：《“育新文化”扮靓齐鲁监区——山东省监狱机关大力加强监区文化建设纪实》，大众网，http：//paper. dzwww. com/dzrb/data/20100907/html/4/content_5. html. 最后访问时间：2019-1-28.

罪犯不适用。[①] 监狱内关押人数过多，政府开支巨大的问题一直困扰着英国官方，时至 2009 年，英国政府实施“夜间开放”政策，杀人犯和强奸犯甚至破例允许在监禁期间回家过夜，表现优秀的罪犯还可以获得减刑 100 天的优待。当然“夜间开放”政策是有条件的，只提供给只剩 2 年刑期的 D 类罪犯。在许多情况下，杀人犯和强奸犯刑期快满时才能享受“夜间开放”政策的待遇。[②] 由此可见，将符合条件的罪犯提前释放，既能够使罪犯提前接触社会，回归正常人的生活，又能够节约国库支出，使监狱更好地运转。

在美国，监狱开支几乎是天文数字，皮尤中心的研究报告发现，2011 年美国监狱开支大幅增加，各州纳税人每年为此开支高达 520 亿美元。[③] 加利福尼亚州的监狱问题甚至引发了美国联邦最高法院的判决，2011 年，“美国最高法院 5 月 23 日以 5 比 4 的投票结果，对 3 名联邦法院法官将近两年前的一项裁决表示支持，要求加利福尼亚州在两年之内，减少 3.3 万名在押囚犯，以改善‘加州人满为患的监狱里的生存状况’。最高法院的判决说，监狱方面可以将犯人分散到其他地方关押，也可以放宽假释条件”[④]。加州监狱中囚犯过多，无法保障罪犯基本的生活、医疗条件，部分监狱 54 个罪犯共用一个马桶。为此州政府决定将州立监狱中的罪犯转移到县监狱（县看守所）。但是，加州县监狱（县看守所）的情况也不容乐观。为解决监狱超员的问题，洛杉矶县由于监狱人满为患，进入牢房的一般囚犯只需要服满刑期的 10%就可以获得假释，但这并不包括性犯罪与暴力犯罪的罪犯。[⑤] 2003-2004 年度，澳大利亚每名罪犯每日消耗 162 澳元，国家监禁罪犯总支出为 16 亿澳元。[⑥] 在澳大利亚、英国和美国部分监狱不堪人员拥挤之扰，通过假释等方式使罪行较轻、人身危险性较小的罪犯及早离开监狱在一

---

① 寇维维、于夫：《英美监狱人丁过旺，牢房不够无奈提前释放罪犯》，中国网，http：//www.china.com.cn/world/txt/2006-08/28/content_7111083.htm. 最后访问时间：2011-12-19.

② 海澜：《英国监狱过度拥挤 杀人犯可回家过夜或获减刑》，网易，http：//news.163.com/09/1116/17/5O8POJEG000120GU.html. 最后访问时间：2011-12-19.

③ 《美国监狱开支大增 却难以威慑前科犯人》，美国中文网，http：//www.sinovision.net/index.php?module=news&act=details&news_id=167395. 最后访问时间：2011 年 12 月 19 日。

④ 陈一鸣：《美国最高法院判令加州大幅削减囚犯人数》，人民网，http：//world.people.com.cn/GB/57507/14726893.html. 最后访问时间：2019-1-28.

⑤ 寇维维、于夫：《英美监狱人丁过旺，牢房不够无奈提前释放罪犯》，中国网，http：//www.china.com.cn/world/txt/2006-08/28/content_7111083.htm. 最后访问时间：2011-12-19.

⑥ Borzycki，M.，Interventions for Prisoners to the Community，Canberra：Australian Government Attorney-Gennral Department，2005，p.5. 转引自翟中东：《刑罚问题的社会学思考：方法及运用》，北京：法律出版社 2010 年版，第 244 页。

定程度上也是迫于经济压力的无奈之举。

我国也存在着罪犯开支巨大的问题。据统计，1978-2008 年 30 年间，我国监狱共教育改造服刑人员千万余人，改好率保持在 90%以上。2001 年，国务院开始对全国 708 所监狱布局进行调整。时至 2008 年，对全国监狱布局调整的投资累计近 170 亿元人民币，大约有 300 所监狱完成了调整任务，全国监狱关押能力大幅提升，由 120 万人增加到 150 万人。[①] 2008 年以后，监狱布局调整依然在进行，有 400 余所监狱尚需要继续进行布局调整。自 2001 年至今，此项开支不低于 170 亿元。监狱内罪犯医疗经费数额也十分巨大，据统计，截至 2009 年，有 24 个省（区、市）监狱统计，近 3 年医疗经费实际支出 4.5 亿元，超支 1.37 亿元，超支部分占经费标准 43%。[②] 笔者估算，如果 2008 年至今监狱布局调整持续收到良好效果，监狱物防、技防能力较 2008 年显著提高，全国监狱关押能力应有一个提升。截至 2017 年，全国监狱 680 所，在押罪犯 170 万人，监狱警察 32 万人[③]，以国家为每犯平均每年综合支出 2 万元计[④]，监狱罪犯财政支出每年在 340 亿元左右。另有调查发现，"国家每年对一名在押犯直接投入的改造资金约在人民币 3600 元左右"[⑤]，以此计算数额也十分可观。所以，符合条件的罪犯早一年减刑出狱[⑥]，能减少国家在监狱方面的支出，为国家节省大量建设资金。

通过减刑的方式减少监狱在押罪犯，能够为监狱机关提高监管质量扩大空间。监狱内罪犯减少，人均生活条件将有所改善，干警监管压力减小，监狱将会

---

① 柴黎：《我国监狱 30 年累计改造服刑人员千万余人，改好率达 90%以上》，新华网，http://news.xinhuanet.com/legal/2008-11/09/content_10330048_3.htm. 最后访问时间：2011-12-19.

② 杨娟：《罪犯服刑医疗费用保障研究》，载《当代经济》2009 年第 15 期，第 34 页。

③ 张琰：《司法部监狱管理局：对罪犯进行科学分类管理，有针对性进行教育改造》，中国日报网，http://cn.chinadaily.com.cn/2017-12/26/content_35383959.htm. 最后访问日期：2019-1-29. 这一数字较 2010 年时有较大增长，那时我国监狱罪犯数量"接近 160 万人"。详见翟中东：《刑罚问题的社会学思考：方法及运用》，北京：法律出版社 2010 年版，第 229 页。

④ 2003 年，北京市监狱罪犯的人均年财政支出费用达到 2 万元，当年北京市城镇居民人均可支配收入为 13882.6 元，农村居民人均纯收入 6496.3 元。详见刘京华：《减刑假释制度的发展趋势和利弊》，高憬宏主编：《减刑、假释的法律适用与司法实践——中国·欧盟法律和司法合作项目成果》，北京：人民法院出版社 2005 年版，第 104 页。

⑤ 朱玉光、牛传勇：《树立科学的刑罚执行观 依法大胆适用假释制度》，高憬宏主编：《减刑、假释的法律适用与司法实践——中国·欧盟法律和司法合作项目成果》，北京：人民法院出版社 2005 年版，第 175 页。

⑥ 有观点认为假释同样也减少了在押犯，能为国家节省开支。在 2010 年召开的某会议上，实践部门有人士对这一观点提出异议，通过假释的方式为监狱节省了开支，但是国家为该名罪犯监管等而交由监狱管理的资金并没有转移到社区矫正机构，社区矫正机构的开支压力反而增大了。

有更多人力、物力、财力投入到罪犯的教育矫治中，从而提高监管质量，有效减少罪犯出狱后再次犯罪现象发生。

减刑不仅能减少国家在监狱方面的开支，还能稳定监管秩序。绝大多数罪犯在监狱中最关心的是何时获得自由、自己符合各种规范的行为能否换来减刑，至于国家设置刑罚的一般预防目的、威慑或者矫治后使自己回归社会并不是罪犯真正关心的问题。当罪犯表现良好，获得减刑时，他会认为这是自己努力的结果，是国家给予的奖励，继续努力还会得到更多奖励。当罪犯表现良好，但是没有得到减刑时，罪犯会认为遭受了不公正待遇，这就有可能造成罪犯改造积极性受挫，在以后或者表现一般，或者有意破坏监管秩序，不再采取服从而是对抗的态度。例如，罪犯如果感到不公正，可能会在劳动中消极怠工，不积极参加学习，拉拢其他罪犯对抗改造，在生活中寻衅滋事等，这会破坏监管秩序，带来监管难题。监狱中存在秘密力量使用，利用罪犯中的一小部分汇报罪犯动态是各国监狱通行的做法。秘密力量通过使用干警的设计指挥、布置，提供罪犯违纪违法线索，监控危险分子或者有自杀倾向的犯罪分子，能够有效帮助干警控制监狱内秩序，防止犯罪或者自杀等情形发生，有利于监管秩序的稳定。

罪犯获得减刑的条件包括积极参加“三项学习”，积极参加劳动、完成生产任务，在生产、科研中创新技术等。罪犯学习生产技术，将会提高劳动技能，出狱后成为具有一技之长的劳动者，能够在某种意义上提高国家劳动力总体水平。罪犯积极参加劳动，贡献自己的劳动力，能够为监狱、为社会创造财富。罪犯在生产、科研中积极创新，发明创造新技术、新方法，则是以自己的力量推动国家科技进步，为社会创造更多的财富。罪犯参加学习、劳动以及科技创新，主要是受到减刑的鼓励，如果不能满足罪犯人性中最强烈的自由的需要，那么很难想象一个具有反社会性的个体将如何去实施为社会创造财富的行为。

四、调节功能

减刑制度具有在较小范围内调节刑罚轻重的功能。通过减刑，既能实现对某些罪犯的从宽处理，又能实现对部分罪犯的从严处理，确保宽严相济刑事政策的落实。

刑事政策在我国具有重要的作用，一向受到国家高度重视。无论是惩办与宽大相结合的刑事政策、“严打”的刑事政策还是宽严相济的刑事政策，都深刻影响到一段时期内刑法的运用，无不意味着国家对刑罚这种惩罚措施的选择，“只有当刑罚充当了手段，具有了手段意义时，才会真正产生‘刑罚目的’的问题”。[①] 不管我们是否愿意承认，刑罚这种工具都需要服从于、服务于国家在特定时期的大政方针，都受到一段时期中国内外形势的深刻影响。“通常认为，刑罚的基本功能是惩罚和警诫。惩罚就是对罪犯权利的剥夺，产生痛苦。警戒有两层含义，一方面是对已犯罪的人，由于受刑的痛苦经验，以后不想或不敢再犯罪，即特殊预防；另一方面是对可能犯罪的人，由于看到他人的痛苦，自己不敢步其后尘，即一般预防。”[②] 如果国内治安形势较差，严重影响到公民的日常生活和社会生产，则需要用刑罚的手段惩罚侵犯国家基本制度的行为，用重罚的方式警告罪犯不再实施犯罪行为，警示欲实施犯罪的不稳定分子，不可以选择国家不允许的手段满足个人的需要。以雷霆闪击的方式能够在较短时间内遏制住犯罪，治安状况的良好能得到守法公民的称赞，但是在警告方面将会出现一定问题。人的心理就像身体一样，会逐渐适应各种各样的环境。当身体开始出现病症时，大量使用抗生素可以很快解决身体问题，但是下次出现炎症时使用同样剂量、单位的抗生素所起作用便开始逐渐减弱。人的心理对重刑如同身体对抗生素一样，也会产生耐受性，重刑的刺激会随着使用频率的增加而减弱。罪犯或者意图实施犯罪的人，在长时间受重刑的警告或曰威慑或者直接感受重刑的威力之后，心会开始麻木，变得坚硬，不再惧怕深牢大狱的痛苦。

用重罚稳定社会秩序一段时间后，需要对这一刑事政策进行调整，减刑就是一种重要的方式，它能够缓解重罚带来的弊端。提高减刑适用率或者放宽减刑条件，将会成为影响力较小的另一种刑事政策，这在相关文件中可见一斑。例如，《福建省高级人民法院刑二庭关于死缓犯和无期徒刑犯经几次减刑后又改判原减刑裁定是否均应撤销问题的请示》[③]（闽高法刑二〔1992〕01 号）中有如下文字：“特别是前几年根据中央有关文件精神，对原判量刑偏重的，在减刑时予以适当从宽。”这说明实践部门确实在使用减刑的手段缓解适用重刑带来的多种压力。

1997 年《减刑假释规定》第 12 条规定，禁止对累犯以及因杀人、爆炸、抢

---

① 许发民：《刑法的社会学分析》，北京：法律出版社 2003 年版，第 245 页。

② 储槐植：《刑罚现代化：刑法修改的价值定向》，载《法学研究》1997 年第 1 期，第 119 页。

③ 此法律文件出现在 1992 年 4 月 1 日《最高人民法院研究室关于死缓犯和无期徒刑犯经几次减刑后又改判原减刑裁定是否均应撤销问题的电话答复》当中，其主要内容前文已有介绍，此处不赘述。

劫、强奸、绑架这5种[①]暴力性犯罪中的一罪被判处10年以上有期徒刑、无期徒刑的犯罪分子实施假释。2012年《减刑假释规定》第18条规定，对累犯以及因故意杀人、强奸、抢劫、绑架、放火、爆炸、投放危险物质或者有组织的暴力性犯罪被判处10年以上有期徒刑、无期徒刑的罪犯，不得假释。2016年《减刑假释规定》第25条规定，对累犯以及因故意杀人、强奸、抢劫、绑架、放火、爆炸、投放危险物质或者有组织的暴力性犯罪被判处10年以上有期徒刑、无期徒刑的罪犯，不得假释。2012年以后的司法解释扩大了不得假释的罪犯的范围，主要考虑到这些罪犯再次犯罪的危险性很高，但是其未规定禁止对这些罪犯实施减刑，这显然是通过减刑调节刑罚严厉性的做法，也是对罪犯"给出路"的从宽政策。

笔者在实践中调查再次深刻感受到，罪犯在监狱中最关心自由，他们几乎会将自己的一切行为与减刑相联系，如果不能减刑，罪犯就会失去绝大部分改造的动力，无论其如何表现良好都不能得到减刑，更遑论假释，那么罪犯会选择消极改造或者对抗改造。禁止对上述9类罪犯假释，已经减少了他们通过个人努力尽早获得自由的出路，如果再堵上他们获得减刑的出路，他们或者终老监狱，或者在不犯罪的前提下长时间破坏监管秩序并按原判决有期徒刑出狱，这无疑给监狱干警监管罪犯制造极大困难。所以，减刑在此处起到了良好的调节功能，使刑罚对上述罪犯的惩罚变得缓和。

减刑制度的调节功能还体现在通过对某些罪犯限制减刑，延长其实际执行刑期，加大惩罚力度，《刑法修正案（八）》中规定对部分被判处死刑缓期执行的累犯以及故意杀人犯等限制减刑即属此例。依据《刑法修正案（八）》之前法条，死缓犯在关押14年（含缓期执行的2年）后即获得了出狱的法律制度可能性，这显然有违公正，难以为被害人或者普通民众接受。在"进一步落实宽严相济的刑事政策"，"调整死刑与无期徒刑、有期徒刑之间的结构关系"[②] 的大背景下，规定限制减刑是认识到减刑调节功能的选择。另外，据笔者调查发现，有地

---

① 根据黑龙江省高级人民法院《关于明确减刑、假释工作中若干问题》的相关内容，最高人民法院认为，"等暴力性犯罪"只包括"杀人、爆炸、抢劫、强奸、绑架"5种犯罪，"等"系"等中等"的用法。

② 李适时：《关于〈中华人民共和国刑法修正案（八）（草案）的说明〉——2010年8月23日在第11届全国人民代表大会常务委员会第16次会议上》，王志祥主编：《〈刑法修正案八〉解读与评析》，北京：中国人民公安大学出版社2012年版，第498页。

区尽管没有出台相关文件，但是依据该地区相关会议精神对某类罪犯限制减刑或者不允许减刑[①]，这种做法也是利用了减刑制度的调节功能。

2016年《减刑假释规定》对部分罪犯严格减刑，延长其实际服刑的年限，体现得尤为明显。例如，第11条规定，对被判处死刑缓期执行的17种罪犯从严掌握：（1）职务犯罪罪犯；（2）破坏金融管理秩序和金融诈骗犯罪罪犯；（3）组织、领导、参加、包庇、纵容黑社会性质组织犯罪罪犯；（4）危害国家安全犯罪罪犯；（5）恐怖活动犯罪罪犯；（6）毒品犯罪集团的首要分子及毒品再犯；（7）累犯；（8）故意杀人；（9）强奸；（10）抢劫；（11）绑架；（12）放火；（13）爆炸；（14）投放危险物质；（15）有组织的暴力性犯罪的罪犯；（16）确有履行能力而不履行或者不全部履行生效裁判中财产性判项的罪犯；（17）数罪并罚被判处死刑缓期执行的罪犯。前3种是《五号文件》中明确要求从严掌握减刑的罪犯，对其从严的做法从政策性文件延伸到司法解释；第4至6种是特殊累犯中涉及的罪名，罪犯人身危险性强；第7至15种是被限制减刑的死缓犯所涉及的罪名范围，该类死缓犯严重的要限制减刑，普通情况的要从严掌握减刑；第16种是新增内容，针对不积极履行财产性判项的罪犯；第17种体现了罪刑相适应原则。上述罪犯减为无期徒刑后，符合减刑条件的，首次减刑时间延长到3年，减为23-25年有期徒刑，较普通死缓犯从无期徒刑减为有期徒刑更长。即使减为有期徒刑后，减刑幅度和减刑间隔都会较普通死缓犯延长。

通过控制减为无期徒刑的时间、减为有期徒刑的时间、减为有期徒刑后减刑幅度和减刑的间隔时间，减刑制度实现了良好的调节罪犯在监狱服刑时间的功能。

---

① 笔者认为此种做法违反了罪刑法定原则，在《刑法》以及相关司法解释没有作出限制或者不允许减刑的情况下，此种做法延长了罪犯的实际服刑期限，在某种意义上侵犯了罪犯应有的权利。

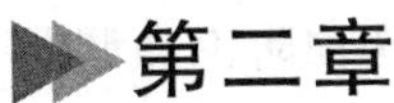

第二章

减刑制度的理论基础

任何一种法律制度都必须有坚实的理论基础，缺乏理论基础的法律制度如同建设在沙滩上的大厦，难以长久维系。刑罚剥夺人最基本的权利，如生命、自由、财产、政治权利等，更需要坚实的理论依据来证明自己存在的理由。减刑制度作为刑罚执行过程中的一环，同样应该有理论支撑。因罪犯确有悔改、立功或者重大立功表现而减去原判决宣告刑中的一部分，正当性何在。本章主要论述减去原判决宣告刑的正当性。

第一节　减刑制度的特殊预防论基础

特殊预防论，是指运用刑罚预防罪犯重新犯罪的理论，因其预防的对象是特定的个人，与注重预防一般人实施犯罪行为的一般预防论相对应，又称个别预防论。尽管以刑罚方式防止罪犯再次实施犯罪的实践古已有之，如对性犯罪者实施宫刑，砍断盗窃者的胳膊等，但是其真正开始形成体系化的刑罚理论则系“经封·李士特（引者注：即冯·李斯特）的发扬光大”①，其后这一理论体系经过数代学人的推动，终于成为与报应论、一般预防论鼎足而立的重要刑罚理论。罪犯在监狱中服刑，因良好表现而能获得减刑，提前出狱，其理论基础首先在于特殊预防论。

一、特殊预防论的内容

实施故意犯罪的人因满足个人需要的手段不为社会接受而受到刑罚惩罚，如

① 林山田：《刑罚学》（修订本），台北：商务印书馆2005年版，第74页。

果不对其进行特殊预防，他们很可能为了再次获得生理、精神的满足而实施同样的或者更具破坏力的行为。因此，有必要对不同的罪犯“因材施教”，分别施以不同的处置方式，防止其再次犯罪，以期能够顺利回归社会。特殊预防论强调罪犯的“再社会化”，刑罚不仅是报应罪犯的方式，以刑罚的痛苦均衡罪犯的罪责，更应该成为有利于促进罪犯再社会化后成功融入社会正常生活的有效工具。[①] 特殊预防论发展至今天，经历了一个较为漫长的过程。

（一）早期特殊预防论的内容

在我国，通常认为特殊预防论发展可分为三个阶段[②]，三个阶段中刑法立法者、司法者或者执法者对刑罚期待有异，体现了不同历史时期人类对刑罚作用的不同认识，以及在不同指导思想下刑罚运作的实践差异。早期刑法中的特殊预防论是“作为完善严格规则主义意义上的罪刑法定原则的思想产生的”。[③] 出于对罪刑擅断的恐惧，以贝卡里亚为代表的刑法启蒙思想家们提出了罪刑法定主义并得到深受任意刑罚之苦的人们热烈欢迎，严格规则主义于是成为刑法典的指导思想。然而，物极必反，严格规则主义使立法者进入这样的迷失，他们试图创制一部包罗万象的法典，任何在日常生活中发生的细微问题都能在法典中找到切实可行的解决办法，这一解决办法是清晰明确而没有任何争议的唯一答案。“其最终目的在于有效地为法官提供一个完整的办案依据，以便使法官在审理任何案件时都能得心应手地引律据典，同时又禁止法官对法律作任何解释。遇有疑难案件，法官必须将解释和适用法律的问题提交一个专门为此目的而设立的‘法规委员会’（Statutes Commission）。”[④] 很显然，严格规则主义会使立法者意图将丰富多彩的生活全部搬进法典，这一宏愿必然会使法条被创造出惊人的数目，刑法也会表现出极端的机械主义。腓特烈大帝时期的《普鲁士民法典》达到了17000余

① 林山田：《刑罚学》（修订本），台北：商务印书馆2005年版，第74页。

② 翟中东教授与石经海教授均认为个别预防论可以分为三个发展阶段。翟中东认为“萌发时期”“近代学派”“现代刑法”中个别预防论的内容侧重点有明显差异。石经海认为“早期极端”“近代极端”“现代理性”的刑罚个别化理论内容各有千秋。详见翟中东：《刑罚个别化的蕴涵：从发展角度所作的考察——兼与邱兴隆教授商榷》，载《中国法学》2001年第4期，第41-52页。石经海：《从极端到理性：刑罚个别化的进化及其当代意义》，载《中外法学》2010年第6期，第885-897页。

③ 翟中东：《刑罚个别化的蕴涵：从发展角度所作的考察——兼与邱兴隆教授商榷》，载《中国法学》2001年第4期，第41-42页。

④ ［美］约翰·亨利·梅利曼：《大陆法系》（第二版），顾培东、禄正平译，李浩校，北京：法律出版社2004年版，第39页。

条，法国1791年刑法典中对每个罪的刑罚都规定了绝对确定的法定刑，法官在这种环境下将成为梅利曼所描述的“专业书记官”。这种机械操作手册式的刑法典注定无法满足打击犯罪的现实需要，终将被历史淘汰。

罪刑法定原则的确立是刑法进步的最重要的里程碑，罪犯与普通公民开始能够得到刑法的应有保护而不会遭受来自官方的任意刑罚之侵犯，“人类不必像哨兵那样两眼不停地四处巡视，而是要能使他们经常无忧无虑地仰望星空和放眼繁茂的草木，举目所及乃实在（dasein）的必然和美好”。① 但是，严格规则主义下的罪刑法定原则出现了显而易见的缺陷：第一，法官积极性被严重挫伤。由于只能按照法律规定施加刑罚而不能有任何解释法律以及自由裁量的空间，法官沦为自动化生产线上的机器人，这种简单重复的工作几乎任何看得懂法条甚至识字的人都能胜任。司法是一门需要极高智慧的艺术，法官在有极高理性但不能依据自己的经验、智慧判案，只能枯燥地翻找法条与案件事实相对应的背景下，无疑不会有审判的乐趣。第二，刑事法律中的正义无法全面贯彻。罪刑均衡被认为是对正义的体现，罪犯制造了多大的社会伤害，刑罚就应该给予多大的惩罚，刑罚应该与犯罪实现“几何般精确”对应。现实生活中的犯罪千差万别，尽管可能出现相同的犯罪结果，但是罪犯的心理特征、生理状况、犯罪的手段、再次实施犯罪的可能性等迥然有异，如果一味以相同刑罚惩罚同样社会危害性的行为，则会使刑罚正义失之片面②。第三，法律生命力衰减。被禁止解释与变动的法律是僵化的，刑事法律规范对许多新发生的犯罪现象根本没有也不可能全部加以规定，在犯罪嫌疑人的罪行必须通过法规确定并配置刑罚时，法规内容的确定性在纷繁芜杂的犯罪事实面前显得苍白无力。法官适当解释法律，使法律条文的内容能够涵盖所发生的案件事实，是法律能够长盛不衰的重要原因，但如果禁止法官解释法律，则会导致法官判案没有法律依据。法官在面对解释法律遭致立法者惩罚与无法适用法律惩罚犯罪的悖论时，往往选择对自己有利的做法即不适用法律，刑法生命力因此逐渐丧失。

穷则思变，处于极端严格规范主义下的法官或者学者开始主张刑罚个别化，

---

① ［德］拉德布鲁赫：《法学导论》，米健等译，北京：中国大百科全书出版社1997年版，第11页。

② 当然，这并不是说不考虑犯罪个体差异的判决是不公正的、不正义的，毕竟刑罚的前提是犯罪，犯罪的社会危害性是刑罚轻重的决定性以及主导性因素，刑罚轻重与犯罪的社会危害性大小相均衡才是刑罚正义的基础。罪犯的个体差异是量刑中的重要考量因素，但不是决定性因素。

他们认为“犯罪取决于邪恶的和自由的意志”,[①] 要注意犯罪中的减轻情节。尽管这种观点在现代人看来相对保守,内容依然没有脱离社会危害性,基础依然是报应主义,但是开始从罪犯自由意志角度考察其个人责任情况,不再千人一面地适用刑罚,这是一种可喜的进步,是对绝对确定刑这座大厦的松动,其中蕴含着翻天覆地的革命。可惜的是,这种思想尚未形成体系,更没有影响到现实制度构建,这种特殊化仅仅局限于一种萌芽的想法,恰如我国学者所评论的,“只是个人责任意义上的刑罚个别化,而不是刑事实证学派所主张的以人身危险性为根据的刑罚个别化”。[②] 这种变化以社会危害性为基础,以刑罚的痛苦来衡平罪犯给社会造成的恶害,通过犯罪行为实施当事人的意志自由状况判断罪责的有无和大小。这种特殊预防论实质上是报应论的变种,其缺陷难以摆脱报应论只见行为不见行为人的窠臼。

(二) 近代学派的特殊预防论内容

近代刑法中的特殊预防论深受达尔文进化论以及犯罪学最新成果影响,这一时期犯罪学的代表性人物为切萨雷·龙勃罗梭(Cesare Lombroso)、恩里科·菲利(Enrico Ferri)、拉斐尔·加罗法洛(Raffaele Garofalo)。这三人被誉为“犯罪学三圣”,他们用各种形式抨击报应主义的机械惩罚,设计不同模式实现对罪犯有针对性的刑罚或者矫治措施。他们都依据罪犯身体或者习性将其分类,因不同种类罪犯的人身危险性差异而实施个别化的刑罚,比如,对不可矫治的罪犯或流放荒岛或处以死刑,对有犯罪恶习的罪犯适用不定期刑直至其能顺利回归社会等。

切萨雷·龙勃罗梭是意大利实证主义犯罪学派创始人,在国外被称为“犯罪学之父”,他首倡天生罪犯理论,为针对罪犯进行特殊预防开辟了崭新的研究道路。在他生活的时代,立法者“认为在罪犯中很少出现自由意志的反常状态……不承认在正常人、精神失常者和罪犯之间存在着任何过渡形态”,[③] 代表权势阶层的陪审团成员对精神病专家的科学意见不屑一顾,他们关心的是心灵准则,内心追寻的是古老的正义观念与社会报复方式。由此,龙勃罗梭开始对罪犯的体质和心

① [意] 切萨雷·龙勃罗梭:《罪犯论》,黄风译,北京:中国法制出版社 2005 年版,第 331 页。
② 陈兴良:《刑法的人性基础》,北京:中国方正出版社 1996 年版,第 424 页。
③ [意] 切萨雷·龙勃罗梭:《罪犯论》,黄风译,北京:中国法制出版社 2005 年版,第 1 页。

理进行卓有成效的开拓性研究，他将自然科学的方法引入犯罪学研究领域。他对罪犯进行细致的人体测量和相貌分析，研究罪犯的文身、感觉、自杀、情感、道德、宗教、智力和文化、暗语、笔迹和文学等，他认为犯罪的“病因”既包括自然因素，也包括社会原因，如气候、种族、饮食、遗传、年龄、教育、家庭出身、文化、职业等与犯罪有着重要的关系。龙勃罗梭将罪犯分为4类，即生来罪犯、激情罪犯、精神病罪犯、偶然罪犯。这是人类近代史上第一次系统地依据科学统计、分析研究后对罪犯进行的分类。

龙勃罗梭认为“存在着犯罪的必然性”，“也存在着防卫和处罚的必要性”，“惩罚权应当以自然必要性和自我防卫权为基础”①。他嘲讽康德、黑格尔的报应理论“是对早期报复观念和同态复仇观念的镀金”，这种理论没有关心累犯的危险，“让社会不断地重新陷入危险”。② 对于有些人认为犯罪是自由意志导致的观点，他批评这是回到了“堕落”的原始理论，是历史的倒退。在龙勃罗梭看来，罪犯赎罪的观点混淆了宗教与刑法的界限，没有罪犯自愿接受被强制力剥夺生命和自由。威吓理论在龙勃罗梭那里也行不通，他以史实为例，在古代刑罚残忍的时期，也是更残酷的犯罪盛行的时期，大量的酷刑使人们变得麻木，“在罗伯斯庇尔时期，孩子们都做上断头台的游戏”。③

龙勃罗梭倡导防卫理论，主张要更加注意预防罪犯的产生，减少导致罪犯产生的各种诱因。对于出现的犯罪现象是不能消除的，要对罪犯进行矫治。将无法矫治的罪犯置于区别于臭名昭著的监狱的隔离机构。他主张调整法律，缓解意大利独特气候给犯罪带来的影响；采取多种社会措施，减少法律中的野蛮成分；提高国家文明程度；对部分儿童团伙正确引导；开办自愿收容所、实业学校替代监狱以及藏污纳垢的教养院；开办专门的少儿教养院、贫民学校；对于需要隔离的罪犯可以将他们关押在独居制监狱，应用心理学管理监狱；推行累进制；反对盲目地流放罪犯，建议设立关押屡教不改罪犯的场所；建立刑事精神病院。④

根据龙勃罗梭的观点，为实现特别预防，在立法、司法与刑罚执行上都应采取与过去迥然不同的措施。刑罚措施在立法过程中应体现出与罪犯相对应的差异，这种差异不是基于罪犯自由意志以及情节的差异，而是立足于罪犯本人的身

---

① ［意］切萨雷·龙勃罗梭：《罪犯论》，黄风译，北京：中国法制出版社2005年版，第327页。

② ［意］切萨雷·龙勃罗梭：《罪犯论》，黄风译，北京：中国法制出版社2005年版，第330-331页。

③ ［意］切萨雷·龙勃罗梭：《罪犯论》，黄风译，北京：中国法制出版社2005年版，第331页。

④ ［意］切萨雷·龙勃罗梭：《罪犯论》，黄风译，北京：中国法制出版社2005年版，第333-395页。

体、心理、精神状态、性格、受教育程度、道德感等因素，这些措施应在刑法中以法律条文形式固定下来。在刑事司法过程中，刑罚措施以罪犯再次实施犯罪行为的可能性为基础，专家对罪犯进行科学的身体与心理鉴定，鉴定结果包含罪犯的责任有无与大小，成为累犯的概率，法官要依据科学的鉴定作出判决。在刑罚执行过程中，应根据不同的罪犯进行不同的处理，对毫无廉耻的严重累犯进行隔离；对少年犯实施与成年人隔离且措施不同的监禁；对于在监狱中表现出再犯可能性下降的罪犯，可以提前释放。

笔者认为，龙勃罗梭的特殊预防观点尽管在有些方面很偏激，甚至为世人所嘲笑，但是他的自然科学方法、探寻犯罪不同原因的思想和区别对待的特殊预防思想依然让其同时代以及后世的人景仰。龙勃罗梭提出的要对罪犯进行鉴定、分类，罪犯再犯可能性是刑罚措施的基础，提前释放某些罪犯的理论为减刑制度奠定了基础。

恩里科·菲利的学术生涯始于大学期间对刑事古典学派中自由意志的批判，他认为犯罪人对社会负责任的原因不是因为其能够选择非法行为，而在于其是一个社会成员。作为实证派犯罪学的领军人物，他将该学派的任务描述为“在减轻刑罚的同时减少犯罪”。[①] 基于这样的使命，他展开对犯罪人、犯罪原因、预防犯罪的措施、刑罚改良等问题的研究。菲利认为，罪犯可以划分为5类，即情感犯、偶犯、惯犯、精神病犯和天生罪犯。[②] 他通过研究得出结论，导致人类实施犯罪行为的原因有3个，即人类学因素、自然因素和社会因素。犯罪的人类学因素包括罪犯的生理状况，即颅骨异常、器官异常以及文身等；罪犯的心理异常包括智力和情感的异常；罪犯的个人状况涵盖多方面内容，如罪犯的年龄、性别、职业、社会阶层、受教育程度等。[③] 犯罪的自然因素，是指罪犯生活地区的气候、四季、平均温度等。犯罪的社会因素包括人口的密集程度、宗教传播、家庭、教育制度、工业发展状况、政治与经济状况、公共管理、司法、警察、法律

---

① ［意］恩里科·菲利：《实证派犯罪学》，郭建安译，北京：中国人民公安大学出版社 2004 年版，第 186 页。

② ［意］恩里科·菲利：《犯罪社会学》，郭建安译，北京：中国人民公安大学出版社 2004 年版，第 119 页。

③ ［意］恩里科·菲利：《犯罪社会学》，郭建安译，北京：中国人民公安大学出版社 2004 年版，第 143-144 页。

制度等。[①] 任何单纯强调其中一个原因的做法都是片面的，每一个犯罪现象的发生都是罪犯的身体状况与社会环境相互作用的结果。根据犯罪产生的原因，依统计数据观察到“最严重的犯罪稳定不变而比较轻微的犯罪持续增长”[②] 这一现象，受到“化学现象”中一定量的水在一定温度下溶解一定量的化学物质但不增加原子的数量之启发，菲利提出犯罪饱和理论，即“一直保持不变的是一定的环境与犯罪数量之间的比例”。[③] 当然，这并不意味着每年犯罪总数会持续不变或者这个比例不会发生任何变化，在社会环境异常的时候，犯罪也会出现超饱和状态，恰如通常情况下液体温度比较高时往往能溶解更多化学物质。菲利对犯罪是多种原因共同作用的研究反映了犯罪现象是复杂多变的，不能仅从罪犯的生理原因展开研究，这是他对龙勃罗梭犯罪学研究的突破，也是犯罪学研究的重大进步。

在对罪犯、犯罪原因展开卓有成效的研究后，菲利认为刑罚的实际效果要比人们期望的小很多，例证就是历史上对罪犯的严惩数不胜数，但是严重的犯罪从没有被消灭，“文雅的风度”“普及教育”以及“民族特性”[④] 却能够消除某些严重的犯罪，所以刑罚对犯罪的威慑作用非常小。菲利反对龙勃罗梭的犯罪受基因决定的理论，却继承了乃师关于刑罚是社会自卫的手段，并且将其向前推进一步，“刑罚只是社会用以自卫的次要手段”[⑤]，它不是犯罪预防的唯一有效措施。刑罚的局限性并不意味着刑罚要从社会中废除，菲利对刑法的矫正功能持怀疑态度，但对刑法的评价指引功能深信不疑。他否认刑罚能将反社会的人变成社会性的人，承认刑罚不适用会给社会带来严重危害，免除刑罚将使民众无所适从，他们不知应该如何去评价一个实施了严重破坏社会的人，罪犯也无所适从，他们无法预见自己行为的后果，很有可能在监禁期间又实施犯罪。

尽管社会中存在犯罪饱和现象，尽管“刑罚，作为一种心理力量，只能抵消

---

① ［意］恩里科·菲利：《犯罪社会学》，郭建安译，北京：中国人民公安大学出版社 2004 年版，第 144 页。

② ［意］恩里科·菲利：《犯罪社会学》，郭建安译，北京：中国人民公安大学出版社 2004 年版，第 151 页。

③ ［意］恩里科·菲利：《犯罪社会学》，郭建安译，北京：中国人民公安大学出版社 2004 年版，第 167 页。

④ ［意］恩里科·菲利：《犯罪社会学》，郭建安译，北京：中国人民公安大学出版社 2004 年版，第 168-169 页。

⑤ ［意］恩里科·菲利：《犯罪社会学》，郭建安译，北京：中国人民公安大学出版社 2004 年版，第 181 页。

犯罪产生的心理因素”,[①] 但是菲利没有放弃设计实施科学预防犯罪的构想。菲利主张：第一，预防犯罪的目标需要科学，不能好高骛远。通过减少导致犯罪发生的社会因素能在一定程度上减少因社会原因产生的犯罪，因生物学和自然环境等原因导致的犯罪在任何时代的任何社会几乎都不能避免。有鉴于此，不能试图消灭犯罪，只能把“不同程度的犯罪波动减小到最低限度”。[②] 第二，治理犯罪要对症下药，不能仅仅寻求刑罚的威慑。菲利喜欢以医疗和病患的关系比喻刑罚与犯罪的关系，普通人平时遵守“预防性卫生规则”，能避免大部分疾病，社会改善环境能对犯罪“进行自然的预防”。[③] 第三，积极提倡刑罚的替代措施。用刑罚对付犯罪难免会与罪犯发生冲突，“用其他间接的更有效的手段防止和减少这种行为对社会秩序更有益”,[④] 这种间接的手段被菲利称为刑罚的替代措施。他认为，在经济领域、政治领域、科学领域、立法和行政领域、教育领域，犯罪学家和国家的统治者都大有可为之处，通过改进这些领域容易导致犯罪的方面，减少犯罪的发生。

在涉及监狱改革问题上，菲利倡导监狱官员专业化，在他看来，不专业的人士无法为罪犯提供心理诊断与咨询等专业的服务。对于被隔离的罪犯，不能使他们的生活舒适到使贫困工农忌妒的程度，隔离是“一种剥夺”。[⑤] 罪犯在监狱中应该被强制劳动，国家给罪犯适当的劳动报酬，罪犯要向国家缴纳衣食住宿的费用，其余的钱应该赔偿深受其犯罪之苦的被害人。他建议学习英国、美国的经验，在意大利设立精神病医院。笔者认为，罪犯在与社会隔离的刑罚执行过程中，被剥夺了自由等基本人权，正常生活需要不能得到满足，应该是痛苦的。不能因为人权等原因，使罪犯在监狱中的生活水平超过社会普通成员的水平，否则刑罚的惩罚性、矫正性甚至正当性将大大降低，防卫犯罪威胁的目的将难以实现。

---

① ［意］恩里科·菲利：《犯罪社会学》，郭建安译，北京：中国人民公安大学出版社 2004 年版，第 177 页。

② ［意］恩里科·菲利：《犯罪社会学》，郭建安译，北京：中国人民公安大学出版社 2004 年版，第 212 页。

③ ［意］恩里科·菲利：《实证派犯罪学》，郭建安译，北京：中国人民公安大学出版社 2004 年版，第 188 页。

④ ［意］恩里科·菲利：《犯罪社会学》，郭建安译，北京：中国人民公安大学出版社 2004 年版，第 193 页。

⑤ ［意］恩里科·菲利：《犯罪社会学》，郭建安译，北京：中国人民公安大学出版社 2004 年版，第 287 页。

作为一个特殊预防论者，菲利思想中对减刑制度有启发意义、值得关注的是他主张对不同罪犯适用不同的刑罚。刑罚的对象是罪犯而不是报应论者主张的犯罪行为，“刑罚不应当是对犯罪的报应，而应当是社会用以防卫罪犯威胁的手段”。[①] 菲利指出，作为一种社会防卫手段，量刑应该避免刑罚仅仅与罪犯道德责任相适应，如果法官采用这种做法，无异于给任何病人都开大黄、安排住院来治病的庸医。[②] 刑罚应该根据犯罪行为以及其给社会造成的损害，罪犯属于哪一类罪犯，罪犯是否能回归社会来决定对他采取短期、长期或者永久隔离措施，或者仅仅强制罪犯赔偿其给国家以及被害人造成的损失而无须隔离即可。

基于自己对罪犯进行的科学分类，菲利建议对精神病罪犯、天生罪犯和惯犯采取不定期隔离措施，因为这些人的个人情况和犯罪行为向世人证明了赔偿损失不足以达到社会防卫的目的。被隔离罪犯的附条件释放只能在“对罪犯进行生理心理学的检查之后才能批准”[③]，经过这样的过程能得出罪犯是否能够重新适应社会生活的判断，其结论也是有科学依据的。对精神病犯，菲利的处理意见是设立专门的犯罪精神病医院对之进行有效的隔离。刑事古典学派认为，罪犯要进监狱，精神病人要进精神病院，菲利批评他们忽视了一种情况，有些罪犯同时具有精神病的症状，精神病院中的医生不足以对犯罪精神病人进行有效的治疗和训练。他认为，犯罪精神病院应当分为两种[④]：一种对实施杀人、放火等严重和危险的精神病罪犯进行长期隔离，施以严格的纪律管理。另一种对实施小额盗窃、有伤风化等轻微精神病罪犯进行较短时间隔离，施以宽松的纪律管理。菲利主张，对轻微罪犯如偶犯用赔偿损失的方法替代短期监禁。这是罪犯对被害人无可逃避的责任，也是国家保护公民、社会防卫的职能。菲利引用了另一著名犯罪学家加罗法洛的观点来加强自己论述的力量，“对许多轻微罪行，尤其是轻微侵犯人身罪，用赔偿被害人损失的有效手段来代替处以几天监禁的方法很有益”。[⑤]

---

① ［意］恩里科·菲利：《犯罪社会学》，郭建安译，北京：中国人民公安大学出版社 2004 年版，第 272 页。

② ［意］恩里科·菲利：《实证派犯罪学》，郭建安译，北京：中国人民公安大学出版社 2004 年版，第 177-178 页。

③ ［意］恩里科·菲利：《犯罪社会学》，郭建安译，北京：中国人民公安大学出版社 2004 年版，第 278 页。

④ ［意］恩里科·菲利：《犯罪社会学》，郭建安译，北京：中国人民公安大学出版社 2004 年版，第 294 页。

⑤ ［意］恩里科·菲利：《犯罪社会学》，郭建安译，北京：中国人民公安大学出版社 2004 年版，第 280 页。

笔者认为，菲利的特殊预防思想加入了犯罪的社会原因，依据罪犯再次实施犯罪的可能性配置刑罚以及依据罪犯的生理、心理状况有条件释放的理论对减刑制度有重要的参考价值。现行减刑制度中对未成年人，老年罪犯，患严重疾病罪犯，身体残疾罪犯，基本丧失劳动能力、生活难以自理的上述罪犯放宽减刑条件，是深受菲利罪犯分类处理思想影响的一种体现。菲利的犯罪饱和论使我们认识到，在一个社会里彻底消除犯罪是不可能的事情，犯罪现象终究会因为社会、生理、自然因素的影响而发生，一个社会里只有犯罪多与少的现象，而不存在没有犯罪的现象。希望通过不减刑来防止罪犯再次实施犯罪行为，实现社会预防的目的是一种奢望，减刑不是罪犯再犯的主要原因或者次要原因。从某种意义讲，减刑有利于防止罪犯再次实施不为社会容忍的满足个人需要的行为，因为它符合罪犯或曰人类追求自由的本性。

拉斐尔·加罗法洛同样是实证派犯罪学的代表性人物，但是他的研究显然不如龙勃罗梭或者菲利那样广泛、深入。加罗法洛倡导社会防卫论，他提出的关于犯罪以及罪犯的理论都是从社会防卫这一概念中衍生出来的。[①] 加罗法洛师从龙勃罗梭，思想深受乃师的影响，然而他又没有盲目追随龙勃罗梭的方法和结论，在有限度承认生理因素对成立犯罪的影响下，开始“将注意力指向罪犯的心理异常”。[②]

在分析完爱国情感、宗教情感、贞洁、荣誉、仁慈、利他情感、怜悯感、正义感、正直感这些道德情感后，加罗法洛论证了他的自然犯罪原理。他认为，“伤害庄重和贞洁的行为”“伤害家庭情感的行为”“政治犯”“威胁公共安宁的非政治性地区犯法行为”都不是自然犯，“伤害怜悯感或者正直感”是自然犯的实质要素，自然犯罪可以分为伤害怜悯感的犯罪与伤害正直感的犯罪两类。[③] 加罗法洛从严重的刑事犯罪开始研究犯罪的心理异常与道德异常，认为“无道德异常便无自然犯罪”[④]，他发现有些罪犯不知道悔恨为何物，对自己的罪行既不内疚也不反思，在有某种渴望时，根本无法用理智来遏制，纯粹根据生物的需要支

① 吴宗宪：《西方犯罪学史》，北京：警官教育出版社1997年版，第254页。

② ［意］加罗法洛：《犯罪学》，耿伟、王新译，储槐植校，北京：中国大百科全书出版社1996年版，第83页。

③ ［意］加罗法洛：《犯罪学》，耿伟、王新译，储槐植校，北京：中国大百科全书出版社1996年版，第44-50页。

④ ［意］加罗法洛：《犯罪学》，耿伟、王新译，储槐植校，北京：中国大百科全书出版社1996年版，第89页。

配自己的行为。他在陀斯托耶夫斯基（陀思妥耶夫斯基——引者注）的描述中发现了具有“优秀品格”“诚实的品质”“忠实”而且“不会憎恨”的重犯，在他看来这些人并没有犯构成真正犯罪的犯罪行为，他们只是没有遵守国家规定的法律罢了[①]，这些人没有伤害人类的怜悯感与正直感。

结合累犯、遗传、返祖现象的研究，加罗法洛发现许多罪犯实施犯罪行为不能归因于返祖或者遗传，他提出了道德退化理论，“这种退化是一种倒退性选择的结果”，这种倒退使人失去了较好的品质，于是逐渐出现了道德败坏的家庭，如累犯家庭、贪乐家庭或者酗酒家庭等，“这些家庭的杂交终于产生了真正品质低下的后裔”。[②]

在加罗法洛看来，典型的罪犯是真正的自然犯，他们在道德水平上表现出原始人般的异常，在很多方面比正常人要低很多。基于这一前提，加罗法洛将“真正的罪犯”分为四类[③]：第一类，谋杀犯。他们完全没有正义感、仁慈或者怜悯的情感，是能够为了任何原因而实施最严重犯罪的人。第二类，暴力犯罪。暴力犯罪分为地方性犯罪，即具备某地区特点的特殊犯罪；激情犯，即怜悯感先天性缺乏与怪异的暴力气质相结合。第三类，缺乏正直感的罪犯。这种罪犯一般在未成年时没有能够顺利模仿并强化正直感，一旦外部环境恶劣，不正直感会强化和延续。第四类，色情犯。由于道德力量的缺乏，这类罪犯为满足自己的快乐需要，完全漠视其低级性行为给被害人带来的生理与精神痛苦，即使被刑罚处罚，受到所有人耻笑也在所不惜。与自然犯罪相对应的是“法定犯罪”，加罗法洛并没有给法定犯罪一个明确的定义。我国学者总结认为，“没有侵害怜悯和正直这两种基本利他情感，仅仅与特定时代的环境、时间相关的或者由立法者的特定观点所决定的、与行为人的道德异常无关的、不能表明行为人道德异常的行为”。[④]在这里，我们需要注意的是，加罗法洛的犯罪分类是以人类社会的道德标准为前提，依据罪犯道德缺陷、异常的特殊气质而进行，是在他自己所界定的自然犯范

①［意］加罗法洛：《犯罪学》，耿伟、王新译，储槐植校，北京：中国大百科全书出版社 1996 年版，第 89-93 页。

②［意］加罗法洛：《犯罪学》，耿伟、王新译，储槐植校，北京：中国大百科全书出版社 1996 年版，第 109 页。

③［意］加罗法洛：《犯罪学》，耿伟、王新译，储槐植校，北京：中国大百科全书出版社 1996 年版，第 110-126 页。

④ 米传勇：《阅读加罗法洛——以自然犯、法定犯理论为中心》，陈兴良主编：《刑事法评论》（第 24 卷），北京：北京大学出版社 2009 年版，第 151 页。

畴内进行的分类，他提出的犯罪对策也与此相对应。

加罗法洛认为，犯罪是不可消灭的，人类文明没有力量消灭犯罪，犯罪只能被遏制在一定范围内。立法和行政在预防犯罪方面的真正作用，“不外乎维持良好的警察系统、明智的司法管理以及公共教育的间接发展，而这种教育将抵制导致很多犯罪的某些邪恶习惯”①。所以，国家在上述两方面的作为是间接的，无法直接作用于导致犯罪发生的道德堕落。如果国家试图直接对这些恶习进行纠正的话，还可能干涉公民自由，并产生新的非自然犯的犯罪。在对预防犯罪的间接手段做分析后，加罗法洛开始着手分析直接手段——刑事法律。加罗法洛认为，严厉、迅疾而又确定的刑罚对完全缺少道德感的罪犯和地区性犯罪的作用是非常明显的，“刑罚的严厉性超过任何一般或间接的作用”，“刑罚的减轻可能会成为犯罪的真正原因”。② 刑罚在外表上宽大、轻缓得像父母对子女的惩戒措施，会制造累犯与惯犯。在加罗法洛看来，监禁几乎没有什么效果，它给自然犯提供了免费的旅馆，结交臭味相投的犯罪伙伴的机会。监狱中的罪犯几乎没有人会用高尚的道德谴责实施最严重罪行的“难友”，反而会对他们羡慕不已，这种羡慕满足了自然犯的虚荣心，更强化了他们堕落的决心。

基于对当时法律及实施的不满，加罗法洛对社会防卫、遏制自然犯提出了自己的建议。受达尔文进化论中适者生存思想的影响，“非犯罪的犯法行为”③ 不利于社会进步，国家应该考虑用惩罚的威慑效应对将会实施犯法行为的人进行警戒。对于自然犯，国家可以采取完全消除的办法，这种消除的方法不是将自然犯全部适用死刑从肉体上消灭，而是仅仅对完全缺乏怜悯情感的罪犯。消除的方法还包括终身监禁与流放殖民地，这样使罪犯与能引起犯罪的周边环境隔离，这是社会优胜劣汰的结果。强迫罪犯赔偿其造成的物质以及精神损失是加罗法洛所推崇的第三种方式，赔偿的对象既包括被害人又包括国家，能达到遏制的效果，罪犯“除了失去他违法所希望获取的东西之外，他还发现自己将被迫在经济上受到

---

① ［意］加罗法洛：《犯罪学》，耿伟、王新译，储槐植校，北京：中国大百科全书出版社 1996 年版，第 172 页。

② ［意］加罗法洛：《犯罪学》，耿伟、王新译，储槐植校，北京：中国大百科全书出版社 1996 年版，第 178 页。

③ ［意］加罗法洛：《犯罪学》，耿伟、王新译，储槐植校，北京：中国大百科全书出版社 1996 年版，第 195 页。加罗法洛界定的犯罪统括一切任何文明社会禁止的非道德的和有害的行为，除此之外的诸如攻击政体、没有违背利他情感的正当的不服从不是犯罪行为，而是犯法行为。

损失”。[①] 对于惩罚及其所带来的威慑，加罗法洛认为，惩罚是一种自然的反应，要考虑罪犯所带来的威胁，要能够起到阻止罪犯“邪恶的冲动”[②]，能提升罪犯社会交际能力的作用，在这样的前提下，威慑自然而然会产生，是有助于促进社会发展的，无须特别关注威慑的问题。对于矫正主义学派，加罗法洛分析后认为其观点是“监禁的唯一功能是使囚犯的道德改造成为可能做到的事情”。[③] 他认为矫正的观点是错误的，教育的能效有限，青少年如果具有邪恶的秉性，教育不能挽救其堕落。人为创造道德天性是不可能的，教育性劳动、说教都不能影响个人道德。加罗法洛又举出了爱尔密拉教养院的失败例证，这个教养院教养青少年初犯，但是仍然存在“27%的被教养人”[④] 在假释一段时间后重操旧业。意大利司法部的累犯、惯犯增长的统计数据成为他所认定的矫正主义理论的失败和无效的证据。

在进行系统分析后，加罗法洛终于从特殊预防的角度为我们揭示如何对其所分 4 类的罪犯进行有效的社会防卫。对于第一种自然犯，加罗法洛称他们为“谋杀犯”，“他们可以被认作在道德上完全堕落，以及永远缺乏社会性的能力”[⑤]，对于谋杀犯不能实施终身监禁，只有实施死刑才能达到社会防卫的目标，才能起到“绝对的消除”效果，并顺带产生足够的威慑力。这种罪犯适用死刑的唯一例外是，罪犯经确诊为精神错乱，那么应该将这种罪犯禁闭在专门的精神病犯医院中，只有治愈后才能释放。

对第二种自然犯即暴力犯，加罗法洛将他们细分为 4 类：杀人犯；严重侵害人身或者道德的罪犯；少年犯；仅缺乏道德修养或约束的罪犯。对于杀人犯，他建议首先将罪犯流放到其生活的环境之外，避免周围不良的道德评价之影响。其次，在经过若干年的流放殖民地或者荒岛后，如果经考察罪犯一直保持温和而不暴烈的性情，可以加快其复归社会的速度。最后，由法官决定罪犯的刑期是结束

---

① ［意］加罗法洛：《犯罪学》，耿伟、王新译，储槐植校，北京：中国大百科全书出版社 1996 年版，第 203 页。

② ［意］加罗法洛：《犯罪学》，耿伟、王新译，储槐植校，北京：中国大百科全书出版社 1996 年版，第 221 页。

③ ［意］加罗法洛：《犯罪学》，耿伟、王新译，储槐植校，北京：中国大百科全书出版社 1996 年版，第 228 页。

④ ［意］加罗法洛：《犯罪学》，耿伟、王新译，储槐植校，北京：中国大百科全书出版社 1996 年版，第 238 页。

⑤ ［意］加罗法洛：《犯罪学》，耿伟、王新译，储槐植校，北京：中国大百科全书出版社 1996 年版，第 332 页。

还是继续。[①] 加罗法洛对罪犯的处理建议没有“一刀切”，他将严重侵害人身或者道德的罪犯又分成两种情况，实施残忍行为的罪犯将被流放到太平洋上的小岛或者非洲的沙漠来实现遏制犯罪的目的；对不完全缺乏社会性的罪犯，将其囚禁在“海外的惩戒营就是最适合于这种罪犯的措施”[②]，对罪犯进行充分考察后，或者罪犯向被害人及其家属进行了赔偿并显现了社会性后，惩罚可以结束。对于少年犯，同样适用考察一定时期的隔离制度。如果少年犯表现出天生罪犯的道德特性，则将他们关押在罪犯精神病医院观察，如果可以改变他们的道德，则将他们从医院中转移到农业殖民地进行不定期观察直至其人身危险性彻底消除。对于再犯的少年犯，如果他们被确认是缺乏道德意识，则可以将其流放孤岛。[③] 对第四类罪犯，由于他们仅缺乏道德修养或者约束，监禁显然是不合适的，加罗法洛主张适用他推崇的严格执行强制赔偿的措施。抗拒遵守以及没有能力遵守这些措施的罪犯，“都应当编入国营的公司中”[④]，通过劳动所得实现赔偿。

对第三种自然犯，即完全或者部分缺乏正直感的罪犯，加罗法洛将他们分为两类[⑤]：天生的以及习惯性的罪犯，非习惯性的罪犯。对第一类罪犯，如有盗窃癖和放火癖等罪犯，加罗法洛建议将他们投入专门的罪犯精神病医院，加以适当的矫正。对心智健全的习惯犯，将他们流放到荒无人烟的地区或者新开垦的殖民地，使罪犯以自己的辛苦劳动获得生存机会，而一旦他们再次实施犯罪活动，则将被流放荒岛。第二类罪犯为数众多，他们的正直感不强烈，对这些罪犯采取的有效措施是改变，“改变他们所处的环境，改变他们的习惯，改变他们工作的性质”，“使他们开始新的生活”。[⑥]

对第四种自然犯即色情犯，加罗法洛的观点不同于今世，他认为色情犯不是

---

① ［意］加罗法洛：《犯罪学》，耿伟、王新译，储槐植校，北京：中国大百科全书出版社 1996 年版，第 338-341 页。

② ［意］加罗法洛：《犯罪学》，耿伟、王新译，储槐植校，北京：中国大百科全书出版社 1996 年版，第 342 页。

③ ［意］加罗法洛：《犯罪学》，耿伟、王新译，储槐植校，北京：中国大百科全书出版社 1996 年版，第 342-344 页。

④ ［意］加罗法洛：《犯罪学》，耿伟、王新译，储槐植校，北京：中国大百科全书出版社 1996 年版，第 345 页。

⑤ ［意］加罗法洛：《犯罪学》，耿伟、王新译，储槐植校，北京：中国大百科全书出版社 1996 年版，第 345-348 页。

⑥ ［意］加罗法洛：《犯罪学》，耿伟、王新译，储槐植校，北京：中国大百科全书出版社 1996 年版，第 349 页。

暴力犯罪，要处以不同的惩罚。如果罪犯是色情狂一类的精神病态患者，可以实施在收容所中禁闭。如果罪犯精神状态正常，则对他们实施不定期的海外关押，视其“新的生活习惯和附随产生的年龄、家庭情况所引起的变化”[①] 决定在惩戒营的时间长短。

加罗法洛对罪犯的分类相较于龙勃罗梭和菲利更加细致，更加值得我们注意，在犯罪学家中，他首次提出自然犯罪与法定犯罪的理论。尽管这一区分是为其自然罪犯研究提供理论前提，但是学者们对这一界定的关注远远超过了对自然罪犯及其遏制或曰消除对策的关注。[②] 笔者愿意将视角转向加罗法洛对罪犯的分类及其针对性措施，从中发现特殊预防发展的轨迹以及对减刑制度的启示。加罗法洛依据罪犯道德水准的差异对自然犯进行分类，是一种全新的视角，实质上他关注的是罪犯的人身危险性和矫正可能性，每个罪犯的再犯可能性都有差异，遏制或者消除的方式应该因人而异。依道德水准的差异采取不同的遏制措施，对不可挽救的彻底没有道德的罪犯，实施死刑以保护社会、公民不受其害。对罪行较轻的罪犯实施民事以及刑事赔偿，既能避免其在监狱中道德水平下滑，又能给国家、被害人带来经济补偿。对罪行较重的罪犯实施他所提倡的不定期刑，这是特殊预防论者为刑罚发展所作的重大贡献之一，强制他们在流放地劳动[③]，根据其道德水平、回归社会的习惯恢复状况，决定是否结束隔离状态。

笔者认为，视罪犯回归社会的能力与状态决定是否结束其与世隔离的状态这一做法对今天的减刑制度具有重要的指导意义。有些罪犯道德堕落，无视任何社会规范，只要对他们有利就可以不惜任何代价去做，对这种罪犯要限制减刑甚至不减刑，使其在监狱中与社会隔离，防止其危害社会。有些罪犯在道德上几乎没有大问题，只是在满足自己需要的同时没有足够注意其他人的利益，因而造成严重危害社会的结果。例如，交通肇事罪的过失罪犯等，对这类人可以通过减刑使其及早出狱。

---

① ［意］加罗法洛：《犯罪学》，耿伟、王新译，储槐植校，北京：中国大百科全书出版社 1996 年版，第 353 页。

② 米传勇：《对加罗法洛犯罪学思想的曲解与澄清》，陈兴良主编：《刑事法评论》（第 25 卷），北京：北京大学出版社 2009 年版，第 267-268 页。

③ 加罗法洛强调将罪犯流放荒岛或者殖民地进行劳动的观点在现代人看来是荒谬的，但是在他的时代这又是资本主义强国的惯常做法。我们不能苛求他必须是一个社会主义者，可以从他流放荒岛的建议中发掘他使罪犯隔离于其成长、生活、犯罪的环境，避免不良道德的影响以及对其自身恶习的强化这些有益成分。

与菲利、加罗法洛同一时期的另一特殊预防论代表性人物是德国现代刑法学派大师弗兰茨·冯·李斯特（Franz Von Liszt），他打破当时德国刑法学界报应论的坚冰，勇敢地提出刑罚的“目的观念”，即“确认刑罚是为社会防卫目的而服务的手段”。[①] 李斯特强调的社会防卫论并非向着专制王朝时期的刑罚威慑论倒退，而是为了“最稳妥地保障个人自由不受旧时代残酷刑罚的侵害”[②]，这需要在刑事法律中树立民主、人权和功利的观念，对刑罚的力量进行充分限制，以实现“刑法典是罪犯的大宪章”这一目标。李斯特的特殊预防论思想将重点放在了已经实施犯罪的人身上，他的教育刑论“这点被认为是他在刑法学上最大的功绩”。[③] 他注重对罪犯的矫正教育，主张努力发挥教育在自由刑刑罚执行中的作用，通过刑罚的实施使罪犯能够成为一个正常的人而重返社会。

李斯特认为，龙勃罗梭及其弟子仅仅从罪犯的身体、心理和精神方面查找犯罪的原因是错误的，应该关注罪犯实施犯罪的外界的、经济的社会因素。他认为罪犯实施犯罪受到两种因素影响：个人因素和外界因素，前者是重要诱因，后者是主要诱因。外界环境因素居于核心地位，一个人实施犯罪行为的当时的特性尽管出于天性，但是这种天性的影响力远远小于其后天的外界环境塑造。李斯特根据犯罪的原因、反社会性的危险程度，将罪犯分为偶犯（激情犯）、状态犯（性格犯或倾向犯）、惯犯（职业犯、常业犯），其中状态犯又可以分为可矫正的和不可矫正的两种。[④] 对不同的罪犯，适用的刑罚方式有异，“对各个犯罪采取各自相应的处遇，以改善、教育以至采取隔离措施”[⑤]。“氏认为应该透过直接强制与间接强制并用的方法来保护法益，直接强制是指动用强制力来隔绝犯人，间接强制则是指透过威吓、矫正等方法来消除犯罪动机，避免犯人再犯。”[⑥] 直接强制的方式表现为“永远地，或者于一定期限内，从身体上剥夺那些对社会无用的

① 黄风：《刑罚：社会防卫的双刃“器”——读李斯特的〈刑罚目的论〉》，载《比较法研究》1987年第4期，第69页。

② 黄风：《刑罚：社会防卫的双刃“器”——读李斯特的〈刑罚目的论〉》，载《比较法研究》1987年第4期，第70页。

③ ［日］正田满三郎：《刑法体系总论》，日本：良书普及会1979年版，第18-20页。转引自马克昌主编：《近代西方刑法学说史》，北京：中国人民公安大学出版社2008年版，第240页。

④ ［德］李斯特：《德国刑法教科书》（修订译本），［德］施密特修订，徐久生译，何秉松校，北京：法律出版社2006年版，第12-13页。

⑤ ［日］庄子邦雄：《刑罚制度的基础理论——刑罚制度的意义》，甘雨沛译，载《国外法学》1979年第5期，第1页。

⑥ 林钰雄：《新刑法总则》，北京：中国人民大学出版社2009年版，第14页。

罪犯继续犯罪的可能性，将其从社会中剔除出去（人为筛选）”。间接强制的方式表现为“刑罚的执行能遏制罪犯的犯罪癖好”，“将罪犯改造成为一个对社会有用之才”。[①] 他尤其强调特殊预防的重点对象“不是预防不特定的可能犯罪的人，而是预防已受到处罚的人再次犯罪。刑罚的分量以为了消除罪犯的危险性（犯罪性）使之重返社会所必需的处理期间为标准（处罚的不是行为而是行为人）”。[②] 这就是李斯特最著名的“矫正可以矫正的罪犯，不能矫正的罪犯不使其为害”观点之写照，这一观点实际上也是受到其同时代犯罪社会学派人士的影响，加罗法洛等人关注累犯的人数、累犯率等问题，加之李斯特对罪犯进行的分类，矫正自然有其专门的对象，而非滥用刑罚惩罚措施。

李斯特认为，刑罚要在种类与强度上适应罪犯的特点，而非适应其造成的损害，“是一个矫正和教育罪犯，并因此让罪犯重新回到有秩序的社会的极其重要的方法”[③]，所以自由刑执行中包含了矫正、教育、再社会化的目的，“‘教育刑论’（或称‘目的刑论’）是其刑罚理论的核心”。[④] 李斯特十分重视自由刑执行，他将《帝国刑法典》第48条进行深入解读，指出法条确立了自由刑执行中的矫正、教育思想原则，自由刑执行应该以教育影响为目的，该原则只能通过刑罚个别化路径才能变成现实，因此要将“教育学精神”[⑤] 根植于刑罚执行机构。在自由刑刑罚执行中，要给罪犯以高质量的“治疗”，对罪犯的治疗措施，要“唤醒和激活他们的积极的社会素质”，“提高他的道德水平”。[⑥] 罪犯自尊、自爱，尊重同监罪犯，尊重监狱警察，在劳动中勤奋、守时，在生活中遵守监狱管理规范，这样才算达到了罪犯再社会化的目的。他指出，在监狱中给罪犯授课，引导罪犯学习，阅读书籍报纸以保持与外界的联系，借助于“适时的表扬”，

---

① ［德］李斯特：《德国刑法教科书》（修订译本），［德］施密特修订，徐久生译，何秉松校，北京：法律出版社2006年版，第9页。

② 马克昌主编：《近代西方刑法学说史略》，北京：中国检察出版社2004年版，第217页。

③ ［德］李斯特：《德国刑法教科书》（修订译本），［德］施密特修订，徐久生译，何秉松校，北京：法律出版社2006年版，第416页。

④ 马克昌主编：《近代西方刑法学说史》，北京：中国人民公安大学出版社2008年版，第225页。

⑤ ［德］李斯特：《德国刑法教科书》（修订译本），［德］施密特修订，徐久生译，何秉松校，北京：法律出版社2006年版，第428页。《帝国刑法典》第48条规定，通过执行自由刑，犯人应当习惯于秩序和劳动，不再重新犯罪。

⑥ ［德］李斯特：《德国刑法教科书》（修订译本），［德］施密特修订，徐久生译，何秉松校，北京：法律出版社2006年版，第431页。

"逐步引导犯人获得较多的自由",[①] 能够在一定程度上满足罪犯重新回到社会的要求。

笔者认为，李斯特倡导的教育刑思想对减刑制度有重要的支撑作用，通过一系列监规，各种学习，多种细致的行为规范与减刑相结合，能够引导罪犯自我教育，从被动接受矫正逐渐转化为自我主动接受矫正。教育能够使罪犯掌握劳动生存技能，使罪犯学会如何在社会上与人相处，使罪犯逐步社会化。监禁机构根据国家所追求的在罪犯身上达到的特殊预防效果，动态地决定刑罚的内容和强度，根据罪犯个人良好表现以及在罪犯群体中的表现决定提起减刑的幅度、间隔时间。法院的减刑裁定能够对罪犯起到鼓励作用，使其在服刑中逐渐找回自尊，学会自强、自爱，在接受较为充分的社会化教育后真正获得自由。

木村亀二教授认为，近代主张特殊预防论的刑法学派对刑罚运用的基本主张有三：第一，刑罚针对的不是行为而是千差万别的犯罪行为人；第二，刑罚适用的依据是行为人的人身危险性；第三，刑罚适用的目的不在报应，更不追求返回古代的极端威慑，而在于特别预防，教育罪犯，保卫社会。近代特殊预防论影响下的刑罚制定、适用与执行，其根基在于犯罪行为非自由意志决定论，将刑罚的裁量标准唯一界定为罪犯的反社会的心理状态[②]，罪犯人身危险性决定了执行刑期的长短。随着近代刑法特殊预防论的影响不断扩大，内涵不断丰富充实，不定期刑获得了理论基础，在美国不定期刑得到广泛推广，高峰时有 36 个州采取了不定期刑制度。

近代特殊预防论潜藏着走向极端的两种危险：第一，刑罚权的恣意妄为。在保卫社会的幌子下，刑罚权极易为专制统治所利用，无限制扩大国家刑罚权，如意大利、德国、苏联等曾出现的"恐怖主义刑法"。这种情况下会出现如我国刑法学者所批评的状况，"不受报应制约的个别化必然导致无罪施罚"；"不受报应制约的个别化必然导致轻罪重罚与同罪异罚"；"不受报应制约的个别化必然导致行刑不公"。[③] 第二，颠覆数千年积累的传统正义观念。法律是有意识服务于正义的现实，法律的概念指向矫正正义（ausgleichende Gerechtigkeit）与分配正

① ［德］李斯特：《德国刑法教科书》（修订译本），［德］施密特修订，徐久生译，何秉松校，北京：法律出版社 2006 年版，第 432 页。

② ［日］木村亀二主编：《刑法学词典》，顾肖荣等译，上海：上海翻译出版公司 1991 年版，第 417 页。

③ 邱兴隆：《刑罚个别化否定论》，载《中国法学》2000 年第 5 期，第 102 页。

义（austeilende Gerechtigkeit）。[①] 对一个罪重但是人身危险性很小的罪犯实施短期监禁，对一个罪轻但是人身危险性很大的罪犯无限延长刑期，对没有犯罪危险的人实施保安处分这类限制或者剥夺人基本权利的措施，对一个成长于不良家庭的人任意实施保安处分或者在其犯罪时轻罪重罚等，这样虽然能够满足社会防卫的需求，但是忽视了基本的正义理念，伤害了公众的常识、常理、常情[②]。

笔者认为，对犯罪打击之重要性远小于对公众通行观念的保护，尤其是在二者发生冲突之时，公众观念是法律正义性的基础，尽管它需要引导，但是法律与公众观念过于矛盾将导致得不到遵守或者被抛弃。减刑过程中，既要防止为打击犯罪或者贯彻某种刑事政策而不给予表现良好的某一类罪犯任何减刑的奖励，又要防止任意滥用减刑权，对人身危险性小的罪犯无限制减刑。

（三）现代特殊预防论的内容

随着时代的发展，特殊预防论有了新内容，有学者将社会防卫置于更高的地位。这一时期存在一种完全否定人身危险性以及之前社会防卫目的论之理论，笔者将其称为激进的社会防卫论。有学者在社会防卫论中吸收报应论合理的内容，部分吸纳道义责任论，对特殊预防论进行新的改造，在法学发展史上被称为新社会防卫论。

菲利普·格拉马蒂卡是意大利著名刑法改革家，激进的社会防卫论代表人物。他认为社会防卫目的不能将眼光仅仅放在保护社会免受犯罪之害、保护公民人身和财产等权利上，“更重要、更本质的目的是‘改善那些反社会的人’”[③]。

---

① 关于矫正正义与分配正义，详见［德］G·拉德布鲁赫：《法哲学》，王朴译，北京：法律出版社2005年版，第33页。

② “常识、常理、常情是一个人在社会生活中明事理、辨是非所必需的基本知识和基本道理。与‘立法原意’不同的是，对每一个正常的人来说，常识、常理、常情都不纯粹是一种外在的认识对象，而是一种通过日常生活的耳濡目染而融入每一个正常人潜意识深处的是非观、价值观，是一种基于人的本性而对自己生存和发展必需的外在条件的认识，是一个人要生存、要发展的本性与自然规律、社会价值的有机融合，是人的本性在特定社会条件下自然的体现。”陈忠林：《法理与情理：一篇被毙掉的序言》，http：//blog. sina. com. cn/s/blog_48b503560100i0m6. html，最后访问时间：2011-7-27. 在陈忠林教授讲课资料中也有类似解释：“所谓常识、常理、常情，应该是指某一个国家或某一个特定社会的成员在实践中所形成，长期得到全社会成员普遍认同、而且至今没有被证明是错误的那些指导该社会成员应该如何理解他人的想法，如何处理人与自然的关系，如何处理人与人之间关系的基本经验和基本行为规则。从人与自然的关系来讲，它们是人们对客观事物最普遍规律的认识和经验，从人与人的关系的角度来讲，他们是维系人类社会最基本的伦理要求，从法理上讲就是最基本的善恶观、是非观和价值观。”

③ 鲜铁可：《格拉马蒂卡及其〈社会防卫原理〉》，载《中国法学》1993年第4期，第107页。

国家在法治运行中的首要任务是使个人能够适应社会，将其反社会性消除后重返社会，他认为，反社会的人有改善自身的权利，国家不能通过惩罚个人来保证社会安全，那意味着重新回到“以恶制恶”的报应刑时代。我们可以看出，格拉马蒂卡十分重视个人权利，所以，他的理论也基本围绕反社会个体的个人权利展开。

作为一名激进的社会防卫论者，格拉马蒂卡在其著作《社会防卫原理》中对传统刑法学进行了颠覆性、革命性的变更。

首先，他主张用“反社会性”概念取代“犯罪”概念。[①]“反社会性是指人对社会生活准则的反抗个性”[②]，它没有包含犯罪这一名称的污名谴责功能，强调了与个人相对的社会这一面，促使社会在发现犯罪现象时首先从自身寻找导致人实施反抗社会生活规则的原因并加以改善。反社会性包含如下三种要素：第一，客观的要素，即作为与不作为的反社会的行为，既不包括犯意这种“纯思考”，又不包括行为造成的社会结果。第二，心理的要素，即行为人反社会的能力和意思。他否定人身危险性概念，主张以反社会性的能力取代责任能力，对有能力的行为人施加教育、改善的社会防卫处分，对无能力的人处以治疗性的社会防卫处分。第三，法的要素，指纯主观的反社会性的意识，即违法性问题。格拉马蒂卡将这一问题用来解释紧急避险、正当防卫的正当性，出现上述情况时，行为人在心理上“没有犯违法行为的意识”，客观的反社会行为不是在反社会的意思支配下实施的，当然不能认定是反社会的人。

其次，格拉马蒂卡主张以“反社会性的指标及其程度”替代传统刑法中的“责任”概念。[③] 责任概念过于强调个人应受惩罚或曰非难的义务，忽视国家在此间的义务而过分强调惩罚行为人的权力。“反社会性的指标及其程度”概念扭转了国家惩罚罪犯这种自上而下的单向性关系，既包含了国家的处分措施权力，更意味着罪犯要求国家帮助改善的权利。反社会性的指标，是指反社会行为的类型，它不同于以法益侵害为依据的“犯罪构成”，其依据的是人格这一纯主观的标准。社会防卫法中没有关于惩罚的词汇，依据行为人的人格调查实施社会防卫处分。反社会性程度应该结合人格调查进行，不能一成不变，也不能不分轻重。

---

① 鲜铁可：《格拉马蒂卡及其〈社会防卫原理〉》，载《中国法学》1993 年第 4 期，第 108-110 页。

② ［意］格拉马蒂卡：《社会防卫原理》，［日］森下忠译，日本：成文堂 1980 年版，第 2 页。转引自马克昌主编：《近代西方刑法学说史》，北京：中国人民公安大学出版社 2008 年版，第 477 页。

③ 鲜铁可：《格拉马蒂卡及其〈社会防卫原理〉》，载《中国法学》1993 年第 4 期，第 108-111 页。

最后，格拉马蒂卡提出与传统刑罚截然不同的，依据社会学、心理学、生物学等建立的社会防卫处分。[①] 社会防卫处分要求打破刑罚与保安处分并存的二元体系，重新构建使被处分者毫无痛苦的全新教育方法体系。他构想，处分措施绝不能千篇一律，要充分体现出个别化与主观化，其基础就是人格，不同人格者处分措施不同。激进的社会防卫论主张的社会防卫处分要彻底取代刑罚，对反社会人实施预防性、治疗性、教育性处分措施，在执行过程中，若行为人的人格发生变化，处分措施也要随之变化。

格拉马蒂卡重视保障罪犯人权，在刑罚执行过程中增加教育、治疗因素，力图改善个人的行为方式，消除反社会性，是对前人理论的继承。他提出量刑以及刑罚执行过程中以人格变化为基础，重视行为人的性格、“先天素质、高级神经活动类型、气质、智力、个体适应社会的方式、能力及个人心理特征”[②] 等因素，彻底颠覆传统罪刑关系的做法值得商讨，但是对减刑制度细化有重要启示。笔者认为，格拉马蒂卡完全否定传统刑法体系，追求“人格”与“处分”意义上的“罪刑均衡”则过于激进，在某种意义上缺乏实践性与可操作性，但是他重视罪犯反社会的指标，这可以在减刑中加以吸收，毕竟减刑能够使罪犯尽早回归社会，监狱以及法院不允许反社会指标强的人提前回归社会生活。

马克·安塞尔是新社会防卫论或曰新社会防卫运动的代表性人物，他“之所以在‘社会防卫’的名称前加上‘新’字，就是为了反对格拉马蒂卡过激的社会防卫言论，并表明自己理论的独特性”。[③] 其坦言，新社会防卫论“决不是否定现在的刑法，而是在维持所谓政治国家现有的本质的价值观念的同时，为变革刑法而寻求可以纳入刑法之中的东西，并使之体系化”。[④] 他反对激进的社会防卫论颠覆传统刑法体系，赢得了刑事古典学派的支持，推行社会防卫措施，在某种范围主张非刑罚化，也使他得到了实证犯罪学派的肯定。安塞尔既调和了刑事古典法学派与实证犯罪学派的争端，又折中了实证犯罪学派与激进的社会防卫论的矛盾，使其思想能得到大多数法学家的支持，从而在西方产生广泛的影响。

安塞尔反对将犯罪现象的研究垄断在法学家尤其是刑法学家手中，这是所有

---

① 鲜铁可：《格拉马蒂卡及其〈社会防卫原理〉》，载《中国法学》1993 年第 4 期，第 108、111 页。

② 马克昌主编：《近代西方刑法学说史》，北京：中国人民公安大学出版社 2008 年版，第 478 页。

③ ［法］雷蒙·加桑（Raym GASSIN），《解析西方民主国家刑事政策的变化：以法国为例》，朱琳译，载《比较法研究》2010 年第 3 期，第 152 页。

④ ［日］泽登俊雄：《新社会防卫论》，冯筠译，潘汉典校，载《外国法译丛》1987 年第 3 期，第 48 页。

人文学科，包含生物学、心理学、教育学和社会学等多个学科联合才能解决的问题。他主张对现行刑法的批判要有科学性，安塞尔没有完全排斥意志自由，不赞成实证犯罪学派完全抛弃道义责任论构建刑法体系的做法，他赞同容纳道义责任论，在自己的理论体系中保留这一重要概念，并给予其较报应论更重要的地位。[①] 他认为责任包括“责任的感觉”和“责任的意识”，“在大部分罪犯那里，缺乏或者减弱了这种意识”。[②] 恢复责任意识是罪犯重返社会的心理、情感基础，罪犯通常没有健全的责任意识，在对社会、家庭或者他人责任意识缺失的时候容易导致犯罪的发生。通过对罪犯实施人道主义措施，尊重他的人格，恢复、增强其责任感，则能使罪犯重新社会化。

他反对报复性惩罚，重视权利保护、人道主义、人类尊严，提高人类价值。[③] 安塞尔强调的人道主义不是空泛的人道主义，有其法律制度支撑，“犯罪者有复归社会的权利，社会有使罪犯复归社会的义务。认为能够把犯罪者教育改造成为新人复归社会是真正的最高的人道主义”。[④] 安塞尔将实证犯罪学派的人身危险性概念以及古典学派的道义责任概念统一到“行为人格”中，人身危险性的成立以及大小依附于道义责任，受罪刑法定原则限制，仅根据人身危险性处罚罪犯是被禁止的。在刑事程序中，其设计增加了“对罪犯人格的考察”[⑤] 环节。法官在罪行成立阶段和确定罪犯复归社会措施的阶段要充分重视人格调查，即邀请多方面专家调查罪犯遗传史、体质、心理、生理因素，其实施犯罪行为的外在特征以及前科情况，甚至罪犯的社会政治倾向也要进行细致掌握。由于传统刑罚被批判，“取而代之的是由不同的再社会化治理构成的、随临床犯罪学发展而得以明确的‘社会防卫措施’”[⑥]，所以在“社会防卫措施”开展阶段要更加注重人格调查，这一过程也同样以罪犯复归社会为目的。我们可以看出，“人格”与“复归社会”是其新社会防卫论的中心，这两个关键词贯穿了刑罚运作整个过程，尤其是打破了审判与执行隔离的藩篱。

---

① 马克昌主编：《近代西方刑法学说史》，北京：中国人民公安大学出版社2008年版，第492页。

② ［日］泽登俊雄：《新社会防卫论》，冯筠译，潘汉典校，载《外国法译丛》1987年第3期，第50页。

③ 鲜铁可：《安塞尔新社会防卫思想研究》，载《中外法学》1994年第2期，第33页。

④ 马克昌主编：《西方近代刑法学说史略》，北京：中国检察出版社2004年版，第365页。

⑤ ［法］雷蒙·加桑（Raym GASSIN）：《解析西方民主国家刑事政策的变化：以法国为例》，朱琳译，载《比较法研究》2010年第3期，第153页。

⑥ ［法］雷蒙·加桑（Raym GASSIN）：《解析西方民主国家刑事政策的变化：以法国为例》，朱琳译，载《比较法研究》2010年第3期，第153页。

对道义责任论的承认使安塞尔在主张非刑罚化的基础上坚持对某些罪犯在监狱执行刑罚，以实现对罪犯有益的“心理打击”手段，这不是报复性惩罚，“只能是在任何其他方式和方法都行不通以后采取的与犯罪作斗争的最后手段”。[①]他主张以多种措施替代监狱刑，比如建立“开放监狱”，实施“周末监禁”，推行不剥夺自由的劳动改造或者公益劳动，扩大缓刑的适用范围，为避免短期自由刑的弊端而适用罚金替代制。

安塞尔领导的新社会防卫运动的理论折中调和，吸引各学科大量专家参与，加之其高举人道主义大旗，在政治上同时取得法国左派与右派的支持，在立法上体现其理论思想的措施层出不穷。1945-1990 年间，甚至到 2000 年，法国大量开展人道主义运动，在刑罚领域进行大刀阔斧的改革，措施包括：在普通刑事诉讼中增加人格调查，创建附考验的缓刑，开展罪犯的公益劳动，根据犯罪情节和罪犯的人格量刑等。[②] 这些措施对我国刑事司法实践也产生了一定影响。

笔者认为，安塞尔主张的恢复责任意识对减刑制度具有启迪意义。罪犯实施犯罪行为，大多没有责任意识，对他人不负责，只考虑个人需要的满足。通过劳动、学习等方式，建立起罪犯的责任意识，使其认识到遵守规范会得到奖励，违反规范将受到不减刑的消极惩罚，从而在出狱后也能有规范意识、责任意识，以负责任的形象重回社会。另外，安塞尔的新社会防卫论将多种理论的积极之处糅合在一起，得到多方的支持，取得良好的效果，这种方法更值得借鉴。减刑过程中，也应该吸收各种理论的积极方面，吸收社会学、心理学、管理学等学科的经验，在实践中尝试，逐步完善减刑制度。

意大利“全国预防与社会防卫协会”的创办人之一杜里奥·帕多瓦尼认为，在法律实践的三个阶段中，刑罚有不同的表现形式，如“法定刑”“宣告刑”“执行刑”。每个阶段，刑罚发挥的作用是不同的，应该体现出差异。在刑事立法阶段，“刑罚主要发挥一般预防作用”；在刑事司法阶段，“具体决定罪犯的刑罚时，其标准应该是‘报应’和‘特殊预防’的需要”；当进入刑罚执行阶段，“就进入了采取最合适的方式来防止其将来再犯的阶段”。[③] 帕多瓦尼认为，执行

---

① 马克昌主编：《近代西方刑法学说史》，北京：中国人民公安大学出版社 2008 年版，第 489 页。

② ［法］雷蒙·加桑（Raym GASSIN）：《解析西方民主国家刑事政策的变化：以法国为例》，朱琳译，载《比较法研究》2010 年第 3 期，第 154 页。

③ ［意］杜里奥·帕多瓦尼：《意大利刑法学原理》（注评版），陈忠林译评，北京：中国人民大学出版社 2004 年版，第 307-309 页。

刑罚能起到一般预防的作用，非如此不能彰显刑罚的可信度与严肃性，刑罚执行也是实现报应，追究罪犯“个人（人格）责任”的过程。他认为，执行刑罚的过程更是贯彻宪法所要求的“再教育”的过程，人们主要根据特殊预防的需要来选择决定各种监禁刑的替代措施，刑罚执行要考虑罪犯再社会化的可能性，要努力使经过改造的罪犯重新成为正常社会的一员。帕多瓦尼既重视刑罚的再教育功能，也重视报应的影响，将其吸收进特殊预防论之中，使之在有机变动的刑罚运行过程中发挥最大优势，这体现了现代特殊预防论的新发展。笔者认为，帕多瓦尼的“再教育”“最合适的方式防止再犯”思想对我国减刑制度有很好的启发。减刑是刑罚执行阶段重要的措施，通过减少实际服刑的时间，对罪犯良好表现进行奖励，寓教育于罪犯获取减刑的过程中，是将主动教育与被动教育结合的良好方式，有利于罪犯减少犯罪。

在日本，新派代表人物牧野英一博士承继乃师李斯特的观点，高举教育刑旗帜，但是他又在理论中适当加入了报应论的内容，对责任进行回应。牧野英一认为，刑罚旨在对犯罪实行社会防卫①，刑罚对罪犯的意义有二：首先，能够使之与社会隔离，完全或者临时不再侵犯社会。其次，刑罚能通过教育、矫正甚至威吓等手段矫正罪犯的恶劣习性，使之在将来适应社会生活。在其教育刑理论中“将通过科学的方法对罪犯进行改善与教育放在了第一位”。② 尽管如此，在日本学者看来，牧野英一没有彻底抛弃报应论，而是在一定程度上承认报应论的作用，“通过刑罚满足报应观念、保全社会道义”。③ 在牧野英一看来，现代刑罚的本质包含4项内容：恶害；权力；人道；教育。④ 笔者认为，4项内容包含了牧野英一博士刑法进化论的观点，在人类不同历史时期，各个因素的比重存在差异。专制国家时期重视刑罚的威权，恶害性更强，文艺复兴后，人道的刑罚远超恐怖的刑罚更加令人心悦诚服，未来的文化国家刑罚更加缓和，这也是其“始自于警察国家，跨越法治国家，朝向文化国家”思想的具体化。显然恶害是对罪犯的报应，是满足社会报应思想的需要。报应论能够实现公正是特殊预防论者不可

① 马克昌主编：《近代西方刑法学说史》，北京：中国人民公安大学出版社2008年版，第375页。

② 周振杰：《日本近代刑法与刑法思想史研究》，赵秉志主编：《刑法论丛》（第27卷），北京：法律出版社2011年版，第433页。

③ ［日］中山研一：《牧野英一的刑法理论——刑法的基础理论》，甘雨沛译，载《国外法学》1980年第4期，第4页。

④ 马克昌主编：《近代西方刑法学说史》，北京：中国人民公安大学出版社2008年版，第375-376页。

回避的问题。在日本，“由于小野清一郎、泷川幸辰等主张报应主义学者思想的传播，学者们主张，刑罚适用既要考虑预防犯罪，也要考虑犯罪分子的责任承担”。[①] 虽然日本没有减刑制度，但是在教育刑理论中加入报应内容，回应道义、责任的要求是有必要的，对某些罪犯不加考察地实施减刑，对某类罪犯实施的减刑远远高于其他罪犯，虽然能满足特殊预防的要求，但是有可能遭到来自报应、道义的非难。例如，在我国，对职务罪犯的减刑比例有一段时间曾经高于其他罪犯，这引发了民众的不满。于是，减刑政策与措施及时调整，控制职务罪犯减刑的比例。

总体而言，现代刑法中的特殊预防论吸收了来自报应论的批评，完善了自身内容，不再以特殊预防为刑罚的唯一根据，既考虑犯罪的特殊预防，又重视报应的公正影响。在世界现代刑法学派中，几乎没有学者坚持纯粹的特殊预防主义或者报应主义，只是在具体问题上表现了更重的特殊预防或者报应论的倾向而已。

二、特殊预防论对减刑制度的支撑

特殊预防论发展至今，经历了罪犯类学、犯罪社会学、新社会防卫论等推动，在面对刑罚适用的依据时，抛弃了早期刑罚个别化只考虑罪犯人身危险性的做法，开始对罪犯进行综合考察，既重视犯罪行为，又重视罪犯。现代特殊预防论在制刑、量刑、刑罚执行的时候，不仅详细考察犯罪行为的时间、地点、方式、违反规范的程度、犯罪行为的破坏性等，更不放弃对罪犯的人身危险性进行综合考虑，如罪犯的人格、犯罪后的坦白、自首、立功、对被害人的赔偿或者逃跑、销毁证据等表现。概言之，既考虑犯罪的社会危害严重程度，也考虑罪犯的人身危险性，从而不但达到预防的需要，同样兼顾了能保证公平正义的报应论之实现。

多数罪犯实施犯罪的重要原因在于其社会化失败，不适应社会生活而实施为社会禁止的行为以满足个人不可遏制的需要。“在绝大多数情况下，人的需要都是处于一种没有得到全部满足的状态之中。如果‘乐天知命’、‘随遇而安’，能较好地说明其他生物具有顺从大自然宿命安排的特点的话，那么，‘人定胜天’、

① 翟中东：《刑罚个别化的蕴涵：从发展角度所作的考察——兼与邱兴隆教授商榷》，载《中国法学》2001 年第 4 期，第 47 页。

‘制天命而用之’，才可能是人的需要的真实写照”。[1] 人生活在社会中，必然有个人需要，个人需要经常不能被全部满足或许是个人以及人类进步的根源。人的需要本身没有对错之分，食色性也，值得判断的是人满足需要的方式，如果抢劫银行以满足自己对美食的追求，强行与妇女发生性关系以满足自己的性欲都会被认定为犯罪。恰如梅传强教授所言，“犯罪的直接原因是由满足需要的特有方式造成的”“以不合理和不正当的手段来追求需要的满足，其结果必然对法律所保护的社会关系构成威胁或者造成实际侵害”。[2] 同样是为了满足受到尊重的需要，有人选择捐献财产做慈善，有人选择成立黑社会性质组织实施暴力犯罪，很显然后者实现满足需要的方式是不合理、不正当的，对社会造成了严重的威胁和实际的破坏，不能得到社会的容忍，将被作为犯罪处理。

现代特殊预防是在报应范围内对罪犯的隔离、威慑与矫正，减刑制度为其发挥作用功不可没。笔者认为，现代特殊预防论在减刑中实现的途径有三：调节隔离时间、有限威慑罪犯、全面矫正。现代特殊预防的重要任务之一即实现罪犯的再社会化，矫正其满足个人需要的方式。罪犯由不适应社会生活到再度适应社会生活绝非一朝一夕之事，必须以一定的时间作为保障，需要在特殊的监禁场所与世隔绝一段时间，监禁产生的痛苦既是报应论所追求的，也能起到预防的作用。再社会化过程以剥夺自由为基础，其中的痛苦会对罪犯产生难以磨灭的印象，尽管现代刑罚并不追求过分的痛苦，因为那既不人道也不符合人权要求，但痛苦是剥夺自由不可避免的产物，这种痛苦将使罪犯不敢再次实施犯罪。在隔绝过程中，对罪犯不仅仅施加惩罚，还要进行对症下药的矫正以使其不愿再次犯罪，从而达到预防犯罪的功效。减刑将调节罪犯与外部世界隔绝的时间，自由刑威慑的力度，以善行奖励引导罪犯学习、接受正常社会规范。

（一）调节隔离时间

自由刑一个最显著的功能就是通过对罪犯自由的剥夺或限制实现其与社会的隔离，从而遏制罪犯实施犯罪行为的能力。对罪犯实施监禁以使其与世隔绝的措施古已有之，中国古代的圜土[3]，作为五刑之一盛行于隋唐以后的徒刑等都起着

---

① 陈忠林：《自由、人权、法治——人性的解读》，载《现代法学》2001年第3期，第17页。

② 梅传强：《论犯罪心理的生成机制》，载《河北法学》2004年第1期，第17页。

③《周礼·秋官·大司寇》记载：以圜土聚罢民，凡害人者，寘之圜土而施职事焉，以明刑耻之。其能改过，反於中国，不齿三年，其不能改，而出圜土者杀。

剥夺罪犯自由的作用。古代的徒刑，并非现代意义的自由刑，更多的是隔绝罪犯与外界的联系，通过戴枷、镣等方式对罪犯的身体进行极大的折磨。在欧洲历史上，“中世纪建在城堡和市政厅地窖中的地牢主要用于关押拖欠债务者和待审拘留者；偶尔用于刑罚执行，也极少具有矫正思想，对于被关押者而言，更多的是身体上的一种痛苦和野蛮的威慑。……它还不能被视为现代意义上的自由刑……它实际上是一种身体刑，有时甚至是一种延长的死刑，是对犯人身体上的折磨，使其在身体上不能再危害社会，绝无再社会化的思想”①。肉体痛苦是监禁惩罚的一个不可缺少的部分，甚至是监禁的主要目的。

真正具有再社会化思想的监禁设施是分别建立于1595年与1597年阿姆斯特丹男监与女监，在这两所监狱，剥夺自由成为刑罚的首要追求，罪犯劳动不再是对身体的惩罚或者缓慢消灭生命的手段，而是被有目的地作为罪犯回归社会的方式被采用。依据现代特殊预防论的观点，隔离具有最明显的预防犯罪作用，“如果他被判处监禁，那么，至少在监禁期间他是被制止和防止犯罪了，尽管不大可能但也可以想象到，刑罚将对他造成内心变化并改造他”②。

罪犯被监禁于特定场所内，社会因此在一定时期内不为这名罪犯的犯罪行为所困扰，至少罪犯在监狱中实施犯罪行为的机会要少很多，因而实现了自由刑的除害功能，这也是国家暴力最直接的体现。对罪犯监禁时间的长短，主要取决于罪犯给社会造成的危害大小，社会危害性大的罪犯要比社会危害性小的罪犯被监禁更长时间。在现代特殊预防理论中，对于自由刑与刑期长短的选择，同样也应考虑到刑法所保护的法益种类以及犯罪行为对于特定法益的破坏程度，这不仅仅是报应论的特权。刑罚手段对于罪犯自由的剥夺或者限制以及时间的长短，应该控制在一定限度内，与受到侵犯的法律所保护的法益成一定比例。较高价值的法益值得国家运用较为严厉的刑罚手段保护，行为人对它的现实威胁或者侵犯应该被隔绝更长时间。在特殊预防论影响下，以罪犯给社会造成的危害为基础对罪犯进行隔离，能够保证公平正义的实现，一个给社会造成极大危害的罪犯如果因人身危险性小而被剥夺自由较短时间，是不能为常识、常理、常情所接受的，更不能体现刑法所保护的法益之应有价值。

① ［德］李斯特：《德国刑法教科书》（修订译本），［德］施密特修订，徐久生译，何秉松校订，北京：法律出版社2006年版，第417页。

② ［日］菊田幸一：《犯罪学》，海沫等译，北京：群众出版社1989年版，第288页。

现代刑罚执行中，对罪犯实施监禁，绝非单纯的惩罚，而是包含了消除或者降低罪犯人身危险性，进行再社会化的内容，因此监禁的时间还取决于罪犯人身危险性的变化、是否能适应社会生活等。罪犯入狱之初，再次实施犯罪的能力通常较大，一个中年抢劫犯身强力壮，再次实施抢劫等财产、暴力犯罪对其来说几乎易如反掌。如果罪犯在监狱中长期监禁，将会降低其体力与犯罪的意志力，等其在老年出狱时实施抢劫的能力或者实施严重抢劫行为的能力将会有大幅下降，在监狱中所受教育与矫正，也会使其不愿意实施抢劫等犯罪行为。一个掌握了先进计算机科技的罪犯，在长期不接触网络后，其知识将严重落伍，即使想要再次实施相同犯罪，也要经过很长的学习时间，其在监狱服刑中受到遵守社会规范的教育，在出狱后能够通过正当的手段满足自己的需要。某实施计算机犯罪的人减刑出狱后感慨道，“刚回来几天，变化好大啊，什么东西都要学习了，不然就落伍了”,① 也有实施“黑客”行为的罪犯在出狱后去杀毒软件公司应聘，成为优秀的电脑程序员。通过隔离降低罪犯的再犯能力，减弱其人身危险性，使其认识到需要的满足要以合法的方式，能起到预防犯罪之功效。

对罪犯剥夺自由使其与社会隔离，并非要将所有罪犯判处无期徒刑，拘禁在监狱中成为一个鹤发鸡皮的老人，尽管他们既从精神上又从肉体上失去再次犯罪的机会，但这样做既不经济又不人道。完全执行完毕宣告刑的做法也是如此。美国 Jacqueline Cohen 的研究表明，“如果使用一般剥夺方法可以降低犯罪率 4%-42%。虽然一般剥夺方法可以降低犯罪率，但是因为使用一般剥夺方法监狱人口将上升 310%-523%”。② 美国其他研究人员的研究证明，“如果在整个俄亥俄州内将所有犯有重罪的罪犯实施五年的确定监禁刑，其罪犯数将从 9000 人上升到 42000 人，突然上升了 467%，在丹佛市和华盛顿市，其罪犯数将分别上升 450% 和 350%。罪犯人数的增加必然要增设新的监狱及其设施、新的监管人员，这些

① 乐天：《番茄花园作者洪磊出狱，已开始寻找工作》，腾讯网，http：//tech. qq. com/a/20110922/000437. htm. 最后访问时间：2011-11-10.

② Auerhahn，K.（2001）. Dangerousness and Incapacitation：A Predictive Evaluation of Sentencing Policy Reform in California. 189734，p. 52. 转引自翟中东：《国际视域下的重新犯罪防治政策》，北京：北京大学出版社 2010 年版，第 58 页。翟中东教授认为，一般剥夺（Collective Incapacitation）系指对被判有罪的罪犯，无论其具体危险性如何，都予以严厉的惩罚，判处较长的刑期，以保障公民的安全。与这一概念相对应的是有选择剥夺（Selective Incapacitation），即对高度危险的罪犯予以犯罪能力剥夺。参见翟中东：《国际视域下的重新犯罪防治政策》，北京：北京大学出版社 2010 年版，第 58-59 页。

建设费用和管理费用将会高得惊人”。① 上列数据表明，剥夺方法可以降低犯罪率，罪犯与社会隔离就失去了犯罪的条件，在监狱中几乎没有实施犯罪的可能性。但是冰冷的数字表明，哪怕5年的“确定监禁刑”也会使美国的监狱迅速膨胀，如果罪犯人数上升400%，罪犯休息、活动都将成为巨大的问题，监狱与拥挤不堪的集贸市场无异。“这个惊人的监狱人口增长现象已经造成许多受刑人的生活条件恶劣，他们有些人睡在体育馆、休息室、走廊、帐篷、活动屋和其他各种代替住屋形式的空间。在11月初之前，伊利诺伊州的森特勒利亚矫正中心（Illinois，Centralia Correctional Center）共有170名受刑人睡在体育馆的地上。而在据称拥有全国最拥挤监狱系统之一的马里兰州的一位官员指出，他们把受刑人安置在地下室、休闲娱乐区、临时性建筑，或是‘任何能够塞进他们的地方’”。② 所以，美国自由刑执行中需要依靠假释的方法调节刑罚的隔离作用，同时解决监狱拥挤这个让人头痛的难题。

在我国，为避免监狱拥挤现象，除了大力预防犯罪的发生之外，对罪犯通过减刑的方式有选择地剥夺自由，使一部分罪犯与社会隔绝，而另一部分罪犯则可以通过缩短宣告刑早日出狱。

国内外实证研究表明，少数罪犯实施了大多数严重犯罪。Marvin Walfgang、Robert Figlio和Thorsten Sellin于1945年在对费城青少年犯罪团伙的研究中发现，在1万名对象中，6%的人对犯罪的52%负责，对暴力犯罪的2/3负责。James D. wright与Peter H. rossi研究发现，严重危险的罪犯中22%对所调查犯罪中的50%负责。新泽西青少年违法犯罪委员会对1986-1989年间118000名未成年犯调查发现，13%的罪犯对46%的起诉罪与严重的犯罪负责。David P. Farrington于1981年的调查表明，5%的被调查男性罪犯对所调查犯罪中的一半负责。Wikstrom于1987年在瑞典斯德哥尔摩的研究中显示，占所有罪犯6%的人对斯德哥尔摩一半的犯罪负责。Pulkkinen在芬兰的研究中表明，大约被调查犯罪的一半是由被调查犯罪分子4%的男性与1%的女性犯罪分子实施的。③ 国内部分监狱有统计表明，“在某重刑犯监狱关押的2300多名罪犯中……多进宫罪犯占30%，进

① 钟安惠：《西方刑罚功能论》，北京：中国方正出版社2001年版，第55-56页。

② ［挪威］托马斯·马蒂森（Thomas Mathiesen）：《受审判的监狱》，北京：北京大学出版社2014年版，第7页。

③ 翟中东：《国际视域下的重新犯罪防治政策》，北京：北京大学出版社2010年版，第59-60页。

宫次数最多的达 7 次”。[①] 由上述统计数据我们可以发现，在监狱中关押的罪犯再犯可能性存在重大差别，部分犯罪分子社会化严重失败，即使经历监狱教育也没能改变其满足自己需要的方式，该群体是需要重点预防的对象，他们早一天流入社会可能更早对社会造成威胁或者损害。普遍撒网式的监禁隔离是缺乏效率与效益的，对犯罪分子进行有选择的隔离，通过减刑的方式使有较低危险性的罪犯及时融入社会，避免形成犯罪人格。使“多进宫”罪犯在监狱中度过更长的时光，与社会隔离更久，能减少其再犯的机会，或曰重返监狱的可能。

（二）有限威慑罪犯

不论早期特殊预防论者怎样论证，无论将刑罚的名称如何变更，我们都无法回避一个事实，那就是古今中外的刑罚是施加于罪犯肉体或者精神的苦痛。随着时代发展，“如果说最严厉的刑罚不再施加于肉体，那么它施加到什么上了呢？……既然对象不再是肉体，那就必然是灵魂。曾经降临在肉体的死亡应该被代之以深入灵魂、思想、意志和欲求的惩罚。”[②] 刑罚是一种绝大多数社会成员都不愿意遭受的必然发生痛苦的“恶害”。几乎没有人愿意在与世隔绝的空间内接受刑罚的“处遇”“矫正”或者听起来更温柔的“社会化措施”甚或“教育”。现代特殊预防论者不能回避刑罚的惩罚性，于是将其变通地吸收到自己的理论体系中，发挥惩罚的威慑功能，即“受刑人因失去人身自由在心灵上所感受到的痛苦，并由这种痛苦对受刑人心理可能产生的威慑作用”。[③] 刑罚通过对罪犯监禁与制裁，限制其生理自由，产生了心理作用，使其认识到实施犯罪的最终结果是搬起石头砸自己的脚，刑罚必然惩罚罪犯，从而使其不敢或者不愿再面对那种痛苦。因惩罚而形成的威慑因此起到防止罪犯再次实施犯罪的功效，达到了使其满足自己需要的方式符合社会规范要求的目的。

自由刑通过剥夺或者限制罪犯人身自由来惩罚罪犯，基本体现了常识、常理、常情对法律的要求，是公平正义在法律中的表现，也是社会报应的追求。有学者认为，“基于社会报复的要求，作为对犯罪的报复手段的刑罚应该具有施加

---

① 张爱华：《试论当前重刑犯特点及教育改造的对策》，载《北京市政法管理干部学院学报》2001年第 3 期，第 45 页。

② ［法］米歇尔·福柯：《规训与惩罚：监狱的诞生》，北京：生活·读书·新知 三联书店 2003 年版，第 17 页。

③ 张全仁、张鸥：《监狱行刑的功能与目的》，载《中国法学》2000 年第 4 期，第 118 页。

有形的剥夺的特征，而基于道义报应的要求，作为对犯罪的否定的道德评价手段的刑罚应该具有施加无形的谴责的特征，而作为对犯罪的否定的道德评价手段的刑罚应该是有形的剥夺与无形的谴责的统一”。[①] 刑罚是国家正义的对内暴力之极端体现形式，自由刑剥夺或者限制了罪犯的最基本的人权之一——人身自由。通过自由刑制造了有形的痛苦，为正义力量惩罚的是邪恶的行为，其中包含了国家对罪犯行为的强烈谴责，被刑罚惩罚意味着一种耻辱。

特殊预防论视角下的减刑制度实践了消极的有形剥夺，以不减刑的方式使罪犯服完宣告刑的全部，对罪犯进行威慑。同时，也实践了对罪犯的无形道德谴责，既是对其过往行为的谴责，也是对其在监狱服刑中不能认真遵守监规等缺乏良好表现的谴责。罪犯在监禁中因失去自由已经感受到痛苦和来自国家的威慑，因而渴望早日出狱，减刑是其实现愿望的重要途径。罪犯的人身自由权利被剥夺，这是仅次于生命刑的惩罚。在监狱中，罪犯承受的绝非仅仅失去活动自由的痛苦，在监禁过程中“为使刑罚的痛苦进一步发挥，进而与犯罪的烈度相均衡，监狱还通过严酷的管理，使监禁的痛苦充分体现，成为一种十分特殊的肉体折磨和精神折磨，从而成为额外的‘刑罚附加’”。[②] 在社会主义法治国家，人权被写入宪法，特殊的“折磨”已经被排除。额外的“刑罚附加”绝非刑法制定、执行中所希冀的，亦非现代民主人权国家的追求。实际的状况是，在严格的监狱管理中，此种物质生活与精神生活需要不能充分满足之痛苦是自由刑执行不可避免的副产品，否则自由刑将失去其惩罚的意义而不能称之为刑，监狱也不能称之为监狱而成为“度假村”“疗养院”。罪犯每天在监狱中摄取的基本能量可以得到保证，这是人权的要求[③]，然而不能满足其对佳肴美酒的需要、对舒适大床的需要，对性的需要以及与自己亲朋好友随时联系以获取情感支持的需要等，这些基本需要长期不能得到满足是十分痛苦的，足以使罪犯感到畏惧。这些痛苦不仅是报应刑的专利，也是现代特别预防理论所追求的，“特别预防理论系以对于个

---

① 邱兴隆：《关于惩罚的哲学——刑罚根据论》，北京：法律出版社 2000 年版，第 319 页。原文中第 2 处“道德评价手段的刑罚”，周少华教授推断为“法律评价手段的刑罚”，并就此疑问请教邱教授，证实为“法律评价手段”之误。参见周少华：《刑罚理性与规范技术——刑罚功能的发生机理》，北京：中国法制出版社 2007 年版，第 154 页。

② 王泰：《现代监狱制度》，北京：法律出版社 2003 年版，第 37 页。

③ 1955 年在日内瓦举行的第一届联合国防止犯罪和罪犯待遇大会通过的《囚犯待遇最低限度标准规则》第 20 条要求，管理处应当于惯常时刻，供给每一囚犯足以维持健康和体力的有营养价值的饮食，饮食应属滋养丰富、烹调可口和及时供应的。每一囚犯口渴时应有饮水可喝。

别行为人的威吓作用而制止其再犯罪，而产生个别预防的效果，故刑罚的功用乃意味要遏阻行为人再犯新罪”。[①] 特别预防理论中的威吓作用依靠什么实现呢？只能是在刑罚执行过程中的痛苦。

现代刑罚不能追求对所有罪犯制造痛苦以对其形成威慑，所以通过减刑调节刑罚不可避免地产生的威慑力度。对确有悔改、立功、重大立功表现的罪犯，不能强调威慑，可以通过减刑的方式降低刑罚的严厉性，表现出刑罚奖赏的一面。减刑还吸收了特殊预防论中对罪犯的重视，对特殊罪犯的减刑标准适当降低，对此类罪犯不进行严厉的威慑。无论是 1991 年、1997 年还是 2012 年、2016 年《减刑假释规定》，对未成年罪犯的减刑条件，可以比照成年罪犯依法适度放宽，减刑的幅度、间隔的时间可以相应更加灵活。未成年罪犯的减刑条件——确有悔改中，不要求未成年犯必须完成劳动任务，他们只要积极参加劳动即可。对于老、残、重病犯（不含自伤致残）的情况，确有悔改表现主要注重他们是否遵纪守规，在学习、生活、劳动中表现出悔罪态度即可。未成年犯和老、残、重病犯减刑条件的宽松，是受特殊预防影响的，实践中刑罚对他们威慑的力度较小。

在地方法院或者监狱管理局规定的一些减刑细则中，减刑过程中对未成年犯、老残病犯的区别待遇更加明显。山东省《办理减刑和假释案件实施细则》规定，老病残犯一般可以比同等条件的其他罪犯多减 6 个月以下有期徒刑。安徽省《关于执行〈最高人民法院关于办理减刑、假释案件具体应用法律若干问题的规定〉实施细则》中限定了老年犯的范围，男年满 60 周岁、女年满 55 周岁的罪犯为老年犯。老年犯和经该省政府指定的医院诊断患有聋、哑、盲、严重残疾（不含自残）及其他严重疾病的罪犯的减刑，应当主要注重其悔罪的实际表现，只要其认罪服法，遵守相关行为规范以及监规等纪律，从事力所能及的劳动，即可视为确有悔改表现。江苏省《关于审理减刑案件若干问题的意见（试行）》明确规定，老、病、残及未成年罪犯劳动态度端正，从事与其劳动能力相适应的劳动的，应视为积极参加劳动。江苏省对未成年犯减刑的起始时间、减刑幅度等均作出特别规定，减刑起始时间可以较成年犯提前，减刑幅度可以更大。东部某地区有关减刑实施细则规定，文化程度较低的罪犯，学习态度认真，即可视为积极参加学习；老、病、残及未成年罪犯劳动态度端正，能够努力劳动，即可视为参加劳动积极。西部某省罪犯计分考核奖惩细则除对未成年犯减刑条件放宽外，

① 林山田：《刑法通论（下册）》（增订十版），台北：元照出版公司 2008 年版，第 444 页。

还专门制定了《关于老病残服刑人员计分考核办法》单独考核计分，该省对文盲的学习考核要求较低，有积极的态度、能背诵相关行为规范即可。西北某地区的计分考核奖惩细则对未成年减刑标准没有特别规定，但是提高了未成年犯减刑基础分，提高了高分值在未成年犯中的比例，降低了低分值在未成年犯中的比例。例如，计减刑分 6 分以上 7 分以下的，不超过当月押犯人数的 5%（未成年犯为 8%），计减刑分 2 分以上 3 分以下的，不超过当月押犯人数的 30%（未成年犯为 15%）。西南某地区尽管对普通罪犯、老残犯、未成年犯执行相同计分考核标准，但是对获得 1 个记功奖励的分值要求不同，未成年犯比成年犯低 10 分，被判处 3 年以下有期徒刑的未成年犯比成年犯低 20 分，老残犯比成年犯低 30 分。南部某地区规定，老、弱、病、残罪犯，能完成警官按劳动能力分配的劳动任务的，劳动规范考核记满分，可以看出，该地区对上述罪犯的劳动任务显然低于正常罪犯。南方某省将年龄 65 周岁以上的罪犯（女性罪犯 60 周岁以上）和经监狱医院鉴定患一级疾病的罪犯划定为无劳动定额的罪犯，他们劳动态度积极就可以获得劳动改造合格分。

通过对《刑法》规定分析可见，对表现良好的罪犯减刑，是特殊预防中区别对待的体现，也是对罪犯有限威慑的表现。从最高人民法院以及各地法院、监狱管理局规定看，对罪犯进行区分，不同情况罪犯的减刑标准有异。这更加明显地表明了特殊预防要求刑罚对不同罪犯实施不同的威慑，主要方式就是通过减刑调节自由刑实际执行刑期，对表现不好的罪犯以不减刑相威慑。

（三）全面矫正

对罪犯的矫正在我国通常表述为改造，马克昌教授认为：“对犯罪分子适用和执行刑罚，对绝大多数犯罪分子来说，都是要把他们改造成为遵纪守法、弃恶从善的新人。我们对犯罪分子适用刑罚，不是为惩罚而惩罚，而是为了教育改造犯罪分子成为新人。”① 我国台湾学者认为：“矫正，是指改善罪犯，使其再社会化，使其能够回归社会正常生活，防止其再犯罪，这点，是特别预防理念的核心理念，因而促成现代监狱的再社会化理念。”② 无论表述为改造抑或矫正，殊途同归，都是为了使罪犯向善弃恶，实现再社会化，引导罪犯重新回归社会，再次

① 马克昌主编：《刑罚通论》，武汉：武汉大学出版社 1999 年版，第 62-63 页。

② 林钰雄：《新刑法总则》，北京：中国人民大学出版社 2009 年版，第 13 页。

适应社会，成为遵纪守法的公民，防止其再次实施犯罪行为。

建立在惩罚基础上的矫正，笔者认为主要包含三方面内容：

第一，矫正罪犯对法律的知、情、意。从发生顺序来看，认知是情感与意志的前提，错误的法律认知将可能引起错误的法律情感与法律意志，使人做出错误的行为。很多罪犯实施犯罪行为源于错误的法律认知，他们完全不懂法律规定或者对法律一知半解，在错误的认知或者有意曲解法律的情况下实施危害社会的行为。罪犯对法律的错误认知或者曲解导致对法律的错误情感，使其在判断、选择、组织和实施行为时做出错误决定，最终实施犯罪行为。所以，罪犯在监狱中首先要认识到自己的行为是被法律禁止的，实施这样的行为必定会受到刑罚的惩罚。罪犯通常具有错误的法律情感，他们对法律或者社会规则轻视、漠视、蔑视或者敌视。自由刑执行过程中需要让罪犯认识到法律的威严，法律是社会成员共同的生存规范，因过失没有遵守法律规范导致严重后果或故意挑战法律规范的行为，将付出人身自由被剥夺的代价。罪犯因受到刑罚惩罚，认识到法律的力量，从而能正视法律、畏惧法律、尊重法律，意识到在社会中遵守法律以及其他规则的重要性，才能避免成为规则破坏者。

减刑制度对罪犯法律知、情、意的矫正主要结合一系列的规范实现，遵守规范者可以获得减刑，不遵守规范者不仅不能获得减刑，严重的还会受到延迟减刑或者不予减刑的惩罚。

首先，《刑法》以及 2016 年《减刑假释规定》是减刑发挥矫正罪犯功能的根本依据。罪犯欲获得减刑，需要确有悔改表现、立功表现或者重大立功表现。确有悔改表现中对罪犯的要求体现了矫正罪犯对法律知、情、意的要求。认罪服法即要求罪犯认识到自己行为的反社会性，不能为社会容忍，要真正服从法律规范，接受法律的惩罚。包括 2004 年 5 月 1 日起施行的《监狱服刑人员行为规范》在内的监规是罪犯在监狱中的行为准则、监狱内的“法律”，要求罪犯认真遵守监规能培养罪犯的规范意识，养成遵守社会规范的习惯。罪犯在监狱中参与政治、文化学习，其中很大部分涉及法律内容，学习法律规定，了解法律知识，能防止罪犯因不知法而犯法，能使罪犯再次结合法律规定评判自己行为，从而对自己罪行进行反思，加深对法律的认识。文化学习中既有科学知识，又有社会知识，例如孝顺、尊敬长辈，爱护公共财产，尊重他人权利等，这些社会知识以各种形式体现在法律中，罪犯在学习社会知识、遵守社会规范的同时也是在遵守法律。

立功或者重大立功表现的条件中要求罪犯阻止、检举、揭发、协助打击犯罪活动。罪犯在服刑期间能够阻止他人实施犯罪活动或者帮助有关机关破获案件，是其法律意识觉醒的表现。尽管有人认为罪犯此举存在投机减刑的可能，但是通过给予罪犯减刑的奖励，使其认识到遵守法律可带来益处，破坏法律必将遭受严惩，以发生在其自身上的生动案例引导罪犯转变对法律的认识与情感。

其次，司法部于 2021 年 8 月 24 日印发的《监狱计分考核罪犯工作规定》（以下简称《计分考核规定》）和罪犯行为规范是通过减刑矫正罪犯对法律知、情、意的直接依据。罪犯在监禁中必须遵守行为规范，该规范开宗明义地要求罪犯拥护宪法，遵守法律和纪律，服从监狱管理，接受教育，认罪悔罪。罪犯在接受教育后对宪法、法律、纪律有充分的认识，有足够的情感后才能真正服从监狱管理，主动矫正自己不符合社会要求的思想与行为方式。

《计分考核规定》第 10 条规定，日常计分内容分为监管改造、教育和文化改造、劳动改造三个部分。罪犯监管改造每月基础分 35 分，罪犯教育和文化改造每月基础分 35 分，罪犯劳动改造每月基础分 30 分，这表明三个部分内容都十分重要，且不是唯劳动分数论。

根据《计分考核规定》第 11 条规定，罪犯需要遵守监规纪律、服从监狱人民警察管理，树立服刑意识和身份意识，以端正的态度遵守监狱内各种规定。罪犯在监狱内养成服从规范、遵守规范的习惯，遵守狱内纪律，出狱后在社会上能很好保持这一习惯。罪犯服从监狱警察管理和教育，在服刑期间要积极参与到维护生活、学习、劳动的秩序当中，使其认识到规范对秩序的重要作用而矫正随意挑战规范的恶习。在走出监狱后，能够服从社会管理人员的指挥以避免触犯法律。很多罪犯无视公共财物、他人财物的重要性，任意伤害他人财物，在监狱中养成尊重公共财物、他人财物的习惯，避免实施侵犯他人财物的犯罪。要求罪犯讲究卫生，讲究文明礼貌，是为了帮助他们形成良好的个人行为习惯。讲究卫生，使罪犯开始重视自己和周围环境的整洁，逐渐形成自尊。讲究文明礼貌，使罪犯学会友善地与他人相处，尊重他人的尊严，从而获得他人的尊重。要求罪犯厉行节约，能够帮助其建立起来“一粥一饭，当思来之不易；半丝半缕，恒念物力维艰”的勤俭节约意识，从而告别奢侈浪费的生活方式。

根据《计分考核规定》第 12 条规定，罪犯需要积极接受教育和文化改造。首先需要服从法院判决，认罪悔罪。要求罪犯认识到自己的犯罪行为给社会造成的危害，承认所实施的犯罪行为，服从法院作出的判决，对自己的犯罪行为表示忏悔。规范要求罪犯积极主动地参加学习活动，学习态度端正。思想、文化、技术学习是具体的，能够使罪犯在思想上端正生活态度，学会满足自己需要的方式不侵犯他人的权利。文化和技术学习，使罪犯在服刑期间习得一技之长，家有金山，不如一技在身。参加文体活动，接受心理健康教育。在监狱中，生活枯燥，参加文体活动，能够使罪犯排遣在劳动和学习中的负面情绪，获得一定乐趣和正能量。监狱中的心理健康教育，无论是集体的还是个体的，都能够让罪犯舒缓服刑期间的压力，正确面对服刑期间来自监狱、其他罪犯、家庭、社会等方面的压力，避免实施极端行为。

根据《计分考核规定》第 13 条规定，罪犯需要接受劳动改造。罪犯接受劳动教育、履行劳动岗位职责，积极参加劳动，能够在劳动中树立正确的劳动观念。罪犯通过节约原材料、爱护劳动工具，高质量完成劳动任务，能够获得成就感。在劳动中，罪犯遵守劳动纪律、操作流程以及安全生产的规定，是通过劳动的形式强化规范意识、纪律意识，没有规范没有纪律，安全就无从谈起。

罪犯实施犯罪行为，是其社会化失败的结果。笔者认为，个人社会化的过程也是一个学习的过程，学习知识技能，学习与社会、与人、与自己相处的方式，学习社会规范以及如何在社会规范内活动满足个人需要的技巧等。在监禁中增强罪犯学习法律以及其他规范的能力，有利于其形成法律意识、规范意识。

第二，矫正错误的价值观念。行为人实施犯罪，往往是在错误的价值观指引下进行的。有的罪犯好逸恶劳，崇拜“金钱万能”，认为“权力不使，过期作废”，以吃喝玩乐为终极追求；有的罪犯迷信暴力，解决冲突矛盾习惯性强迫压制他人；有的罪犯笃信“为兄弟两肋插刀”的江湖义气；有的罪犯受迷信、邪教等影响；有罪犯仇恨国家与政府等。这些错误的价值观往往误导罪犯以社会不能容忍的方式满足自己的需要，使其在行为时不管不顾，最终为法律所惩罚。

通过减刑矫正罪犯的错误价值观，使其认识到错误观念的危害，逐步树立正确的观念，使罪犯认识到“君子爱财，取之有道”“知足常足，终身不辱”“严于律己，宽以待人”等行为标准，不去触犯社会规范的底线，在行为时避免错误观念的影响，减少犯罪或者违纪行为的发生。与减刑相结合的《监狱服刑人员行为规范》在价值观方面首先要求罪犯学会爱①，能在实践中做到明礼诚信，勤俭自强，互助友善。罪犯实施犯罪行为，以不为社会容忍的方式满足个人需要，内

① 爱祖国，爱人民，爱集体，爱学习，爱劳动。

心深处往往是自私的，缺乏对他人的爱，或者缺乏自我克制。强调“爱”“诚信”“自强”等正确的价值观，在罪犯践行时给予奖励，有利于逐渐消灭错误的价值观。安徽省高级人民法院制定的《关于执行〈最高人民法院关于办理减刑、假释案件具体应用法律若干问题的规定〉实施细则》（2005年修订）规定，罪犯因改造表现突出被省监狱管理局选派参加市级以上单位组织的现身说法等重大活动，取得良好社会效果的，可以被视为有立功表现而获得减刑。笔者认为，罪犯参与现身说法，是将自己以前的错误行径加以深刻反思，宣传新的价值观，这既是监狱矫正效果的体现，也是罪犯本人自我矫正的结果。广西壮族自治区司法厅颁行的《计分考核奖罚罪犯规定实施细则》（2014年）规定，罪犯被评为年度监狱优秀报道员或《广西新生报》积极报道员的奖励2分，被监狱（所）年度表扬或评为《广西新生报》先进报道员的奖励3分，被评为《广西新生报》优秀报道员的奖励4分。罪犯在学习中将自己错误思想进行深刻剖析，发表在公开刊物上，以一个罪犯的身份亲身讲述个人认罪悔罪的过程，能够起到更好、更大的影响，同时有利于其他罪犯积极矫正自己的错误认识。北方某省制定的计分考核办法规定，检举宣扬犯罪史、阅读传播淫秽物品或者检举离间、拉拢腐蚀监狱干警的奖励2-6分。罪犯能够认识到犯罪是错误的，宣扬犯罪史是错误的行为，离间、腐蚀干警是有危害的行为，这是其思想变化的体现，应当给予加分，使其能够早日获得减刑。

第三，矫正行为模式。减刑能够通过一系列规范矫正行为人错误的行为模式。一个正常的社会，需要依靠社会规范限制、约束其成员的行为，通过社会规范保证每个成员都能在满足个人需要的过程中获得生存与发展。道德、法律之类的规范体现了社会对个人满足需要的行为方式之容忍限度，行为人的行为之所以被界定为犯罪，原因在于其满足个人需要的方式超出了社会容忍度。如果个体行为方式超出了代表社会容忍度的法律底线，必然会损害他人自我实现的利益或者社会安全发展的秩序，其行为将被作为犯罪处理。正如梅传强教授所论，“制定刑法的目的是为了规范人们满足需要的行为方式，以满足社会有序发展的需要。一种行为方式之所以被生成为犯罪行为，是因为这种行为方式会侵犯多数人的利益，而且会妨害社会生活的正常秩序。”① 罪犯侵犯他人利益且妨害社会秩序的行为，需要在减刑运作过程中加以矫正。减刑制度在矫正中，引导罪犯调整自己

---

① 梅传强：《犯罪心理生成机制研究》，北京：中国检察出版社2004年版，第84页。

满足需要的行为方式，使自己满足需要的方式能够为社会接受。

《监狱法》规定对罪犯的改造，要使教育和劳动相结合，足见劳动对矫正罪犯行为的重要性。2016年《减刑假释规定》要求，确有悔改或者立功表现的重要表现就是积极参加劳动，努力完成劳动任务；在生产、科研中进行技术革新，成绩突出；有发明创造或者重大技术革新的表现。罪犯在劳动中表现突出，能够获得减刑，劳动是监狱矫正罪犯的重要手段之一。劳动能够矫正罪犯好逸恶劳的恶习，罪犯在服刑期间需要参加劳动，《计分考核规定》对劳动的要求从按时按质到端正态度等，十分细致。《监狱服刑人员行为规范》同样将积极参加劳动、遵守劳动纪律、遵守操作规程、厉行节约、保持劳动现场卫生整洁作为对服刑人员的行为准则。罪犯超额完成任务将得到更多加分①，最终表现为获得减刑的奖励，这使罪犯形成了“劳动光荣”“多劳多得”的认识，并逐渐热爱劳动，形成劳动的好习惯。

减刑运行过程中要矫正罪犯容易触犯社会规范的行为模式。罪犯在社会生活中自控能力差，经常违反各种社会行为规范，逐渐演变成触犯刑法而受到刑罚惩罚，在监狱中通过计分考核结合减刑的模式能逐渐使罪犯形成遵守纪律的习惯。《监狱服刑人员行为规范》要求罪犯遵守的纪律规范主要是：不偷窃、赌博，这是教育罪犯如何正确对待财产；不拉帮结伙、欺压他人，不打架斗殴、自伤自残，这是在教育罪犯如何处理人与人之间的矛盾纠纷，要珍爱他人和自己的身体；不传播犯罪手段、怂恿他人犯罪，这是在教育罪犯要认识到犯罪是社会禁止

---

① 广西壮族自治区司法厅《计分考核奖罚罪犯规定实施细则》第10条第9款规定，积极参加生产劳动，当天超定额10%的加2分，以此类推；第10款规定，当月提出合理化建议被采纳并创造经济效益的，工业每创造经济效益200元、农业每创造经济效益100元的加1分；技术革新创造经济效益每增加100元加2分；年内提出合理化建议或技术革新创经济效益在2万元以上5万元以下（含5万元）的适用本细则第24条奖励，在5万元以上的适用本细则第25条奖励并应当给予一定的物质奖励。《江苏省通州监狱罪犯改造计分考核及奖罚规定》第21条第3款规定，积极从事发明创造、技术革新、增收节支成效显著的，加专项奖励分5-10分。《上海市监狱管理局计分考核、奖惩罪犯实施办法》第9条规定，监狱根据罪犯从事的劳动项目，依据劳动强度、技术含量或熟练程度等标准划分罪犯劳动等级工。罪犯每月劳动等级工奖分，一级工按5.5分、二级工按4分、三级工按2.5分、四级工按1.5分的标准予以奖分。北方某省罪犯考核奖惩细则规定，在规定的时间内超额完成任务的，奖励1-2分；对完成重大艰巨任务起重要作用的奖励1-3分；技术革新或提出合理化建议被采纳并有效果的，奖励3-4分；提出安全生产合理化建议被采纳的，奖励2-4分；医务服务犯在完成本职任务后，积极做其他劳动的，奖励1-3分等。西部某省罪犯考核奖惩细则中规定，一等岗位：生产技术的关键岗位，其分值为1.5分；二等岗位：苦、脏、累、险或重要劳动岗位，其分值为1.2分；三等岗位：普通生产劳动岗位，其分值为1分；四等岗位：非生产劳动岗位，其分值为0.8分。提出合理化建议被采用，或技术革新、节本降耗效果明显的奖励10-100分。

的行为，是可耻的，等等。罪犯遵守纪律规范，在遵规守纪一项中能得满分，表现突出的能得到奖励。例如，北方某省的计分考核奖惩细则规定，对寻衅滋事不予回应的奖励2-5分；对制止打架斗殴的奖励2-6分；对检举赌博的奖励2-6分等。《宁夏监狱对罪犯计分考核奖罚实施办法（试行）》规定，罪犯能认真遵守《监狱服刑人员行为规范》的，可得基础减刑分，对表现突出的奖励1-4分。

罪犯是否遵守行为规范与计分考核相挂钩，作为罪犯在监禁中行政奖罚的依据，监狱依据罪犯悔改表现的事实给予加分，进行嘉奖、表扬、记功、授予劳改积极分子称号等。获得表扬、记功等奖励的罪犯能够被监狱向法院提请减刑，早日拥抱自由。通过全方位矫正，使罪犯出狱后将监狱中形成的良好纪律、生活、劳动、交往等习惯加以保持，行为时充分考虑法律以及社会规范，在可能触犯法律时及时控制自己的行为，不再犯罪。

在实践中，减刑限制对矫正罪犯有着重要的意义。例如，罪犯朱某因故意伤害罪入监服刑，他脾气暴躁，重“义气”，能吃苦耐劳。有一次，其好友被打成重伤，朱某认为自己曾因斗殴使已呈报的减刑被撤销，因此减刑无望，只有为好朋友两肋插刀才是真的“义气”，于是他准备向殴打其朋友的人实施报复行动。狱内咨询员得知后告诉他，减刑被撤销一次还能因为以后的表现再次获得减刑机会，但只是劳动好而不遵守监规还是不能获得减刑，帮助朋友打架不仅不能再次获得减刑，还有可能构成新的犯罪而延长服刑时间。讲“义气”不需要报复他人，应该用正确的方法解除朋友的困难。朱某因此放下了报复的念头，放弃实施暴力行为。① 在这样一个矫正过程中，充分体现了矫正罪犯对法律的知、情、意，错误价值观以及错误的行为方式对预防犯罪的重要性，体现了规范通过减刑对罪犯行为的引导。

第二节　减刑制度的一般预防论基础

刑罚脱胎于原始社会的复仇习惯，其在建立之初，就可以通过对罪犯的惩罚避免受害人及其近邻社会关系实施报复而再次触犯刑法，构成新的犯罪。随着社会的发展，刻意制造痛苦不再是人们实施刑罚的目的。美国联邦大法官霍姆斯曾

① 吴宗宪主编：《中国服刑人员心理矫正》，北京：法律出版社2004年版，第486-489页。

有经典论述，当复仇不再流行，法律的其他目的（如震慑和赔偿）就会凸显出来。[①] 人类认识到对罪犯实施刑罚处罚，不仅能够遏制被害人及其近邻社会关系犯罪，还会因为刑罚的痛苦性而防止其他人实施犯罪行为。基于对这种预防犯罪效果的认识，人们已经不再满足于以国家的力量实现报应，减少或者杜绝私人报复，开始追求如何良好地运用刑罚来遏制严重危害社会的行为。于是，刑罚开始进入了理性的一般预防时代。

一、一般预防论的内容

一般预防，指的是以刑罚方式预防罪犯之外的所有人实施犯罪行为。一般预防有深厚的人文基础，哲学、政治学、伦理学、心理学以及法学的发展为一般预防论的丰富给予了充分的滋养。

一般预防论可分为消极的一般预防论与积极的一般预防论。消极的一般预防论又被称为威慑型预防论，消极的一般预防在早期更加注重刑罚的残忍严酷，试图以各种消灭、摧残肉体的方式来惩罚已然罪犯，从而威慑潜在的罪犯。随着人类理性的发展，消极的一般预防开始形成系统的理论，费尔巴哈的心理强制说是其中的代表。其著《德国刑法教科书》中首先强调的是，“所有的违法行为在感性上都有其心理学上的起因，人的贪欲在一定程度上会因对行为的乐趣或者产生于行为的乐趣得到强化。这种内心的动机通过下列方式加以消除：让每个人知道，在其行为之后必然有一个恶在等待着自己，且这种恶要大于源自于未满足的行为动机的恶”。[②] 这意味着刑罚惩罚的痛苦应该大于实施犯罪行为本身或者因犯罪行为得到的乐趣，惩罚的痛苦高于因未实施行为而带来的痛苦时，行为人的贪欲自然不会膨胀至敢于实施犯罪行为来满足的程度。我国学者总结认为，消极的一般预防，是指“通过对犯罪规定和适用刑罚而向一般人宣告：谁实施犯罪行为谁就受到刑罚处罚，从而威慑一般人，使其不敢犯罪”。[③] 可见，消极的一般预防重在威慑，以刑罚的痛苦使普通人产生恐惧心理，从而约束自己的行为。

---

① ［美］理查德·A·波斯纳：《法理学问题》，苏力译，北京：中国政法大学出版社 2002 年版，第 21 页。

② Feuerbach：Lehrbuch des gemeinen in Deutschland gueltigen peinlichen Rechts，Herausgegeben von Mittermaier，Giessen 1847，Georg Friedrich Heyer's Verlag，Seiten 38－41。转引自徐久生：《刑罚目的及其实现》，中国政法大学博士论文 2009 年，第 38 页。

③ 张明楷：《刑法学》（第五版），北京：法律出版社 2016 年版，第 512 页。

积极的一般预防论又被称为规范的一般预防论，其主要内容是“刑罚的效果不在于利用刑罚的恐吓，而是在于训练公众的规范意识和对法的认同感”，“以实现受破坏规范的稳定化，而维持规范能够作为社会交往的遵循标准”。[①] 有学者在综合多方观点后，给积极的一般预防理论下了定义，即“积极一般预防理论是指在获得、维护或加强民众对规范信赖的意义上，使刑法以及刑罚制度正当化的一种理论”[②]。积极的一般预防论主张，社会规范是维系人与人关系的基本准则，国家通过各种社会规范确立利益格局，保障社会及其成员的健康发展，社会成员信赖、遵守社会规范，既不侵犯他人利益又能使个人利益不受侵犯。刑罚通过惩罚破坏规范的罪犯，证明刑法规范的权威性，证明国家法律规范体系的不可侵犯性，甚至证明隐含在法律规范中的如何处理人与人之间关系的基本经验和基本行为规则的不可侵犯性，巩固其他公众因信赖规范而产生的安全感，确立其他公民遵守法律规范的正当性，保障社会中最基本的善恶观、是非观和价值观，从而使人不愿犯罪。罗克辛教授认为，通过积极的一般预防可实现如下三个目标：“受社会教育动机推动的学习效果，也就是通过刑事司法活动在人民中号召‘学会法律忠诚’；国民通过看见法律得到贯彻执行而产生的忠诚效果；最后是满足的效果，即一般公众基于对违法行为的惩罚而使法律意识得到抚慰，以及他们与违法行为人的冲突被看做是已经得到了结而出现的效果。”[③] 作为刑罚执行规范之一种，减刑的规定中同样蕴含着一般预防论的追求，一般预防论为减刑的确立与发展提供了理论支持。

二、一般预防论对减刑制度的支撑

（一）消极的一般预防论对减刑制度的支撑

刑罚惩罚在行为人实施犯罪行为后及时到来，有助于在公众间建立刑罚痛苦与犯罪之间必然关系的认识，这种认识能够遏制其实施犯罪行为的欲望和冲动。

---

① 周光权：《违法性判断的基准与行为无价值论——兼论当代中国刑法学的立场问题》，载《中国社会科学》2008年第4期，第136页。又见周光权：《刑法总论》（第二版），北京：中国人民大学出版社2011年版，第274-275页。

② 陈金林：《积极一般预防理论研究》，武汉：武汉大学出版社2013年版，第105页。

③ ［德］克劳斯·罗克辛：《德国刑法学总论》（第一卷），王世洲译，北京：法律出版社2005年版，第42页。

自由刑惩罚的宣告与实际执行实现了刑罚的威慑目的，即费尔巴哈所说的，“是对潜在违法者的所有人的威慑，警告其不要违法。科处刑罚的目的是为了证明法律规定的刑罚威慑的效果，在不适用刑罚的情况下，刑罚威慑将是无效的”。[①]当自由刑开始执行时，惩罚真正从法律字面的惩罚变成了受刑人实际的痛苦，威慑的心理强制目的基本实现。在威慑已经变成现实后，建立在自由刑惩罚基础上的减刑可以适当的展开，这种展开不能影响刑罚的威慑力，笔者认为其底线就是陈忠林教授所指出的“不会起到鼓励犯罪的作用”[②]。减刑应当控制在适当范围内，保持应有的威慑，不鼓励民众实施犯罪行为，不让其形成错误的认知，即受刑后再减刑，刑罚没有什么大不了的。

监狱刑罚执行中，减刑是促进罪犯遵守监规、接受教育改造的重要手段。对有良好表现的罪犯予以减刑，这是一种对罪犯的鼓励。减刑的这种鼓励从另一个角度确证了消极一般预防的追求，不实施犯罪行为不会受到刑罚惩罚，实施法律所要求的行为将得到利益。罪犯在监狱服刑，遵守法律，实施有益的行为会得到减轻刑罚的鼓励，从而增强民众对刑事法律惩罚性到来的信任，对法律威慑能力的信任。

（二）积极的一般预防论对减刑制度的支撑

认真遵守监规、接受教育改造、确有悔改表现或者有立功表现的，可以获得减刑。对监规的接受是罪犯形式上接受社会规范的一个组成部分，监规是监狱内部的“法律”，通过对监规的宣示，监狱管理者确立了罪犯在监狱内的活动规范[③]。教育改造是对罪犯错误观念、认识、行为模式的矫正，旨在降低或者削弱罪犯旧有的反规范意识与错误地处理人与人关系的方法。人是群体性社会动物，公民乃至其他罪犯对某一罪犯的公开鄙夷、排斥对习惯于社会生活的人而言是难

---

① ［德］安塞尔姆·李特尔·冯·费尔巴哈：《德国刑法教科书》（第十四版），徐久生译，北京：中国方正出版社2010年版，第29页。

② 陈忠林教授在对笔者指导论文时敏锐地指出减刑的两个基本标准：减刑不能起到鼓励犯罪的作用，减刑不能使一般人感到生活受到威胁。这两个标准使笔者深受启发，但是不敢掠人之美，如果受教过程中笔者记忆模糊或者对这两个标准产生了误解，盖由笔者负责。

③ 广西壮族自治区司法厅《计分考核奖罚罪犯规定实施细则》要求罪犯在规定时间内熟记背诵有关监规纪律，按规定不能熟记背诵有关监规纪律的，扣3-5分。北方某监狱管理局制定的计分考核奖惩规定中也有类似规定，罪犯不能按规定背诵行为规范的，扣1分；罪犯学习态度差，多次检查背诵仍不合格的，扣2-3分。

以忍受的，这是因为人有自尊的需要，他们渴望得到注意、荣誉、声望、地位、表扬等。最强悍无耻的罪犯也不能度过没有人接受或者尊重的生活，加罗法洛曾介绍过他的老师龙勃罗梭的观察，监狱里某些野蛮的罪犯，往往会穿上最好的衣服在监狱中“昂首阔步”，他们为引人注意而感到愉悦，他们又会在某一天大吃大喝，醉醺醺地在监舍闲逛以期得到同伴们特别的尊敬。[①] 因此，社会伦理规范开始发挥它的作用，罪犯或者接受它、融入它从而成为集体生活中的一员，因诚实守纪而得到人们尊重，或者继续排斥它，拒绝接受教育改造，孤独痛苦。

悔改是罪犯内心真正认可社会伦理规范的起点，羞恶之心使罪犯产生耻辱感，从而反思和忏悔自己的罪行，逐渐主动纠正自己的行为模式，向社会主流能够接受的行为模式靠拢，以社会接受的方式满足自身需求，从而获得在社会上有尊严的生活。“犯罪心理学的研究表明：即便是十恶不赦、在公开场合死不认罪的被告人都会在内心世界产生羞耻感和忏悔意识，只是程度有所不同……其忏悔产生于行为实施成功之时，贯穿于整个刑事司法乃至监狱执行过程。忏悔过程其实就是被告人的‘自我定罪’过程”。[②] 只有真诚认识到自己行为的过错，给国家、社会、被害人等带来的伤害，才能深刻反省自己，以实际行动在自由刑执行中弥补给社会带来的损失。

罪犯在监狱立功或者重大立功的可以获得减刑。阻止他人犯罪活动或者检举监狱内外犯罪活动，是对犯罪的性质有正确认知，认识到犯罪是侵犯社会规范的恶的行为，自己不能实施，也不能让别人去实施。有发明创造或者技术革新，表明罪犯愿意给社会创造价值以减轻自己给国家、社会带来的损失，增加社会财富。舍己救人或者在抢险救灾中有突出表现的，这不仅仅是一个罪犯难以做到的，即使一个普通公民在面临危险时也会踟蹰不前，这表现出罪犯对主流价值观的接受和高度认同，这是社会伦理规范的高级层面，罪犯能够做到，表明其道德层面有重大提升，应该得到减刑的鼓励。

通观减刑的条件，由初级的遵守规范到高级的舍己救人，无不是引导罪犯对规范的认可、信赖、尊重与执行，这恰恰是积极的一般预防论所追求的。首先，减刑的条件旨在引导罪犯尊重规范。刑罚执行机关以法规的展示与实践表明了实

---

① ［意］加罗法洛：《犯罪学》，耿伟、王新译，储槐植校，北京：中国大百科全书出版社 1996 年版，第 88 页。

② 周光权：《行为评价机制与犯罪成立——对犯罪构成理论的扩展性思考》，载《法学研究》2000 年第 3 期，第 58 页。

质上的尊重规范与否决定了罪犯能否提前获得自由。以自由刑刑期的减少为奖励，从而鼓励没有获得减刑的人努力获得减刑。“只有培养了对法的理解之后，法才有能力获得普遍性”①，以法律和事实教育罪犯，使减刑规则深入罪犯的内心世界，从而引导他们的行为。其次，减刑规定引导罪犯之外的人尊重规范。“规范的真实性，不仅是刑罚正当性的根据，而且是刑罚量定的标准，刑罚的轻重是由犯罪对规范的扰乱程度决定的。在儿童、精神病人的侵害行为中，尽管也具有重大的损害后果，但是因为缺乏对规范的侵蚀，所以只能视为不幸（就像自然灾害一样），而不会视为犯罪，因此不需要进行惩罚。”② 由于行为人强烈反抗社会，严重侵犯了常识、常理、常情以及法律等这些社会，所以会受到刑罚的惩罚，沦为罪犯。当其重新回归社会，表现出对基本社会规范的遵守乃至对更高道德标准的追求与实践时，自然应该获得奖赏，减轻刑罚的惩罚。对罪犯进行奖赏的这一过程使社会普通人认识到，监狱中的罪犯遵守、尊重规范时会得到奖赏，不遵守、尊重规范会受到惩罚，不能尽早获得自由。那么一个普通人在社会上依集体的习惯和经验活动，依法律规范活动，不触犯规范的最差结果是免予刑罚之苦，而积极追求高阶的伦理，定能获得来自社会成员、来自集体的肯定与激赏，这当然能够使其不实施犯罪行为。惩罚罪犯能让社会成员感受到破坏规范的严重后果，自己遵守规范的安全。奖励罪犯能从积极方面引导社会成员对规范的感情，一个罪犯遵守监狱中的规范能获得奖励，个人在社会中遵守规范能获得更多安全，这也展示了规范温情的一面。

第三节　减刑制度的报应论基础

报应是人类社会相当古老的一个基本思想与行为准则，报应论有着强大的生命力，从原始社会至今，报应论一直以其丰富的内涵影响着刑罚的运作。原始社会中的“以牙还牙”“以眼还眼”“杀人偿命”等观念是支配报应行为的准则，东西方宗教中的因果报应论又使原始的报应观念深入人心。刑罚惩罚之所以能够

① ［德］黑格尔：《法哲学原理》，范扬、张企泰译，北京：商务印书馆1961年版，第220页。

② ［德］雅克布斯：《现今的刑法理论》，冯军译，夏勇编：《公法》（第2卷），北京：法律出版社2000年版，第398页。

为人接受，很大程度上在于它所宣扬的报应意味着法律正义。刑罚宣告阶段已经实现的惩罚——法律正义缘何在执行阶段会发生改变？报应论能够对减刑制度的合理性作出解释。

一、报应论的内容

报应观念在我国有悠久的历史，我国古人“高度意识到其存在，广泛地应用于社会制度上，而且产生深刻的影响”①。儒道两家都有论述且为统治者采纳，在政治、法律实践中运用。在《论语·宪问》中记载，或曰：“以德报怨，何如？”子曰：“何以报德？以直报怨，以德报德。”钱穆先生解释了“以直报怨”，“直者直道，公平无私。我虽于彼有私怨，我以公平之直道报之，不因怨而加刻，亦不因怨而反有所加厚，是即直。君子无所往而不以直道行，何为于所怨者而特曲加以私厚”②。此处，钱穆先生强调了公平无私的重要性。《老子》第79章也讲到报应问题，“和大怨，必有余怨；报怨以德，安可以为善？”陈鼓应先生认为：“本段的意思是说：和解大怨，必然仍有余怨，所以老子认为以德来和解怨（抱怨），仍非妥善的办法，最好的是根本不和人民结怨。如何才能不和人民结怨呢？莫若行‘清静无为’之政——即后文所说的‘执左卷而不责于人’，这样就不至于构怨于民。”③ 老子的观点被解释为为政以不结怨于人民为根本，但是报怨以德的思想已经被重视起来，报怨以德是一种区别于以直报怨的理念。“善有善报，恶有恶报”的传统正义观念是报应论的思想基础，在这一思想上延伸出多种报应理论。报应论在历史上曾经饱受诟病，实证学派批评报应论导致刑罚僵化，缺乏弹性，缺少对罪犯的矫正等，但历经多年的考验，报应论中的公正思想使其即使在预防论最盛行的时候也能有自己的一席之地。

报应因其来源不同，可以进行不同分类。邱兴隆教授研究认为④，报应可以分为神意报应、道义报应与法律报应。神意报应论最早表现为替天行罚论，在中世纪时期有理论家将神罚论体系化，其主旨在于神意与君主意思的等同，犯罪既触犯法意又触犯神意，违背神意是遭受刑罚的根本原因。康德将西方的道义报应

① 杨联陞：《中国文化中的“报”“保”“包”之意义》，北京：中华书局2016年版，第53-54页。
② 钱穆：《论语新解》，北京：九州出版社2013年版，第437页。
③ 陈鼓应：《老子注译及评介》，中华书局2009年版，第340页。
④ 邱兴隆：《关于惩罚的哲学：刑罚根据论》，北京：法律出版社2000年版，第27-39页。

论系统化、理论化，影响至今。道义报应论坚持刑罚与过错之间的联系，过错与道德密不可分，道德与法律之间存在同一性。于是刑罚成为对应负道义责任的犯罪之谴责。法律报应论之集大成者为黑格尔，犯罪与刑罚之间的关系是一种否定之否定的关系，刑罚通过对否定法律的犯罪进行否定以证明法律的定在。

林山田教授认为①，刑罚是对犯罪的报应，报应论的思想根源在于正义的概念。刑罚应该追求与犯罪行为相称，发生对犯罪的“反作用”。刑罚的程度必须与犯罪行为的不法内容与罪责的程度相均衡，刑罚的痛苦是对社会的“非价判断”的相当反应。“反作用的相称性”是报应概念中不可或缺的组成部分，是正义理念的实现。

报应的发展存在一种加害人与被害人于国家权力体系中时隐时现的现象。原始社会中，原始的报应观念尚未上升为系统的理论，报应行为仅发生在加害人与被害人或者其亲属、族群之间。当国家开始出现且发展壮大时，权力对暴力逐步实现垄断，不允许团体甚至个人实施暴力。传统的报应论主张由国家强大的公权力对犯罪行为进行惩罚，被害人几乎被完全抛至一旁，报应的权力仅属于国家而非个人。受实证学派影响，报应论发生一定转向，源自国家的报应行为不仅要注意犯罪行为给国家制度造成的损害，还应该将视线放在社会角度。因为各种社会原因，罪犯实施犯罪，在某种程度上是社会导致了犯罪的产生，当然，社会同时也是犯罪的受害者。现代国家重视个人权益，报应论主张重新审视被忽略的罪犯与被害人，将这两个主体纳入理论体系，但这绝非原始报应观念的死灰复燃，而是对它的扬弃，对冲突主体权利的重视。所以，现代报应论应该是贯穿刑罚运行过程，国家、社会、被害人、罪犯②共同参与的刑罚对罪责的反应，力求实现最大程度正义的罪刑均衡。

二、报应论对减刑制度的支撑

通常认为，报应论与减刑是一对矛盾，报应论不仅不能成为给罪犯减刑的理论基础，而且应该成为限制减刑的主要理由。“刑罚之于恢复被犯罪侵犯的平衡

① 林山田：《刑罚学》，台北：商务印书馆2005年版，第49页。

② 有论者认为，“处罚犯罪是罪犯、受害人与社会三方面的应报与正义，三方面的应报与正义都不应该受到侵害”。郑人杰：《论刑罚的应报思想》，台北东吴大学硕士论文2008年，第55页。笔者认为该观点有失全面，当今世界，国家与社会的差异日益明显，并逐渐形成政治国家与市民社会的二元化，因此将“社会”与“国家”进行区分是必要的，也符合刑罚运行的现状。

感的作用是报应论之所以主张刑罚应该存在的重要根据”①，既然在量刑阶段已经实现了被犯罪破坏的利益平衡，刑罚对罪犯而言是罪有应得且刑罚轻重与犯罪轻重已经相均衡，那么减去宣告刑中的部分刑期是否是对报应论的否定？笔者认为恰恰相反，减刑恰巧是报应论发挥作用的一种体现。依据通常观念，报应论发挥作用的空间在立法与司法过程中，刑罚执行只需严格按照宣告刑的要求即可实现报应。值得反思的是，刑罚执行是否仅仅是静态的，将罪犯关押进监狱，是否就形同将粮食放进谷仓存储，等或长或短的一段时间后再搬出来就好？显然不是。国家把一个因满足个人需要方式不为社会接受的人关押进监狱，这个“人”的身体、心理、思想都在监狱中发生各种变化。监狱外，国家政策、社会形势、被害人情感都在发生变化。刑罚执行不依变化而僵化执行，无异于刻舟求剑，而减刑恰恰适应了变化中的报应。

刑罚执行阶段的报应是动态的，罪犯给国家、社会、被害人制造的损害或危险也是随着刑罚执行而发生变化的。因此，作为对犯罪的反应，刑罚应该表现出敏锐或者至少不僵化的变化。林山田教授认为，“报应则兼指以恶报恶与以善报善，以恶害报以恶害是谓报应，以善果报应善行也为报应”。② 所以，既然能够在立法与司法过程中以行为客观方面的严重程度为基准并结合犯罪的情况、行为人的自首、立功、坦白以及对被害人的赔偿等实现刑罚的报应，那么刑罚执行过程中同样应该考虑罪犯的认罪悔罪、立功、退赃退赔、积极履行相关义务等良好表现。自由刑执行过程中，执行剥夺自由的刑罚是对罪犯的恶行报应，对罪犯的良好表现予以减刑也是报应论的应有之义，是对其善行的报应。

（一）国家报应对减刑制度的支撑

初民社会，没有法律，没有明文规定的犯罪，没有确定的刑罚，没有法官。人类学家发现，“对犯罪施加惩罚的原则非常含混，执行惩罚的方式也是不确定的，更多的是为偶然性和个人情绪而非明确的制度机制所掌控。事实上，更重要的方式是非法律制度、习俗、诸如作为巫术和自杀的安排与事件、首领的权力、

---

① 邱兴隆：《报应论的价值悖论——以社会秩序、正义与个人自由为视角》，载《政法论坛》2001年第2期，第23页。

② 林山田：《刑罚学》，台北：商务印书馆2005年版，第48页。

魔法、禁忌的超自然后果和个人报复行为的副产品（a bye-product）"[①]。马林诺夫斯基所观察的原始社会族群中，即使有类似刑罚惩罚的措施，也绝非恢复正义，而是为了"重建社会生活的平衡""宣泄个人情感"等。"在无法官和无法律的状态中，刑罚经常具有复仇的形式，但由于它是主观意志的行为，从而与内容不相符合，所以始终是有缺点的。"[②] 没有法律约束的复仇是报复，报复的缺陷在于它忽视了犯罪与刑罚之间质与量的界限，只是单纯复仇情感的宣泄，这样造成的结果于正义无益，往往会产生氏族间大规模的战争，造成新的破坏。这种复仇，往往生生不息，代代相传，可谓冤冤相报无绝期，只有采用更加强大的暴力压制或者一方的复仇彻底不能进行时才能停止。无休止的报复对生产力以及人类社会的损害是显而易见的。

伴随着国家的成立，各种制度建立并完善，它们既维护统治阶级的利益，又维护其他社会各方成员的利益。犯罪行为"是一种从根本上威胁到相应法律制度的存在"。[③] 例如，如果不用刑法制裁已经发生和正在发生的贪污行为，国家的所有权制度以及公务员制度乃至整个政府就可能遭到毁灭性打击。黑社会性质组织"称霸一方"或"形成非法控制或者重大影响"，如果不用刑法制裁黑社会性质组织的行为，国家所确立的社会秩序，国家对公私财产所有权的保护，国家政权建设等都会被破坏殆尽。所以，犯罪是对国家最基本制度的侵犯，国家为维护其基本制度，必然会用法律的手段施以报应。

法律将其认为极为重要的生活利益上升为自己保护的利益，是为法益。随着社会的不断发展，利益的纠结变化，法律对利益的保护也会发生动态的变化，古代刑法中严厉惩罚的十恶之一"不孝"[④]，在今天几乎仅作为道德评判的内容。但是，法律所代表的正义性是不变的，它的权威[⑤]是不容挑战的。犯罪是对正义的挑战，是对法律的反抗或者逃避，是对法律的触犯。如果法律不对之作出反应，所有利益与秩序必将荡然无存，所以法律必须对犯罪进行报应。恰如黑格尔所言，"犯罪行为不是最初的东西、肯定的东西，刑罚是作为否定加于它的，相

---

① ［英］马林诺夫斯基：《原始社会的犯罪与习俗》（修订译本），北京：法律出版社 2007 年版，第 66 页。

② ［德］黑格尔：《法哲学原理》，范扬、张企泰译，北京：商务印书馆 1961 年版，第 107 页。

③ 陈忠林主编：《刑法学》（上），北京：法律出版社 2006 年版，第 4 页。

④ 依据唐律疏议，不孝谓告言、诅詈祖父母父母，及祖父母父母在，别籍、异财，若供养有阙；居父母丧，身自嫁娶，若作乐，释服从吉；闻祖父母父母丧，匿不举哀，诈称祖父母父母死。

⑤ 此处仅指并非恶法的法律，恶法无正义性可言，助长其威势是为虎作伥之举。

反地，它是否定的东西，所以刑罚不过是否定的否定。现在现实的法就是对那种侵害的扬弃，正是通过这一扬弃，法显示出其有效性”[①]。法律否定了对它否定的犯罪行为，彰显自身的有效性，巩固了国家基本制度，保障了各种利益的稳定和发展。

在监狱执行刑罚过程中，罪犯承受的绝非仅仅失去人身自由的痛苦，在监禁中，“监狱还通过严酷的管理，使监禁的痛苦充分体现，成为一种十分特殊的肉体折磨和精神折磨”。[②] 现代监狱管理并不能称之为严酷，为了实现狱内安全等问题，监狱管理追求细致、严格、科学、人性化。即便在以人权著称的西方，监狱生活同样有附带的痛苦，“监狱缓慢、隐藏的对于精神的刑罚在很大程度上造成了比人身刑更加不可修复的伤害。监狱把犯人和他们的家庭、朋友、生活相分离，将他们活活埋葬在可怕的绝望中。”[③] 尽管肉体折磨和精神折磨并非现代民主人权国家的追求，但是在与世隔绝的环境中，此种痛苦是不可能避免的，否则自由刑将失去其惩罚的意义而不能称之为自由刑。为减少这种“双重折磨”带来的痛苦，减少它给罪犯带来的超额的报应或曰报复，则可以自由刑执行一定期限后减少部分宣告刑执行，以实现动态中的罪刑均衡。

在对犯罪的惩罚问题上，孔子认为，“不教而杀谓之虐”，从为政的角度解释，可如此理解，“不事先教导人，便要用杀戮来推行或制止，那叫虐”[④]。笔者认为，可以对孔子的这句话从为政延伸到犯罪治理。没有经过教化，为防止普通人实施犯罪行为或者防止罪犯再次实施犯罪行为而进行惩罚的，并非良好的刑事政策。贝卡里亚也曾说，“只要法律还没有采取在一个国家现有条件下尽量完善的措施去防范某一犯罪，那么，对该犯罪行为的刑罚，就不能说是完全正义的(即必要的)”。[⑤] 中外圣贤的认识是多么惊人的相似。在罪犯实施犯罪行为的原因中，国家预防措施的不完全也是重要的一点，国家应该为此承担一定责任，否则其政权、法律制度将在正义性或者合理性上失分。在刑罚执行时应该减轻一定的处罚来弥补因国家、社会原因的过失造成的罪犯的罪责。

在人类社会，一个罪犯被送进监狱，又有新的罪犯侵犯国家基本制度和法律

---

① ［德］黑格尔：《法哲学原理》，范扬、张企泰译，北京：商务印书馆1961年版，第100页。

② 王泰：《现代监狱制度》，北京：法律出版社2003年版，第37页。

③ ［美］斯蒂芬诺斯·毕贝斯：《刑事司法机器》，北京：北京大学出版社2015年版，第46页。

④ 钱穆：《论语新解》，北京：九州出版社2013年版，第589页。

⑤ ［意］贝卡里亚：《论犯罪与刑罚》，黄风译，北京：中国大百科全书出版社1993年版，第94页。

利益，犯罪在社会中基本处于饱和状态。我们处于一个信息爆炸的时代，普通公民的注意力很难保持在10年前盗窃10万元或者普通的故意伤害案中的罪犯身上。民众总是被新的犯罪新闻所吸引，被国家处理新犯罪的过程与结果所吸引，或者说他们更关心的是国家能否以及如何维持被侵犯的法律规范及其保护的基本制度和法律利益。当国家惩罚了罪犯，以强力手段证明了它所确立规范的不可侵犯性，通过刑罚惩罚手段使被破坏的基本制度得到保护和确认时，此种行为向公民展示了其惩罚犯罪行为的决心与能力，使公民产生并维持信赖规则的安全感，对国家能力保持信心。笔者认为，国家更应关注的不是惩罚的严厉性，不是恶害的等量或者超量，不是从什么程度制造罪犯的痛苦，而应该是报应的必然性，具有宽容精神的较为轻微的必然报应较之血腥残忍的盖然报应更能收到长期的效果。被犯罪侵犯且为刑法所保护的国家基本制度在得到恢复后，法的客观存在性通过刑罚实现，国家对罪犯的报应可以或者应该适当减弱。这并非表明国家对保护公民利益的决心或者能力发生变化，不去追究罪犯的责任，而是充满自信的国家力量的展示，即国家有能力对实施犯罪的行为人予以公正的惩罚，制止罪犯以及意图犯罪的人的侵犯他人的行为和欲望。减刑不会使一般公民感到正常生活遭受威胁，亦不会使他们的安全需要在国家方面得不到满足。

（二）社会报应对减刑制度的支撑

犯罪行为不仅仅是“孤立的个人反对统治关系的斗争”①，它还是针对人类共同生活的社会的破坏。“如同法律不仅保护国家，而且最终保护整个社会一样，不法行为不仅仅针对国家，而且它的最终目标还是针对社会。这正是不法行为的反社会意义”②。在现实生活中，即使罪犯谋杀了某一特定个人，他也是对社会本身的侵犯；即使罪犯贩卖毒品缺乏特定的被害人，他还是对社会秩序、发展前景产生了破坏。犯罪对社会的破坏通过各种方式最终落在社会成员身上，犯罪损害了社会成员的物质利益，损害了社会成员的常识、常理、常情，是对他们利益与情感的双重伤害。从社会学角度观察，刑罚惩罚能够团结社会成员，维护他们之间的情感。有学者通过研究认为，“国家权威被有效地用来加强社区成员间相

---

① ［德］马克思、恩格斯：《德意志意识形态》，《马克思恩格斯全集》（第三卷），中共中央马克思恩格斯列宁斯大林著作编译局译，北京：人民出版社1960年版，第379页。

② ［德］李斯特：《德国刑法教科书》（修订译本），徐久生译，北京：法律出版社2006年版，第7-8页。

互依存和成为表征性（也可以说是象征性）的社群主义道德观”。[①] 国家法律反映了群体共享的常识、常理、常情，在对侵犯这种情感与纪律的刑罚惩罚过程中，强化了它们。这种惩罚在无形中有助于使人学习、服从规范，使自己的行为与周边的人相近。

如果犯罪得不到惩罚，就会破坏社会成员的常识、常理、常情。常识、常理、常情是人与人、人与社会乃至人与自然相处的最基本标准，而这种维系人类社会最基本的善恶观、是非观和价值观一旦遭到破坏乃至崩溃，必然引起惊涛骇浪，人们将不知所措，社会秩序也会一片混乱。所以，在犯罪发生后，需要“用一个强有力的社会控制机制，能够恢复已被破坏的个人与社会都赖以生存的基本秩序”[②]，报应的刑罚应运而生，它需要对犯罪进行惩罚以恢复建立在常识、常理、常情基础上的秩序。

社会公众的正义观念被侵犯，他们生活的秩序、各项利益被破坏，他们对犯罪行为以及罪犯愤恨不已，古今中外皆然。“在中华法系里面始终或隐或现地承认复仇”。[③] 复仇观念源于古老的报应观。有学者认为，“善恶报应观在春秋时期得到人们的普遍信仰，这种观念的基本内涵是：个人行为的善恶将引起不同的结果，善有善报，恶有恶报”。[④] 善恶报应观逐渐丰富，对犯罪之恶表现出复仇的观念，对善行则加以回报或者其他鼓励。在西方，“从以眼还眼的古老基督教哲学，到十九世纪英格兰人的‘仇恨并且伤害罪犯是一项权利’的宣言，到现代社会的‘把罪犯们锁起来，把钥匙甩掉’的思想，报应的需要在宗教与刑事正义中变得越来越强大与深刻。这种悠久的传统强化了报应思想，尤其是在普通人的观念中”[⑤]，民众的报应观往往是与宗教[⑥]、罪责、正义相联系的。犯罪产生了罪责，不对之进行惩罚是不能体现正义的。古今中外的社会公众对罪犯的仇恨感

---

① 朱晓阳：《罪过与惩罚：小村故事 1931-1997》，天津：天津古籍出版社 2003 年版，第 284 页。

② 王利荣：《人性与惩罚》，赵长青主编：《犯罪认定与适用研究》，北京：长安出版社 2002 年版，第 609 页。

③ 俞荣根：《从儒家之法出发——俞荣根讲演录》，北京：群众出版社 2009 年版，第 5 页。

④ 陈筱芳：《中国传统报应观的源头：春秋善恶报应观》，载《求索》2004 年第 4 期，第 170 页。

⑤ Joel Samaha，Criminal Law（sixth edition），Wadsworth Publishing Company press，1999，P. 13.

⑥ 《旧约》之《申命记》第十九章第二十一节记载，“要以命偿命，以眼还眼，以牙还牙，以手还手，以脚还脚”；《出埃及记》第二十一章第二十三节到第二十五节记载，“若有别害，就要以命偿命，以眼还眼，以牙还牙，以手还手，以脚还脚，以伤还伤，以打还打”。

情在刑罚执行中得到平复，社会公众对正义的理念[①]在刑罚执行中得到巩固和发扬。

随着时间的流逝，不断有新的、更严重的犯罪发生，社会公众对某一个或者某些罪犯的情感由常识、常理、常情被破坏的愤怒转为对监狱生活中罪犯的同情。监狱中的罪犯，在人权运动日益发展的当下，其所享有的权利日益具体，其能够得到的保障越来越明晰。罪犯的生活条件虽然较以前大为改观，但是被判处拘役、有期徒刑、无期徒刑刑罚的罪犯终究身陷囹圄，不得自由，各种生活条件与外界社会有较大差异。正常生活被剥夺的痛苦经过日复一日的积累，可能会引起外界社会对其产生源自人类内心深处的怜悯与同情；当时代发展，公众对某个问题的认识也更加宽容、开放，甚至不再认为是一种犯罪的时候，怜悯与同情会更甚。此种对罪犯的同情，对当时犯罪行为的谅解，是使罪犯能获得减刑，早于宣判刑期出狱的情感基础。报应观念已经被部分同情所取代，强烈的群体性愤恨转化为对监狱内罪犯的怜悯情感，减轻对罪犯的处罚，不执行完毕所有的自由刑，能得到社会公众的理解和支持。这种理解与支持对社会整体而言也是有益的，“只有对社会中的犯罪现象予以一定的理解与宽容时，方有可能引起整个社会的道德之进化”。[②] 这种理解与宽容不是支持与纵容，不是公众对犯罪现象的鼓励，而是对罪犯由于自己身体、外部社会、自然环境综合作用下实施犯罪行为的理解与谅解，是推己及人的同情。

(三) 被害人报复对减刑制度的支撑

被害人是犯罪行为的直接受害者，他们对罪犯的复仇情感极为强烈。在国家与法律出现之前，对罪犯的惩罚，除了私人复仇几乎没有其他的途径可以选择。这种强烈的人类普遍情感贯穿人类整个历史。在国家刚刚建立之际，私人复仇很

---

① 当然，法律对罪犯的惩罚并不必然是以法律的形式全面推行公共道德，此处仅以刑罚执行对道德加以必要的巩固，否则会造成对道德的损伤。恰如有学者所言，“不论法律中的道德原则实际上被贯彻到什么程度，只要是全面地以法律去执行道德，道德所蒙受的损害就必定是致命的。因为以法律去执行道德，其结果不但是道德的外化，而且是道德的法律化。这种外在化、法律化了的道德，不但不是道德，而且是反道德的了。从形式上看，这类规范因为附加了刑罚而具有法律的特征，但是着眼于内容，它所要求的实际是人心而非行为。它以刑罚的手段强迫人们行善，结果只能是取消了善行。因为它靠着强暴力量的威胁，取消了人们选择恶的自由”。参见梁治平：《寻求自然秩序中的和谐——中国传统法律文化研究》，上海：上海人民出版社1987年版，第250页。

② 肖世杰：《法律的公众认同、功能期许与道德承载——对刑法修正案（八）的复眼式解读》，载《法学研究》2011年第4期，第146页。

少被提及，因为它司空见惯而无须用法律手段加以规制。在国家制度发达，公法救济几乎在各个领域都能实现的今天，被害人的报复被禁止。如果甲伤害了乙的身体，通常乙会要求甲赔偿或者请求国家公权力的惩罚，如果二者都没有实现或者没有公正地实现，乙才有可能实施均衡的或者更重的报复。在犯罪已经形成对法律所保护的利益破坏后，新的秩序和利益格局形成，它需要国家通过法律形式调整。被害人的报复是一种事后性的攻击与破坏，无疑是一种新的侵犯，再次对法律所确立的利益格局产生了破坏，并且僭越了国家权力。这种事后的破坏或曰报复往往是无限制的攻击，具有强大的破坏性和杀伤力，因此，现代社会法律不鼓励、默许刑事案件中的私人报复。

禁止私人复仇并不代表着法律中对这一强烈情感没有认识与关照。在某些法条中我们依然能发现原始复仇的痕迹，它表现为对被害人物质赔偿或者对被害人复仇情感的抚慰，例如，《刑法》第 37 条[①]的规定就体现了报复的要求，在中国人的文化中，“悔过”“赔礼道歉”“赔偿损失”均属于对自己过错行为的责罚，在很大程度上满足了被害人的报复情感或者经济损失。

在能够取得被害人谅解或者对被害人进行充分赔偿的场合，对罪犯的判刑相对较轻或者不作为犯罪处理的立法例屡见不鲜。例如，有关交通肇事的司法解释规定[②]，体现了一定条件下对被害人赔偿，满足其报复心理能够免除刑事责任。如果行为人无能力赔偿被害人的经济损失，则需要通过刑罚惩罚罪犯的方式平复其报复情感。反之有能力赔偿财产损失的，则不构成犯罪，被害人经济损失在经济上得到赔偿，报复情感自然降低或者消灭。在《最高人民法院量刑指导意见（试行）》中规定，对于退赃、退赔的，积极赔偿被害人经济损失的，取得被害人或其家属谅解的，综合考虑犯罪性质，退赃、退赔的数额及主动程度等情况，对损害结果所能弥补的程度，赔偿数额、赔偿能力，取得谅解的原因等，可以在一定比例内减少基准刑。

笔者认为，在量刑阶段被害人的谅解或者对被害人赔偿能得到从轻或者不作为犯罪处理，那么在自由刑执行阶段，罪犯得到被害人谅解或者对罪犯进行充分

---

① 对于犯罪情节轻微不需要判处刑罚的，可以免予刑事处罚，但是可以根据案件的不同情况，予以训诫或者责令具结悔过、赔礼道歉、赔偿损失，或者由主管部门予以行政处罚或者行政处分。

② 最高人民法院《关于审理交通肇事刑事案件具体应用法律若干问题的解释》第 2 条第 1 款第 3 项规定，造成公共财产或者他人财产直接损失，负事故全部或者主要责任，无能力赔偿数额在三十万元以上的，处三年以下有期徒刑或者拘役。

赔偿后获得减刑也能够得到被害人的认可，但是这种减刑不能超出正义的底线，否则被害人会因不公平而实施报复。在罪犯有能力对被害人进行赔偿而不赔偿的时候，则应限制减刑，满足被害人的报应情感。2016年《减刑假释规定》规定，对确有履行能力而不履行或者不全部履行生效裁判中财产性判项的罪犯，减刑起始时间和减刑幅度都要受到限制。"财产性判项"是指判决罪犯承担的附带民事赔偿义务判项，以及追缴、责令退赔、罚金、没收财产等判项。显然，附带民事赔偿义务、追缴、退赔等系对被害人进行的经济补偿和赔偿，充分履行这类义务，能起到抚慰被害人报复情感的作用。

随着时光流逝，犯罪的影响减弱，被害人对罪犯的报复情感逐渐减缓乃至遗忘。当被害人了解到罪犯的服刑状况、罪犯在监禁中遭受的苦痛以及为赎罪而做出的各种努力时，将平息被害人的复仇情绪。所以，被害人的报复情感减弱或者消失也是减刑的重要支撑。

(四) 罪犯赎罪对减刑制度的支撑

刑罚的实施给罪犯带来了痛苦，这是一种强大的外力压迫性地施加于罪犯之上。报应在产生之初试图给加害人制造痛苦以满足个人遭受损失的复仇心理，并没有希望加害人有任何赎罪念头的产生。但是，随着人类理性与情感的发展，正常人会因自己行为给他人造成损失而产生歉疚的痛苦，减轻或者抚慰自己歉疚痛苦的方式是自己与被害人承受相同的痛苦，赎罪观念便产生了，并伴随着宗教而产生更大影响。"报应刑论的另一主要形式是只有通过承受刑罚之苦罪犯才能赎回罪孽（sin）。通过受苦而赎罪历经各个年代一直是宗教思想中的一个重要主题，而且它在关于世俗刑罚思想中无疑同样扮演着一个重要角色。"① 虽然中西文化中对"罪"的认识有差异，但是在各自文化中都包含着赎罪的观念，通过个人苦行或者受苦赎罪的行为屡见不鲜。我国刑罚语境下的赎罪，摒除了宗教意味中的罪孽，通过惩罚罪犯强化其负罪感，以自己承受痛苦或者良好的表现取得社会的谅解。笔者认为，自由刑制度通过监禁等惩罚措施，能够使报应的强制在一定程度上转为赎罪的自觉。"报应系出自外力的强制，以此外力的强制，来确保法律不容破坏的权威，犯罪人系被迫而为，是被动而消极的。相反地，赎罪系

① Herdert · Paeker："The limits of the Criminal Sanction." Stanford university Press. 1968. P. 7. 转引自许发民：《论社会文化对刑罚的影响》，载《中国法学》2002年第1期，第170页。

罪犯出自内心的一种伦理上的自我谴责，是行为人自己的一个伦理行为，以求得其伦理上的自由。”① 罪犯在监狱中接受教育、矫正，认识到自己行为的反社会性，给国家、社会以及被害人带来了恶害，于是通过辛苦的无偿劳动、真情的公开宣讲等方式忏悔，以期对自己的错误行为进行弥补。

对罪犯再次犯罪的约束，需要监禁隔离，没有附加监禁的说教，是苍白无力的。“任何雄辩，任何说教，任何不那么卓越的真理，都不足以长久地约束活生生的物质刺激所诱发的欲望。”② 在刑罚惩罚中，在一定时间的监禁中才能实现对罪犯欲望的遏制，犯罪欲望的退回能促成其自我反省，产生赎罪或者悔罪观念，罪犯依靠自己内心赎罪或者悔罪的力量来克制欲望。在法律中，我们亦能看出立法者规定减刑时，对罪犯赎罪或者悔过的要求。

1979 年《刑法》规定，被判处自由刑的犯罪分子，在执行期间，如果确有悔改或者立功表现，可以减刑。在 1997 年对刑法进行大规模修订后，文字表述虽有差别，但是仍可以看到对罪犯赎罪心理以及行为的要求。1997 年《刑法》规定，犯罪分子在自由刑执行期间，如果确有悔改表现的，或者有立功表现的，可以减刑。1997 年《减刑假释规定》要求罪犯能认罪服法，遵守监规，积极参加学习、劳动。2012 年《减刑假释规定》更是将“确有悔改表现”条件之一的“认罪服法”变为“认罪悔罪”。“积极”“悔改”“悔罪”等词汇直指罪犯内心，将外部惩罚转化为内心赎罪、将功补过，是减刑制度对罪犯的内心变化要求。2016 年《减刑假释规定》第 3-5 条关于“认罪悔罪”“立功”“重大立功”的规定更加详细。其中第 3 条不仅规定了认罪悔罪的 4 种表现，还规定了不认定认罪悔罪的情况，即对职务犯罪、破坏金融管理秩序和金融诈骗犯罪、组织（领导、参加、包庇、纵容）黑社会性质组织犯罪等罪犯，不积极退赃、协助追缴赃款赃物、赔偿损失，或者服刑期间利用个人影响力和社会关系等不正当手段意图获得减刑、假释的，不认定其“确有悔改表现”。从正反两个方面确定认罪悔罪的情况，将“认罪悔罪”的表现更加具体化。

立意相同的表述可以在 1994 年《监狱法》的规定中发现，该法第 29 条规定：“被判处无期徒刑、有期徒刑的罪犯，在服刑期间确有悔改或者立功表现的，根据监狱考核的结果，可以减刑。有下列重大立功表现之一的，应当减刑：

① 林山田：《刑罚学》（修订本），台北：商务印书馆 2005 年版，第 48 页。

② ［意］贝卡里亚：《论犯罪与刑罚》，黄风译，北京：中国大百科全书出版社 1993 年版，第 9 页。

（一）阻止他人重大犯罪活动的；（二）检举监狱内外重大犯罪活动，经查证属实的；（三）有发明创造或者重大技术革新的；（四）在日常生产、生活中舍己救人的；（五）在抗御自然灾害或者排除重大事故中，有突出表现的；（六）对国家和社会有其他重大贡献的。”《刑事诉讼法》第273条也要求罪犯获得减刑的条件是在执行期间确有悔改或者立功表现。内心的“悔”以及显露于外的“表现”表达了立法者、司法者、执法者对罪犯赎罪的要求，而这也正是对罪犯减刑奖励的基础。

无论罪犯基于何种动机或者目的实施了立功行为，终究是其向主流社会靠拢的表现。从积极的角度解读，这是罪犯希冀通过自己的积极行为减轻曾经犯下的罪行，得到国家、社会乃至被害人原谅。从消极的角度解读，这是对社会规范的认可，将自己的行为纳入社会规范的调整中，不再对抗人类社会的基本行为规范。对这种赎罪心理，向主流社会靠拢、接受国家设置的行为规范的行为，应该进行一定程度的奖励，正所谓“浪子回头金不换”。通过减刑对其曾犯下的罪行予以宽恕，巩固其赎罪、悔罪的向善之心，是减刑的另一重要理论基础。

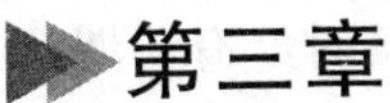

第三章 减刑限制的理论基础

缩短宣告刑的执行刑期，不能没有任何限制，否则既会损害法律的权威，又不能实现刑罚的目的，得不偿失。任意缩短宣告刑的执行刑期，有可能使宣告刑变成完全不定期刑，成为罪刑法定原则实现的障碍。因此，需要对减刑设置一定限制条件。

减刑制度中包含了减去一定刑期的规定，也包含了对减去刑期的各种条件限制，笔者将后者称为减刑限制。减刑限制包括如下内容：对自由刑执行期间罪犯减刑必须具备一定条件；减刑后必须保证一定长度的实际执行刑期；减刑必须要有起始时间、间隔时间以及幅度的限制；对某些特殊罪犯减刑的适当宽松；对部分罪犯减刑的严格控制，等等。减刑限制是控制减刑适用，保障刑罚目的的实现之制度保障，如同减去宣告刑中的刑罚一样，减刑限制同样需要理论支撑。

第一节　减刑限制的特殊预防论基础

罪犯在监狱中接受矫正，通过多方面的表现表明，其满足需要的方式基本上能够为社会所接受、不会再次实施犯罪，则可以通过减刑的方式将矫正合格的罪犯及时释放，是特殊预防的要求。减刑不能任意而为，需要符合矫正的科学规律，所以要对减刑设定一定条件限制，保证对罪犯矫正的质量，既使矫正合格的罪犯能够早日回归社会，又使矫正不合格的罪犯能够在监狱中与社会隔离，接受更多矫正。

一、减刑限制是调节隔离的要求

适当与社会隔离是有限威慑与全面矫正的前提，没有与社会隔离的措施不能称之为监禁，惩罚、威慑的力量将大打折扣，那可能是社区矫正、社区刑，或者更极端的，是一种温和的学校教育。隔离是罪犯发生心理转化的重要前提，将罪犯从其原有的社会生存环境中剥离出来，在监狱隔离，能够使其对原有犯罪行为、违纪违规行为进行反思，从而减少再次犯罪的可能性。减刑通过有选择地隔离，发挥特殊预防作用，真正发生了心理转化的罪犯才会彻底放弃再次实施犯罪。依据矫正心理的规律，罪犯心理良性转化需要经历服从阶段、同化阶段与内化阶段的过程。[①] 罪犯入监之初，迫于外在压力，为了获得减刑以及避免惩罚，被迫地、权宜性地按照矫正机构的要求表面上学习、顺从监所规范。经过一段时间以后，罪犯自愿认同监所规范，从被迫过渡到半自愿或者自愿的同化阶段，在这一阶段，罪犯的心理还会有反复。罪犯有可能会在这个阶段时而认可监狱内规范，时而有可能在他人的影响下，故意违反、破坏监狱内规范。再经过一定时间矫正教育，罪犯将监所的外在要求内化为自觉的认识与行动。例如，有的罪犯开始心甘情愿的参加劳动，有的罪犯开始主动要求参加各种学习，有的罪犯开始发自内心地忏悔，主动给予被害人及其家属赔偿等。罪犯的心理转化需要较长时间，从积极为自己的行为辩护，为犯罪行为找各种借口，到承认自己实施了犯罪行为，需要一个接受矫正的心理变化过程。人身危险性越大的罪犯转化的时间越长，因此需要被隔离更长的时间，不能在其没有实现再社会化的时候就减刑出狱；人身危险性小的罪犯转化较快，可以在法律限度内获得更多减刑。监禁罪犯，需要有基本的时间作为保证，因此，减刑必须有一定限制。

首先，减刑是有限度的，要保障对罪犯的基本隔离期。罪犯被判处管制、拘役、有期徒刑的，实际执行刑期不能少于原判决确定刑期的 1/2；被判处无期徒刑的，实际执行刑期不能少于 13 年。被判处死刑缓期 2 年执行的普通罪犯，减为无期徒刑或者有期徒刑的，实际执行的刑期在不计算缓刑考验期的情况下，不能少于 15 年。被限制减刑的死缓犯，减为有期徒刑后，实际执行的刑期不能少于 20 年或者 25 年。

减刑不能减得太多，减得太多，既失去了自由刑的隔离作用，也不利于实现对罪犯的公正惩罚，如果是违规减刑，还有可能造成各种腐败，伤害法律的权威。以健力宝张海案件为例。2008 年 9 月 12 日，张海被判处有期徒刑 10 年，入监服刑后，张海开始了自己的违规减刑之路。“2010 年 9 月，广东省武江监狱根

① 章恩友、姜祖祯主编：《矫正心理学》，北京：教育科学出版社 2008 年版，第 93-94 页。

据张海在看守所获得的另一份假立功材料为其提请减刑，广东省韶关市中级人民法院裁定减刑二年。2011 年 1 月 25 日，张海因重大立功被韶关市中级人民法院裁定减刑二年零一个月二十八天。这次的重大立功，后被查证为在监狱服刑期间，张海指使他人为其虚假申报实用新型专利，监狱据此为其申报重大立功。”① 2011 年 1 月 26 日，实际服刑五年余的张海获得释放，他在服刑中多次造假，制造各种“假立功”骗取减刑，几乎“充分用尽”了减刑制度可能存在的空间。显然，张海没有被矫正成功，“合法”出狱后，携女友潜逃海外。法律不仅没有对其实现应有的正义惩罚，反而因之蒙羞，24 名国家工作人员被检察机关立案。张海至今尚未归案。

其次，减刑要设置一定幅度。对罪犯的减刑幅度，不能一次减至实际执行刑期的底限，那将使罪犯在以后的隔离期内失去实施善行、自我矫正的动力。例如，某罪犯被判处 10 年有期徒刑，在执行完 2 年有期徒刑后一次减刑 5 年，剩余 3 年的隔离期间他无论有什么样的良好表现，诸如超额完成劳动任务等，都不能获得减刑，这样将会使其失去争取更好表现的动力。在剩余刑期内，这名罪犯无论如何违纪，在不犯罪的情况下都不能延长其刑期，他有可能游走在违纪与犯罪的边缘，而监狱对此可能没有合适应对措施。这有可能是罪犯或者是人类的个性导致的，菲利曾悲观地说，“人不改变自己的个性。任何刑法典，无论是缓和的还是严厉的，都不能改变人的自然的和不可征服的倾向性（如欢乐和希望不受侵害的倾向）”。② 笔者认为，罪犯同样有着趋利避害的特性，甚至这种特性较普通人更甚，好逸恶劳的习气往往也是他们走上犯罪道路的重要原因。如果辛苦劳动、严格约束自我言行等行为换不回自由或者其他有利的回应，则通常没有必要“自讨苦吃”。用一定幅度的减刑，始终保持对罪犯的吸引力，能够使罪犯为了自由而主动克服自身弊病。

最后，减刑要设置一定频率。减刑的频率是指罪犯服刑期间减刑发生的次数。减刑频率既受制于减刑幅度，又受制于减刑间隔时间。减刑频率过低，间隔时间过长，罪犯单次减刑幅度将会上升，将会出现上文所述弊端，在罪犯减刑间隔时间内罪犯将会感到减刑过于遥远而影响其矫正积极性。减刑频率也不能过

---

① 徐盈雁、郑赫南：《张海违法减刑案：揪出“假立功”背后的保护伞》，载《检察日报》2015 年 2 月 12 日，第 2 版。

② ［意］恩里科·菲利：《犯罪社会学》，郭建安译，北京：中国人民公安大学出版社 2004 年版，第 189 页。

高，过高的减刑频率会使罪犯感觉减刑来得太容易，不知道珍惜减刑的机会，减刑激励罪犯自我矫正的功能就会大打折扣。

为调节减刑频率可能带来的负面影响，减刑制度与计分考核奖惩相联系。罪犯服刑过程中，在一个考核周期内，只有考核积分达到600分以上，经监狱审批认定为积极后，才能获得一次表扬，拥有减刑的可能性。在计分考核周期内，罪犯受到警告、记过或禁闭等处分，会被扣分，尤其是禁闭处分，扣减罪犯考核分400分。根据《计分考核规定》第33条规定的事项内容，罪犯符合任何一项，均被评为不合格，不仅不能减刑，还要被批评教育，无形中延长两次减刑间隔的时间，降低减刑频率。罪犯在监狱中因违纪被扣分，表明其尚未将规范内化为行为规范，尚未矫正成功，需要通过更长时间的监禁来实现矫正目标。

通过减刑限制，调节隔离时间，使积极向上的罪犯获得更多减刑，使经常违规违纪的罪犯在监狱中度过更多时间，以便监狱对之进行深入矫正。

二、减刑限制是有限威慑的要求

减刑是自由刑执行中的一个环节，如果不能获得减刑，将不能像其他罪犯一样早于宣判刑获得自由，这是自由刑执行过程中对罪犯进行的另一种威慑。减刑限制使罪犯不仅不能在监狱中再次犯罪，不能在监狱中违反纪律与规范，甚至不能表现得不足够积极，否则将不能获得减刑，不能更早拥抱自由。

刑罚是国家法律中最严厉的惩罚方式，是国家对内暴力最强的表现形式。国家对罪犯实施暴力，对罪犯有形或无形、有意或无意的威慑渗透在刑罚运行的每一个环节。笔者认为，针对罪犯的威慑有两种形式，即积极的失去和消极的不增长。罪犯实施不能为社会容忍的危害行为，经正当程序判定他将失去生命、自由、财产或者政治权利等基本人权，这是罪犯遭受来自刑罚惩罚时的积极失去。来自刑罚惩罚的消极不增长，是罪犯在有机会能够获得减刑、假释、物质奖励的时候，没有获得奖励，相对其他获得减刑等奖励的罪犯也是一种失去。在减刑过程中的惩罚为消极的不增长，表现有三：

第一，对不认罪悔罪，不接受教育改造，不遵守监规，不立功，也没有重大立功的人，即不接受规范约束的罪犯，不予以减刑、少减刑或者推迟减刑。例如，南方某监狱管理局规定，罪犯无故不参加学习、劳动的；消极怠工未完成劳动任务达50%以上等将被警告、记过或禁闭，这样的行政处罚将会使罪犯在3–9

个月内不予行政奖励，意味着罪犯的减刑至少被推迟相应时间。山东省高级人民法院《关于印发办理减刑和假释案件实施细则的通知》（2005 年）第 37 条规定，罪犯在刑罚执行过程中计分考核长期处于负分的状态，如果能够连续 6 个月表现较好，无违纪行为，考核分值从 0 开始重新计算。这意味着负分期间罪犯不能被提起减刑，从 0 开始后还要再次计分，仍有一段时间不能被提起减刑。西北某地区计分考核奖惩实施办法规定，如果罪犯不认罪服法，经常无理取闹，聚众哄监，扰乱正常监管秩序，经教育无效的；有劳动能力但是拒不参加劳动或在劳动过程中消极怠工，经教育不改的；在生产劳动中故意违反操作规程或有意损坏生产设备和生产工具的等，将会受到严管、警告、记过、禁闭等处罚。上述处罚一旦确立，罪犯将被扣 5－15 分不等，处罚前 12 个月内所得行政奖励如表扬、记功、改造积极分子等一律取消，罪犯将因此进入严管状态，结束严管后的 5－12 个月内不允许给予行政奖励。西部某省规定，服刑人员被严管、禁闭期间，所属月份不计分，这同样意味着罪犯将失去至少 1 个月的减刑机会。西北某地区的考核规定直接与减刑相联系，如果罪犯在服刑期间因违纪被处以严管及以上处罚，将至少有 17－24 个月不能被减刑（有重大立功表现的除外）。除去实际执行刑期限制、间隔时间限制、减刑诉讼程序限制、出监前的教育时间限制，2 年不能减刑对于任何罪犯来说都是有着强大威慑力的。江苏省高级人民法院出台的《关于审理减刑案件若干问题的意见（试行）》（2009 年）明确规定，在服刑期间严重违纪的罪犯即在本次减刑间隔期间内违纪、违规，受到警告、记过、禁闭、严管等处分的或者假释后又被收监执行的，应当比同等条件的其他罪犯少减 6 个月以下有期徒刑。由此可见，减刑通过自由刑消极不减少的方式对罪犯进行威慑，使他们遵守监规监纪，努力争取良好表现。广东省高级人民法院等 4 部门联合制定实施的《关于审理减刑、假释案件实施细则》（2014 年）第 37 条明确规定，对服刑期间因有严重违纪行为受到刑罚执行机关处罚的罪犯，提请减刑起始时间或间隔时间应相应延长：受警告的，提请起始时间或间隔时间延长 2 个月以上；受记过的，延长 3 个月以上；受禁闭的，延长 6 个月以上。受禁闭的，减刑幅度应比同等条件的其他罪犯减少 6 个月以上有期徒刑；受记过的，减刑幅度应比同等条件的其他罪犯减少 3 个月至 6 个月有期徒刑；受警告的，减刑幅度应比同等条件的其他罪犯减少 3 个月以下有期徒刑；严重违规违纪一次性扣 3 分以上的或者累计扣 8 分以上的，减刑幅度酌情从严。

上述地方制定的关于减刑的实施细则，几乎都规定了违规违纪的要延长减刑间隔，降低减刑幅度。罪犯原本获得的积分将会被扣除甚至出现负分现象，需要重新接受考核，再次通过良好表现获得奖励，才有可能得到减刑的激励。这会使罪犯在执行矫正过程中，再次产生因犯错误而导致的被剥夺感，重新确立有责必究、有错有责的社会行为规范。

第二，对表现不是十分积极的可以减刑也可以不减刑，对极少数表现非常突出的，予以更多减刑。这意味着罪犯在确有悔改表现的情况下不一定能获得减刑，还要考察其他因素。例如，广东省监狱管理局自 2017 年 7 月 1 日起开始试行的《计分考核罪犯实施细则（试行）》第 32 条规定，罪犯考核分累计达到 600 分，且教育改造和劳动改造每部分累计考核分不低于其累计基础分 60%的，给予一次表扬；任何一部分累计考核分低于其累计基础分 60%的，仅给予物质奖励。该规则表明，罪犯在考核期限内，总分达到条件，若其中一项不合格，低于累计基础分 60%，依然是不合格，在劳动或者教育改造方面有欠缺。不给予罪犯表扬而仅给予物质奖励，意味着罪犯失去了一次获得减刑的机会。

罪犯是否能获得提起减刑的表扬、记功以及获得更多减刑等，还要考察同一时期监狱内是否有表现更加良好的罪犯。例如，西北某地区罪犯计分考核奖惩办法规定，罪犯当月实际获得减刑分按在押犯总数确定比例，计减刑分 2 分以下，2-3 分……6-7 分的分别对应一定的比例。表扬每 3 个月评比一次，记功每半年评比一次，改造积极分子每一年评比一次，名额按在押罪犯的一定数额百分比控制。山东省高级人民法院《关于印发办理减刑和假释案件实施细则的通知》（2005 年）第 36 条第 2 款规定，监狱级改造积极分子的比例不得超过押犯总数的 15%；省级改造积极分子数量更少，他们在监狱级改造积极分子中选拔产生，不得超过押犯数量的 2%。上海市监狱管理局制定的《关于计分考核奖惩罪犯实施办法》（2003 年）规定，“上海市改造积极分子”按照监狱押犯总数 2%的比例，依据累计分高低排序在监狱“改造积极分子”中产生。上述规定有其合理性，以一定比例以及不减刑作为威慑罪犯的条件，促使其积极自我矫正，通过表现得更好来获得减刑的奖励。

第三，对部分实施严重犯罪的罪犯限制减刑。对罪犯进行区别对待是特殊预防的要求，减刑过程中应根据罪犯的罪行特点施以不同的减刑措施，通常被限制减刑的都是实施严重罪行的罪犯，以自然犯为主。不道德的行为不一定是犯罪，但是犯罪行为都是不道德的，严重的犯罪行为更加不道德。统治者不能在法律中将自己喜好的道德规范进行推广，否则将对法律和道德同时造成伤害。但是，国家刑事法律必须在最基础层面反映道德，对杀人、放火、强奸、抢劫等侵犯道德底线的行为加以刑罚惩罚，这是国家获得统治合法性的根基之一。“统治阶级正是利用它帮助民众惩罚了他们个人或许无力惩罚的那些直接针对他们自身的罪犯，而获得了民众对国家惩罚它本身所不能容忍的行为的支持。”[①] 由立法机关编著的权威著作中指出，对被判处死刑缓期执行的累犯以及因故意杀人、强奸、抢劫、绑架、放火、爆炸、投放危险物质或者有组织的暴力性犯罪被判处死刑缓期执行的犯罪分子限制减刑，“只是划定了一个可以限制减刑的人员的范围，……应由人民法院根据其所实施犯罪的具体情况等综合考虑决定”。[②] 累犯，虽经监狱教育而不思悔改，且罪行极其严重乃至被判处死缓，应该受到道德强烈谴责。其余 8 种犯罪，均为极其严重地侵犯了常识、常理、常情的犯罪，人身危险性极大，在任何一个社会都不能容忍。对此 9 种罪犯有选择地限制减刑，首先反映了代表人民意志的立法机关对这 9 种罪犯的恶劣评价。不完全对此 9 种罪犯限制减刑，要考虑其他具体情况，这也是特殊预防论区别对待罪犯的反映。例如，有些实施故意杀人的罪犯有可能出于义愤或者贫困、羞耻等非极其卑劣的动机，或者实施杀人行为满足的是个人的大义灭亲的需要等，在道德上具有一定可宽恕性，在实施减刑时不能对他们过于苛责。

江苏省高级人民法院制定的《关于审理减刑案件若干问题的意见（试行）》（2009 年）明确规定，对某些特殊的无期徒刑犯、有期徒刑犯要限制减刑，他们首次减刑，比同等条件的其他罪犯少减有期徒刑 6 个月以下。这些条件既包括反社会性强、难以矫正的，如累犯和故意犯罪的再犯被科处刑罚的，假释后被收监执行的，本次减刑考验期内受到过严管、警告、记过等行政处罚的；又包括实施严重罪行被判处 10 年以上有期徒刑、无期徒刑的，这些罪行包括杀人、强奸、绑架等暴力性犯罪，组织、领导、积极参加黑社会性质组织罪，危害国家安全、公共安全罪，涉毒、涉枪罪行等。

无独有偶，在笔者收集的南方某监狱自己制定的规则中，也有类似规定，其限制减刑的对象主要是：累犯，毒品再犯，多次被判刑罪犯，犯罪集团首要分子，涉及黑社会性质组织的罪犯，邪教组织骨干罪犯等。这些罪犯首次减刑不仅

---

① 强世功：《惩罚与法治——当代法治的兴起（1976－1981）》，北京：法律出版社 2009 年版，第 6 页。

② 王尚新主编：《中华人民共和国刑法解读》（第三版），北京：中国法制出版社 2011 年版，第 65 页。

要比其他同等条件罪犯少6个月以下，而且减刑起始时间要比其他罪犯长6个月以上。江苏省及南方某监狱的上述规定表明，被限制减刑的罪犯实施了严重的犯罪，他们具有更强的人身危险性，需要用更多的威慑使罪犯不敢、不愿再次实施上述严重的罪行，这种有选择地威慑罪犯的方式深受特殊预防论影响。在2016《减刑假释规定》中吸收了各地在实施细则中的做法，对减刑的限制条件规定的更加明确，实现了全国限制条件的统一。

依据2016年《减刑假释规定》作出的减刑裁定，开始体现对部分实施严重犯罪的罪犯减刑日趋严格，所减刑期较原司法解释减少很多。山东省聊城市中级人民法院（2019）鲁15刑更93号减刑裁定中[①]，笔者发现实施严重犯罪的罪犯获得减刑数量有明显变化。山东省高级人民法院于2006年12月30日作出（2006）鲁刑一终字第341号刑事附带民事判决，被告人舒某犯故意杀人罪，判处死刑缓期2年执行，剥夺政治权利终身，连带赔偿附带民事诉讼原告人356203元。2009年6月15日经山东省高级人民法院裁定减为无期徒刑，剥夺政治权利终身；2011年2月26日经山东省高级人民法院裁定减为有期徒刑18年6个月，剥夺政治权利5年。山东省聊城市中级人民法院2013年6月20日、2015年2月11日、2016年10月26日经裁定分别减刑1年6个月，剥夺政治权利5年的期限不变，刑期至2025年4月25日止。2019年，罪犯舒某具备3个表扬和2016年度省级罪犯改造积极分子的条件，山东省聊城监狱建议减刑6个月。由于能够履行而不全部履行民事赔偿责任，山东省聊城市中级人民法院在减刑裁定书中对罪犯舒某减去有期徒刑5个月。在2017年之前，罪犯表现良好，能获得1年6个月的减刑，但是在2016年《减刑假释规定》生效后，严重罪犯减刑受限制条件增加，能够获得的减刑骤减，即使有省级改造积极分子，也仅能减刑5个月。这对罪犯本人是一种有限度的威慑，使其能够反思自己的罪行，努力弥补因犯罪受到破坏的社会关系。

三、减刑限制是全面矫正的要求

减刑对罪犯有良好表现要求，绝非毫无原则的雨露均沾，需要视罪犯具体表

① 尹继阳、于景涛、杜秀珍：《山东省聊城市中级人民法院刑事裁定书》（2019）鲁15刑更93号，全国减刑、假释、暂予监外执行信息网，http：//jxjs. court. gov. cn/resources/zhuzhan/case/20190107/1173783. html，最后访问日期：2019-2-26.

现调节罪犯在狱中服刑时间。罪犯有普通良好表现的有获得减刑的机会，有阻止他人重大犯罪活动、舍己救人等重大立功表现的罪犯因其表现十分突出则应当获得减刑。既不认罪悔罪、遵守监规、接受教育，更没有立功表现的罪犯不能获得减刑的机会，需要在监狱中被隔离更长时间，监狱等自由刑行刑机关通过减刑限制作为实现对罪犯全面矫正的方式之一。

《监狱服刑人员行为规范》（2004 年）与《计分考核规定》是对罪犯进行全面矫正的全国性法律文件，各省、自治区、直辖市根据本地区特点制定计分考核奖惩（罚）罪犯实施细则，甚至有地区的监狱也制定类似细则。《监狱服刑人员行为规范》（2004 年）共 5 章 38 条，几乎将罪犯在监狱内的一言一行全部涵盖，其中既包含命令性规范又包含禁止性规范，命令性规范如要求罪犯言谈举止文明、礼貌称谓他人等，禁止性规范包括不讲脏话、粗话，不起（叫）绰号等。罪犯遵守规范能够得到减刑的奖励，罪犯违反规范将被扣分或者施以行政处罚，被限制减刑。《计分考核规定》共 7 章 57 条，计分考核结果是监狱对罪犯给予奖励，实施分级处遇，依法提请减刑、假释的基础。规定将罪犯的善行恶行与计分紧密结合，实现奖善罚恶，矫正罪犯恶行。

减刑是激励罪犯接受矫正的措施，减去的刑期是结果，结果的依据是罪犯在监狱中的良好行为。罪犯因实施满足个人需要的行为不为社会所接受而被认定为犯罪行为，由此需要能为社会接受的行为规范要求罪犯，使其逐渐适应社会行为规范，改变错误认识，矫正自己原有的错误行为。在罪犯走出监狱重新回归社会后，能够用在监狱中习得的方式与其他社会成员打交道，逐步成为能够为社会接受的成员。

第一，矫正罪犯对法律错误的知、情、意。罪犯在监狱服刑期间往往对法律有错误的认识与情感，这会影响对他的矫正，如果任其发展漫延，还会影响其他罪犯对法律的认识与情感等。所以，对于坚持、传播错误思想认识的罪犯要限制其减刑。罪犯在服刑中对法律的错误认识通常表现为对自己或他人的行为性质、所受刑罚产生错误认识，对犯罪行为有错误的情感。尽管罪犯有申诉权，要依法保护其申诉权利，对进行申诉的不能一概认为其不认罪服法，但是，有些罪犯不按照正当途径反映案情，甚至煽动他人纠缠申诉等，这严重影响监管秩序。例如，某省监狱管理局制定的计分考核细则规定，对判决、裁定不服而公开发泄不满情绪或毁弃法律文书，经教育后及时改正的，扣 100 分。西部某省罪犯计分考核奖惩细则规定，不按照正当途径反映案情，攻击谩骂司法机关及工作人员的扣

10-30 分；编造和传播政治谣言，散布反改造言论，污蔑攻击党的政策的扣 10-50 分。西北某地区罪犯计分考核奖惩细则规定，不认罪服法，无理取闹的将被施以行政处罚，如严管等，延长减刑幅度。北方某省监狱管理局制定的罪犯考核奖惩办法规定，宣扬自己或者他犯犯罪史的扣 1-3 分。某省监狱管理局 2017 年制定的计分考核细则规定，宣扬犯罪史或犯罪行为的，扣 20 分；情节较重的，扣 30 分；情节严重的，扣 100 分。罪犯受到刑罚惩罚，入狱后不仅不以犯罪为耻，反而大肆宣扬、哗众取宠，表明其没有认识到自己行为的卑劣性质，更没有认识到刑罚惩罚的正义性，对之采取减分以限制减刑的措施，能促进其产生对法律的正确认识和情感。

第二，矫正错误的价值观念。自由刑执行机关对有错误价值观的罪犯进行扣分，使其总分排名靠后而不能得到及时减刑。罪犯有错误认识但是并不散布，不会对其他罪犯产生影响，没有扣分的必要，否则将会成为“思想定罪”的变形，但是罪犯将自己的错误价值观、错误认识散布出去，会在监狱等部门形成恶劣影响，不利于罪犯本人矫正，也不利于其他罪犯矫正，则应该施以扣分，对其进行一定程度的减刑限制。[①] 例如，某省罪犯计分考核奖惩细则规定，造谣传谣或搞封建迷信活动的扣 10-30 分；利用吃喝、讲哥们儿义气、宣扬地域观念等手段，拉帮结派、拨弄是非的扣 10-50 分。西北某地区罪犯计分考核奖惩细则规定，罪犯习练、传播有害气功、邪教的将被严管、警告、记过或者禁闭等，这会直接影响其减刑的间隔、幅度等。西南某地区计分考核奖罚实施办法规定，习练、传播有害气功、邪教的扣 3 分，情节严重的扣 5 分。

第三，矫正错误的生活行为模式。罪犯在监狱中服刑，难免将其不良行为习惯带入监狱，通过限制减刑使其约束自己的行为，矫正其不为人接受的满足个人需要的行为方式。例如，北方某省监狱管理局规定，浪费食品的扣 1-3 分；炊事犯不注意个人卫生，劳动时不着工作服或者着不干净的工作服的扣 0. 5-2 分；打架斗殴、聚众闹事、纹身的扣 3-5 分等。西北某地区监狱管理局规定，偷盗、赌博、打架斗殴、诈骗、寻衅滋事、传播犯罪手段的将会视情节 1 次扣 5-15 分不等。罪犯社会化程度一般较低，多数生活、交往习惯较差，罪犯入狱前有的奢侈浪费，有的没有集体意识、不为他人考虑，有的不讲卫生，有的不注意文明礼貌

① 当然，监狱等部门并非仅用扣分、限制减刑来矫正罪犯的错误价值观，监狱中还有丰富的“三课”学习，罪犯摒除自己错误的价值观、积极参加学习等还有加分的奖励，能够获得减刑。

等。对违反文明规范的行为，各地方监狱管理局或者监狱规定将扣除罪犯的减刑分。例如，西部某监狱管理局规定，从事炊事和医疗的服刑人员，弄虚作假、刁难他犯的扣 5-10 分；服刑人员之间称兄道弟，叫绰号、起外号的扣 3 分。某自治区司法厅规定，对教员不尊重，上、下课时不起立致意的扣 1-3 分；听到就寝令不按指定方向躺下或串换铺位影响他人就寝的，每次扣 1-2 分。通过与减刑限制挂钩，各种规范的引导力增强，能在生活的多个方面对罪犯进行矫正。

第四，矫正错误的劳动态度与行为模式。大多数罪犯尤其是财产型犯罪的罪犯好逸恶劳，劳动态度与劳动技能普遍不高，若不能加以矫正，他们重返社会后，有可能因幻想不劳而获继续实施犯罪行为。有必要使罪犯养成劳动习惯乃至热爱劳动，熟悉劳动技能甚至精通一门技术，从而依靠辛勤劳动在社会上获得一席之地。《计分考核规定》对劳动改造的要求共计 6 项，内容较为概括。各省监狱管理局在司法部规定的原则上，对罪犯劳动进行详细规定。详细规定劳动过程中加减分规范，监狱执行计分考核过程中，对罪犯劳动态度、行为模式潜移默化，使罪犯养成良好的劳动态度和劳动习惯，在将来走出监狱后，能够凭借较为合格的劳动能力获得一项有稳定收入的工作。

例如，某省监狱管理局制定的计分考核细则对劳动态度、劳动行为模式规定十分细致，加分项、减分项都在引导罪犯认真参加劳动，学习劳动技能。加分项包含：节约生产成本或者开展技术革新有一定成效；直接生产劳动岗位的罪犯超定额完成劳动任务；炊事员、值班员、生产组长、质检员、机电维修工、装卸工、仓库管理员、生产记录员等辅助生产劳动岗位的罪犯（兼职除外），积极履行岗位职责；完成监区、监狱、省监狱局制定任务表现突出的情形等。在劳动过程中，有 26 类违纪行为将会被扣分：在遵守劳动改造纪律方面未达到要求的；在完成劳动任务、产品质量、履行岗位职责方面未达到要求的；在服从安全生产管理方面未达到要求的，等等。该考核细则规定细致，如违反操作规程、安全生产等规定或不正确使用设施设备；有违反规定乱拉乱接电线、超负荷操作机械设备等危及用电安全行为的；不按规定摆放物料，堵塞消防通道、安全出口，违规遮挡或占用消防设施、器材的；违规携带火种进入劳动现场或违规使用易燃易爆品、危险化学品的；发现生产安全事故隐患，不及时报告的；不按规定佩戴防护眼镜、口罩等劳动保护用品的行为等。

监狱根据罪犯抗拒改造、违规违纪或者犯罪行为给予扣分，并依据扣分的多少，分别给予严管、禁闭、警告、记过、记大过等处分。被扣分的罪犯不仅不能获得减刑，之前计分有可能被清零，甚至减刑间隔的期限被延长，相对其他罪犯服刑时间更长，受到刑罚的惩罚更多，能够发挥减刑在特殊预防中的功能。

四、极端特殊预防论下减刑限制的可能

主张特别预防论（The Theory of Special Prevention）的德国刑法学家高尔曼（Grolmann）提出了一个规则："罪犯罪过倾向越大，他将来犯罪的可能性就越大，而他应受的处罚就必须越重"。[①] 在他看来，犯罪行为所侵犯权利的性质，正好反映了罪犯的罪过恶性程度。笔者认为，高尔曼的观点有合理性，但是容易走向极端。在特定法律环境中，某种犯罪侵犯的法益更加重要，社会需要对此种法益表现出更多保护与关注。敢于实施严重的犯罪行为，侵犯重要的法益，显示了罪犯敌视社会规范，挑战社会规则的危险人格。持极端特殊预防论的人会因之对罪犯在司法过程中施以重刑，在自由刑执行过程中限制或者禁止减刑。

如果在自由刑执行中能利用减刑缓解刑罚的严厉性与僵化性，或可收到罪刑均衡的效果。自由刑执行过程中，监狱的矫正发挥作用，罪犯的人身危险性有可能降低，对之减刑，能够使刑罚适应罪犯的动态变化。如果在自由刑执行中排斥减刑的适用，不适当缩短宣告刑，则会使刑罚因追求特殊预防的隔离作用而过于严厉和僵化。这仿佛一个患有头痛的病人进了医院，诊断的医生依据病情要求他住院治疗一个月，每天服一定剂量的药物。这个病人身体素质好，药物在他身上发挥了甚至超过对一般人的作用，住院一周后，他的头痛症状消失了。但是执行诊断医生要求的人没有注意这一点，依然要求病人住院，且要求病人服药，无视他病情的变化。诊断的医生也没有了解这一点，还是在忙碌地诊断其他病人。如果这种现象在医院出现，人们会认为医生是不合格的，病人是无辜的受害人。同理，监狱中刑罚执行也应该关注罪犯的变化，要对症下药，随时调整药方与治疗方案，以满足罪刑均衡的需要。

过于严厉、僵化的刑罚，对罪犯本人的身心会产生负面影响，不利于其回归社会。品德心理学研究认为，一个人的思想品德是由认知、情感、意志、行为4种要素构成的，"这四者的相互关系是：认知是形成思想品德的前提和基础，是

---

① A History of Continental Criminal Law, By Car ludwig, Von Bar, Rothman Reprints , Inc. South Hackensack , New Jersy, Augustus M. Kelley, New York, 1968; pp. 427-428。转引自谢望原：《欧陆刑罚制度与刑罚价值原理》，中国检察出版社2004年版，338页。

情感和意志产生的依据；情感和意志是由‘知’转化为‘行’的桥梁和动力；行为是目的，没有行为，知、情、意都无法表现和检验；通过行为，又可以提高认知，增强情感和意志”①。在罪刑关系严重不均衡的情况下，罪犯在监狱服刑中会认为遭受了来自国家、社会的不公正对待，而即使自己拼尽全力劳动，超额完成生产任务，或者有一般的立功表现，也无法得到一天减刑或者得到同等减刑的，自然不会从情感上接受教育改造，甚至会对国家、社会产生对立或者敌视、反抗心理。

反抗心理将会使罪犯失去自我改造的积极性与主动性，行动上不愿与监狱配合甚至会产生激烈对抗。笔者调研中发现，有些监狱存在罪犯公然辱骂警察甚至威胁警察的情况。虽然监狱可以采用扣分、警告甚至关禁闭等方式处罚罪犯，但是终究难以收到治本的效果。在这种情况下，对罪犯的教育、改造与矫正就无从谈起，他们出狱后道德水平可能会更低，很难自觉遵守社会规范，成为对社会有益的公民，这对于落实降低刑释解矫人员重新犯罪率弊大于利。

《刑法修正案（八）》规定了部分死缓犯限制减刑，《刑法修正案（九）》规定了部分贪污、受贿罪犯禁止减刑。任何法律的产生都有时代特色，被赋予特殊使命，有其历史进步性。面对新产生的法律，不应放弃冷静的理性思考。笔者认为，对死缓犯限制减刑或者禁止减刑应该非常谨慎地适用，在实践中检验这一条文的功能是否发挥，防止为追求对罪犯的隔离、威慑而忽视矫正目的。

五、对极端减刑限制的限制

如何防止极端减刑限制出现，防止对罪犯没有任何减刑措施以回馈其在监狱中的认罪悔罪表现和立功表现造成的不公正感？笔者认为，需要在现代特殊预防论中加入报应的元素。现代特殊预防论并不拒绝报应，公正的报应在某种程度上能防止为预防某个罪犯重新犯罪而导致的刑罚畸轻或者畸重，为现代特殊预防注入平衡元素。特殊预防理论错综复杂，单纯为了防止重新犯罪几乎难以独立确定刑罚的形态，只有再结合公正的报应，实现罪刑均衡才能克服这一弊端。公正是人类社会永恒的追求，在中国古代社会中就有“大道之行也，天下为公”的理想，西方正义女神的手中永远提着一架代表公正的天平。“人们期待法服务于正

① 章恩友、姜祖祯主编：《矫正心理学》，北京：教育科学出版社2008年版，第97页。

义，并实现正义。”① 刑罚作为一种最严厉的惩罚方法，剥夺人的生命、自由、财产等基本人权，更加需要保持公正，为其合理性打下良好基础，满足人们对正义的需要。公正对于罪犯而言，同样有着重要的价值，虽然他们侵犯了国家、社会、个人的利益，以自身行动制造了严重的不公正，但是他们也渴望得到刑罚公正的对待。哪怕是最卑劣的罪犯，也会关注刑罚是否与自己的罪行相适应。当罪犯认为自己遭受的刑罚是公正的时候，刑罚就不仅仅是一种惩罚，它演化成国家、社会对罪犯的道义谴责，其认为自己遭受的剥夺之苦是“恶有恶报”的应得报应。“刑罚就是一种与罪犯的沟通，而这种沟通不是惩戒表达，而是帮助罪犯忏悔，使罪犯认识自己行为的后果。”② 这说明，公正的刑罚惩罚有着良好的沟通作用。以公正的报应使罪犯从内心产生服膺效果，从而能预防再次犯罪的发生。例如，网络大V“秦火火”（秦志晖）案件中，“被告人秦志晖无视国法，在信息网络上捏造事实，诽谤他人，情节严重，且系诽谤多人，造成恶劣社会影响，其行为已构成诽谤罪；被告人秦志晖在重大突发事件期间，在信息网络上编造、散布对国家机关产生不良影响的虚假信息，起哄闹事，造成公共秩序严重混乱，其行为已构成寻衅滋事罪，依法应予以惩处并实行数罪并罚”。但是，法院采纳了辩护人对“秦火火”（秦志晖）从轻处罚的辩护意见，“鉴于被告人秦志晖归案后能如实供述所犯罪行，认罪悔罪态度较好，法院对其所犯诽谤罪、寻衅滋事罪均依法予以从轻处罚。”“判决被告人秦志晖犯诽谤罪，判处有期徒刑二年；犯寻衅滋事罪，判处有期徒刑一年六个月，决定执行有期徒刑三年。”对法院公正的判决，“秦火火”（秦志晖）当庭认罪，表示不上诉。③ 笔者相信，“秦火火”（秦志晖）已认识到自己行为的社会危害性，对法院的判决从内心认可，在监狱服刑中，能够认真遵守监规监纪，获得一定减刑。

减刑的立法设计与执行中同样应该贯彻罪刑均衡原则，实现减刑制度与罪犯之间的沟通。根据哈贝马斯的沟通理论，“刑罚问题不是真理问题，刑罚也不是科学研究的对象，刑罚问题是‘正当’问题，即当刑罚适用后，能否被有关人所认同、接受：如果一种刑罚被社会接受，当然这种刑罚是正当的，是合理的；如果一种刑罚不被社会接受，这种刑罚就不是正当的，也便不具有合理性。刑罚

---

① ［德］伯恩·魏德士：《法理学》，丁晓春、吴越译，法律出版社2013年版，第153页。

② 翟中东：《惩罚问题的社会学思考：方法及应用》，北京：法律出版社2010年版，第167页。

③ 李楠楠：《“秦火火”一审获刑三年 当庭表示不上诉》，人民网，http：//legal. people. com. cn/n/2014/0417/c42510-24908035. html，最后访问日期：2019-3-2.

的正当性决定于是否为社会所接受、认同”。[①] 依据罪犯已经实施的罪行以及罪犯在监狱中的表现——人身危险性的变化，决定罪犯减刑的总量以及实际执行刑期。罪犯给社会造成的危害小，刑期相对较短，在监狱中表现良好，则应给予减刑。罪犯给社会造成的危害性大，刑期相对较长，在监狱中没有悔改表现，则应该谨慎地适用减刑，不能因其他原因实施减刑。罪犯在监狱中通过自身行动与表现，得到奖励或者没有得到奖励，甚至受到扣分、禁闭等处罚，也是在与制度进行沟通。表现好的可以获得更高的积分以早日出狱，表现差的获得积分慢相对较晚出狱，只要是公正、合理地给予分数，减刑就能够得到罪犯的接受、认同。

笔者与部分地区监狱干警座谈了解到，对3年以下有期徒刑犯基本不适用减刑，他们应得的考核计分被分配到其他更重的罪犯身上。笔者认为，这种做法有违公正的罪刑均衡原则。古人云：“夫有功不赏，为善失其望；奸回不诘，为恶肆其凶。”[②] 这种做法伤害了轻刑犯的自我矫正积极性，不利于他们对已有判决惩罚的接受，形成对自己行为的忏悔。同样，较长刑期的罪犯无故获得了更多减刑的机会，他们很难对这一规定的背景有深刻了解，也不愿了解，最直观的感受反而是幸灾乐祸，作恶较大反而容易减刑，这有可能使他们更加蔑视法律的权威。所以，减刑中应坚持罪刑均衡原则，最大程度地实现公正，实现减刑制度与罪犯之间的良好沟通交流，避免极端特殊预防可能带来的弊病。

第二节 减刑限制的一般预防论基础

罪犯在社会上实施违反刑法的行为将受到刑罚惩罚，在监狱中实施违反监规监纪的行为，将受到不减少宣告刑的消极惩罚。通过限制减刑表明罪犯以社会不能容忍的行为方式满足自己的需要是错误的，不值得效仿。限制减刑，直接承受者是罪犯，实质上针对的是所有人。笔者认为，不可以不择对象、条件、限度地滥用减刑，否则将导致刑罚的威慑力受损，公民对法律的信任以及因此而产生的安全感将会下降。

---

① 翟中东：《惩罚问题的社会学思考：方法及应用》，北京：法律出版社 2010 年版，第 165 页。

② 《后汉书·李杜列传》。

一、一般预防论对减刑限制的支撑

（一）消极一般预防论对减刑限制的支撑

违法犯罪行为既侵犯了国家的法律规范权威，又侵害了法律保护的利益。“任何形式的违法都是与国家目的相违背的，因此，违法的现象不应当发生在国家中是绝对必要的。”① 国家通过刑罚现实产生以及可能产生的对罪犯基本人身权利的剥夺，制造了痛苦，威慑防止罪犯之外的所有人实施犯罪行为。以威慑的方法防止他人实施犯罪行为，是消极一般预防的要求。这种威慑，既有来自立法的威慑，又有来自司法、执法的威慑。国家在刑罚产生、运行的过程中，被迫展示了暴力，展示了维持规范稳定性与存在性，保护法益的决心。

笔者认为，在我国目前刑法体系下，刑罚惩罚有两种形式：一种是显性的积极惩罚，另一种是隐性的消极惩罚。前者是对实施犯罪行为的人依据法益侵害程度大小、人身危险性高低配置刑罚，侵害法益越大，人身危险性越高，罪犯受到的刑罚惩罚越重。后者是针对被宣告死缓、自由刑的罪犯不予减刑或者少减刑，罪犯缺乏认罪悔罪表现或者没有立功情形等，不能早于宣告刑走出监狱。例如，前者表现为某罪犯受贿 350 万元，获刑 11 年，某罪犯受贿 3 万元，获刑 1 年，对受贿数额巨大的罪犯处以较长刑期，是积极的惩罚。没有能够获得减刑的罪犯承受的是一种隐性的消极惩罚，同样是被判处 10 年有期徒刑的罪犯，有的有立功、重大立功等表现通过减刑，6 年即可出狱享受自由，有的则因多次违纪很少获得减刑，需要 9 年的时间才能走出监狱，这无疑是对少减刑罪犯更重的惩罚。

通过这种消极的不减少刑期的惩罚方式能收到两种效果：第一，惩罚罪犯。监狱惩罚了不遵守监规的罪犯，使其不敢不遵从监狱中的纪律规范，当然更不敢实施犯罪行为，因为实施犯罪行为不仅会再次受到刑罚严厉惩罚，更会被视为人身危险性极强而几乎不能得到减刑的奖励，且会导致曾经获得的减刑全部被取消。第二，威慑未被减刑罪犯之外的人。罪犯因在狱内违纪、犯罪不能获得减刑或者使已经获得的减刑被撤销，使其他罪犯受到威慑，不敢实施违纪行为或者犯罪行为，避免不能减刑的痛苦。社会上其他不稳定成员了解到罪犯在监狱中因违

① ［德］安塞尔姆·李特尔·冯·费尔巴哈：《德国刑法教科书》（第十四版），徐久生译，北京：中国方正出版社 2010 年版，第 27 页。

反各种规范而不能减刑，感受到国家对罪犯的惩罚决心，不敢以身试法，即使以后实施犯罪行为被监禁后也不敢触犯监狱内的行为规范。

自由刑执行因其剥夺或限制自由而给罪犯制造痛苦，尽管减刑这种奖赏方式可以使罪犯提前出狱，获得自由，但是罪犯获得减刑的总量受到实际执行刑期的限制。这种限制保证了刑罚的威慑性，即使在对罪犯进行奖赏时也坚持了必要惩罚的原则。罪犯之外的公民在认识到刑罚的严厉性时，即使明知有可能得到减刑，但鉴于减刑的有限性，依然要三思而后行。

对于无期徒刑减刑、死缓减为无期徒刑或者有期徒刑后实际执行刑期的提升，是自由刑数罪并罚上限提高后的体现，是国家用更重的刑罚威慑犯罪的产物。在《刑法修正案（八）》出台过程中，“有的意见提出，1997 年刑法对死刑缓期执行罪犯减刑后的最低实际执行刑期未作规定，在实际执行中，死缓罪犯平均执行的刑期与无期徒刑罪犯平均执行刑期相差无几，建议明确被判处死刑缓期执行的罪犯的最低实际执行刑期”。[①] 依据 1997 年《减刑假释规定》，被判处死刑缓期执行的罪犯减为无期徒刑或者有期徒刑，最短 12 年（不含死刑缓期执行的 2 年）即可出狱；无期徒刑犯实际执行的刑期不能少于 10 年；数罪并罚被判决执行有期徒刑 20 年的罪犯，实际执行刑期不能少于 10 年；因单个罪名被判处有期徒刑 15 年的罪犯，实际执行刑期不能少于 7 年 6 个月。从法条设计来看，死缓犯比无期徒刑犯、数罪并罚顶格判处的有期徒刑犯仅多执行 4 年，比单处有期徒刑上限的罪犯多执行 6 年 6 个月。

显然，《刑法修正案（八）》出台过程中这种意见是对死刑缓期执行威慑力的质疑，死缓与无期徒刑或者有期徒刑最高刑的处罚没有大的差别，意味着死刑缓期 2 年执行的这种死刑执行方式或者无期徒刑，无法有效威慑意图实施极严重犯罪的行为人。因此，在消极一般预防论的推动下，对被判处死刑缓期执行的累犯以及因故意杀人、强奸、抢劫、绑架、放火、爆炸、投放危险物质或者有组织的暴力性犯罪被判处死刑缓期执行的犯罪分子，人民法院根据犯罪情节等情况可以同时决定对其限制减刑。被限制减刑的死缓犯，死刑缓期执行期满后依法减为无期徒刑的，不能少于 25 年，加上 2 年考验期，此类死缓犯实际执行刑期超过了有期徒刑数罪并罚后总和刑期在 35 年以上决定执行刑期的上限——25 年，也

① 王尚新主编：《中华人民共和国刑法解读》（第三版），北京：中国法制出版社 2011 年版，第 110 页。

超过了被宣告无期徒刑的罪犯通常执行的刑期。被限制减刑的死缓犯缓期执行期满后依法减为25年有期徒刑的，实际执行刑期不能少于20年，刑期同样超过了普通的无期徒刑罪犯实际执行年限。笔者认为，限制对上述死缓犯减刑，真正加大了死刑缓期执行的惩罚力度，使死刑缓期执行不再是无期徒刑的变种，以其严厉性威慑了累犯以及意图实施8种严重危害社会行为的人。以减刑调节死刑缓期执行这种方式的惩罚力度，使行为人在意图实施犯罪前要考虑可能遭受的刑罚，即使能免于死刑立即执行，也会比实施其他罪行的人在监狱中苦熬更长时间，从而减少上述极其严重的恶性犯罪发生。毫无疑问，《刑法修正案（九）》中确定对部分贪污受贿罪犯可以在死缓减为无期徒刑后不得减刑假释的规定，是在用终身监禁威慑敢于实施严重贪污受贿行为的罪犯。

（二）积极一般预防论对减刑限制的支撑

积极的一般预防通过刑罚向公众宣示违反规范的后果，号召公众遵守法律法规，产生对规范的信任，抑制潜在的罪犯不要实施犯罪行为。“恢复因犯罪行为而受破坏的秩序、信赖，通过罪责的确定及处罚的施加，使信赖法规的正当性得到确认，使公众因为规范的有效性而产生安全感，将因犯罪而被破坏的规范效果再度巩固起来，稳定社会的规范，维持社会规范的同一性，借以维持公共对规范的认同。”① 社会规范尤其是法律规范，从形式上存在于白纸黑字的法条中，在网络、报纸、书籍等处都可以查到。然而，这并非民众可以感受到的法律规范，仅仅是可以见到的法律规范。公民信任法律规范的存在，或者与其利益密切相关的规范的存在，尤其是刑法的存在。国家凭借何种方式使公民对法律特别是能惩罚人的刑法的信任不落空呢？只有通过使刑罚运行起来，适用刑法、执行刑法的过程，是展示刑法直观存在而不是抽象存在的有效方式。通过惩罚实施犯罪行为的罪犯，使公民切实感受到国家暴力的运行，才能恢复因犯罪行为对刑法破坏后的平衡、公民的安全感，以及法律的正当性。

笔者认为，积极的一般预防在减刑领域可以通过两种方式对规范受破坏后的秩序进行恢复。第一，在刑法中直接规定对实施某些犯罪行为的罪犯限制减刑或者禁止减刑，使实施此行为之外的所有人认识到此种行为不能实施，或者认识到实施这种行为将付出巨大代价。第二，在刑罚执行规范中规定对某些罪犯的违

① 周光权：《刑法总论》（第四版），北京：中国人民大学出版社2021年版，第421页。

纪、犯罪行为进行减刑限制，使罪犯之外的其他罪犯认识到规范的不可侵犯性，产生对规范正当性的认识，也使公众认识到在监狱中遵守规范也能得到奖励，破坏规范将受到惩罚，再次确证国家规范的不可侵犯性以及遵守规范的正确性。

《刑法修正案（八）》增加9类人为限制减刑的对象，限制减刑意味着立法者对这9种人的行为评价更加严厉，意味着罪犯在监狱内将度过更长的时间。判处死缓的累犯被限制减刑是因为其不吸取之前在监狱中的教训，反而在出狱后更加肆无忌惮地实施犯罪，破坏社会规范。故意杀人、强奸、投放危险物质等7种行为严重侵犯了人类基本感情，从人类社会建立之初就坚决打击这些行为，因此对其中严重者应限制减刑。有组织的暴力性犯罪是以组织形式更强烈的在多数人中建立、巩固反规范意识，实施反规范行为，对社会规范、社会成员的利益损害更大，如果不用刑罚强力处置，则有可能会使公民失去对社会规范的信任，失去对法律的信心，这无疑是对国家政权颠覆性的破坏。对这9种罪犯施以严厉打击，意在确立国家刑法的不可侵犯性，人类社会基本规则的不可亵渎性。

对实施9种犯罪行为的人没有“一刀切”地进行限制减刑，符合积极的一般预防之要求。有的罪犯在客观法益侵害上达到了极其严重的程度，但是没有极端蔑视社会规范，犯罪的原因不是极端的个人私利及不道德，而是出于某种正义情感或者出于迫不得已等情形的，则可以根据其对社会规范的基本尊重而不予限制减刑。

除了在死缓减为无期徒刑、有期徒刑对上述9类罪犯实施限制减刑外，2016年《减刑假释规定》对9类罪犯的减刑限制范围有明显扩大。对上述9类罪犯，被判处死缓减为无期徒刑、无期徒刑、10年以上有期徒刑的，减刑起始时间、减刑幅度、减刑间隔都会从严掌握。这反映了积极预防在减刑限制中的作用，对于给国家、社会、被害人造成严重伤害、严重挑战社会规范的行为，须施以更加严厉的惩罚，在刑罚执行过程中也不能宽松，以彰显国家对其制定的规范毫不妥协维护的决心。

除直接规定对某些罪犯限制减刑外，对刑罚执行期间敢于再次实施犯罪行为的罪犯，2016年《减刑假释规定》设置了严格的惩罚方式，经减刑裁定减去的刑期不计入已经执行的刑期；新罪被判处有期徒刑的，自新罪判决确定之日起3年内不予减刑；新罪被判处无期徒刑的，自新罪判决确定之日起4年内不予减刑。这种做法时刻提醒罪犯，如果在刑罚执行期间实施新罪，将会使其在监狱内的实际执行刑期延长。罪犯在监狱内再犯罪表现了其对法律规范的极大蔑视，除对之量刑时考虑这一情节外，在刑罚执行中同样要对其严格执行减刑。通过限制减刑的方式表明国家对罪犯的宽恕、奖励是有限度的，任何违反规范的行为都将受到惩罚。其他罪犯因此感受到在监狱中实施犯罪是不值得的，普通公民越发信任国家维护规范的决心与力量，从而自觉遵守法律等行为规范。

在监狱中实施犯罪行为，罪犯会受到延长减刑间隔期的惩罚，实施不构成犯罪的违纪行为同样也会被以减刑限制的方式惩罚。例如，西北某地区罪犯计分考核奖惩细则规定，预谋行凶，对监狱安全构成威胁；偷盗、赌博、打架斗殴、诈骗、寻衅滋事、传播犯罪手段的；诽谤、诬告、陷害他人的等会受到严管、警告、记过等处罚。这些处罚将使罪犯在5-12个月内不得被给予行政奖励，即罪犯将被限制减刑相应时间。上述行为虽然不是犯罪行为，但已经具有了犯罪行为的外表，就有一定危害性，欠缺的是达到犯罪标准的严重的社会危害性。对实施上述行为的罪犯进行限制减刑的惩罚，证明了国家对上述行为的反对，希望包括罪犯在内的所有人都不实施盗窃、打架斗殴等行为。如果上述行为发生在监狱外，行为人同样会受到其他法律规范如《治安管理处罚法》等的惩罚。所以，减刑限制是积极的一般预防的要求，通过限制减刑使社会公众认识到，犯罪行为不能实施，甚至危害他人的违法行为也不能实施，从而恢复规范被破坏后的平衡，恢复公民信赖规范产生的安全感。

二、消极一般预防论下减刑限制的极端可能

消极的一般预防论侧重刑罚的威慑性，通过制刑、量刑与刑罚执行的严酷使罪犯之外的普通人产生强烈恐惧感而不敢实施犯罪行为。笔者认为，消极的一般预防并非一无是处，刑罚的威慑是一种客观存在，只要有刑罚，就不可避免地对罪犯之外的人产生威慑。即使不追求用刑罚“威慑”“震慑”罪犯之外的人，其也有可能会出现这种效果。正是因为这种威慑效果的产出，消极一般预防论有走向极端的倾向，有可能造成刑罚滥用。“一般预防理论同样蕴含着允许国家刑罚权无限扩张，并在事实上造成对真正的恐怖统治的认可：只要符合防止人们实施某些犯罪的需要，就没有理由阻止国家对这些犯罪规定极其严厉、特别残酷的刑罚。”① 如昂格尔所述，国家以“极其严厉”“特别残酷”的刑罚阻止人们实施某

① ［意］杜里奥·帕多瓦尼著：《意大利刑法学原理》，陈忠林译，中国人民大学出版社2004年版，第306页。

些犯罪，这些犯罪又是民众所痛恨或者深受其害的，这种方式的刑罚就有了合理性外衣。但是，民众往往忽视了一点，这种方式的刑罚是一把双刃剑，在砍向罪犯的同时，也有可能“误伤”民众自身。这一逻辑的背后，可能是民众对国家治理犯罪措施认识不足，除了刑罚之外，国家另有可为。然而，对犯罪雷霆暴雨般强烈、迅猛的打击往往会蒙住民众与国家的理性之心。

对刑罚权无限扩张的倾向，无论是统治者还是民众内心都有可能在特定环境下滋生并疯长。当某种为人所痛恨的犯罪时常发生，尤其是在资讯传播零时差的网络时代，如我国地处亚热带某省的一起强奸杀人案可能会引起北方寒带某省公民的极端愤慨，西部某地的故意杀人案也可能导致东部某地的公民不敢骑电动车在夜晚外出。犯罪会因打破人与人之间的行为期待而使人在恐惧过后产生愤怒，恐惧越深，愤怒越烈。这是因为“法律仅仅是反复出现的、个人和群体之间相互作用的模式。同时，这些个人和群体或多或少地明确承认这种模式产生了应当得到满足的相互的行为期待”。[①] 罪犯实施行为时，不仅没有满足他人的行为期待，甚至对社会基本行为模式、规范进行了敌视、蔑视、嘲讽乃至粗暴践踏，这必然会引起统治者以及社会成员情感以及行动上的激烈反应。如果某阶段社会治安状况糟糕，对秩序与安全的追求刺激统治者或者民众倾向于重刑威慑，使人犯罪的欲望在严刑峻法之下得以遏制。这种倾向或者冲动在立法上可能表现为建议将多种行为纳入刑罚惩罚范围，积极进行犯罪化扩张；对已有的犯罪行为，修改刑罚配置，增加更为严厉的刑种，如死刑，或者提升自由刑的幅度。在司法上，有可能表现为“从严”“从重”“从快”的“严打”，顶格适用刑罚，很少适用从宽情节等。在刑罚执行方面，有可能表现为严刑峻法，忽视罪犯在刑罚执行过程中人权保障，给予罪犯各种刑罚之外的惩罚。

这种倾向或者冲动表现在减刑制度上，会以多种形式延长罪犯在监狱中的实际执行刑期。例如，第一，可能会提高减刑后实际执行的刑期比例。刑法中规定判处管制、拘役、有期徒刑的，不能少于原判刑期的 1/2，立法机关、司法机关完全可以出台立法解释或者司法解释，规定某种犯罪实际执行的刑期不能少于 2/3 或者 3/4，这是在法条规定范围之内的，并没有超越罪刑法定的原则。这种

① ［美］昂格尔：《现代社会中的法律》，吴玉章、周汉华译，中国政法大学出版社 1994 年版，第 43 页。

减刑的立法例是存在的。[①] 第二，可能会通过立法明确提高某种犯罪的实际执行刑期。这种可能已经在《刑法修正案（八）》中实践，条文明确规定9种罪犯死刑缓期执行期满后的最低年限，与修订前相比有显著提高。第三，可能会通过立法明确规定某种罪犯不得被减刑。《刑法修正案（九）》对贪污受贿犯罪的罚则进行修订，规定了数额特别巨大，并使国家和人民利益遭受特别重大损失的，可以判处死刑，并处没收财产。被判处死刑缓期执行的，人民法院根据犯罪情节等情况可以同时决定在其死刑缓期执行2年期满依法减为无期徒刑后，终身监禁，不得减刑、假释。第四，具有减刑决定权的机关可能禁止对某类犯罪的实施者减刑。除有重大立功表现外，对犯罪分子适用减刑的条件均为法官具有自由裁量权的"可以"而非必须执行的"应当"，这意味着法官有权力决定对某些犯罪分子即使其认真遵守监规，接受教育改造、确有悔改表现或者有普通立功表现的，也可以不进行减刑裁定。例如，某地某种犯罪猖獗，为打击此种犯罪，该地高级人民法院可能统一协调，出台成文或者不成文规定禁止对该类罪犯减刑以加大惩罚力度，力图威慑欲实施该种犯罪的所有人。这种操作也可能出现在国家层面，国家出于某种刑事政策，通过政法体系实现对某类罪犯禁止减刑的措施。笔者认为，我们需要承认的是无论减去宣告刑的1/2、1/3还是1/4，或者不允许减刑，都是立法者或者司法者、执法者调整刑罚惩罚力度的方式。从一般预防论角度观察，调节罪犯在监狱服刑的时间，是调节刑罚威慑力的一种形式。当然，这种威慑如果不能通过公开的方式，可能收效甚微，在实现报应的惩罚以及特殊预防方面效果更佳。

消极一般预防论以重刑威慑指导刑事立法、司法与执法，可能出现立法中对某种犯罪提高刑罚配置，司法中从重量刑，执法中限制或者禁止减刑，最终导致某种罪犯受到重刑惩罚的结果。如果在执行中能利用减刑缓解刑罚的严厉性，或可收到罪刑均衡的效果，如果在执行中排斥减刑的适用，则会使刑罚因追求威慑而过于严厉。在刑罚恶害远远超出犯罪产生的恶害情况下，罪犯在监狱服刑中会认为遭到了来自国家、社会的不公正对待。

消极一般预防论在极端情况下禁止或者限制减刑会传播到社会上，形成一种

---

① 我国香港特别行政区《监狱规则》第234A章第1部第4分部规定："减刑，第69条规定，服刑中的囚犯如实际刑期超过1个月，可因勤奋及行为良好而按照本条的规定获得减刑；但本条并不准许将实际刑期减至少于31天。根据本条给予的刑期，不得超逾实际刑期连同羁押期总计的三分之一。"

社会经验。在人类个体或者群体成长过程中，经验对于个人或者群体的知识积累、决策决断具有很重要的影响。一个人在犯罪后受到刑罚惩罚，服刑期间能通过积极表现而获得减刑，其他社会成员便会产生一种认识，即犯罪会得到刑罚处罚，但是积极悔改或者立功后在监狱内获得减刑的可能性很大，因此他们乐于或者愿意遵守社会规范，不去触犯社会规范，即使触犯常识、常理、常情后及时悔改回归正常规范的轨道也能得到社会的奖励。如果罪犯在监狱中受到自由被剥夺的惩罚，他即使表现得与其他罪犯同样积极，但是获得减刑的机会或者减刑的刑期要小于其他罪犯。上述体验会使其他社会成员产生不公正的感觉，与其积极与他人、与社会或者与国家合作，不如消极遵守规范，或者轻微触犯规范来获得愉悦感。如果实施某类犯罪行为的罪犯在监狱中认真遵守监规，接受教育改造，确有悔改表现或者有一般立功表现，积极向监规、社会规范靠拢并试图融入其中，但是其不能获得减刑，同类罪犯不积极完成劳动任务、在监狱中打架斗殴等同样也不能获得减刑，不公正的认识就会蔓延。自由刑执行不公正会使正在狱外犯罪的人不肯悔改，会使试图犯此罪的人坚定犯罪的意志。监狱外的其他公民会为此感到不公正，刑罚虽然惩罚了他们痛恨的犯罪，在社会范畴内实现了“恶有恶报”，但是在另一个封闭的范畴内没有实现“善有善报”的社会伦理规范。这种不公正依然不能为公民接受，此时，不能减刑的自由刑成为一种严厉的刑罚，“过分严厉的刑罚会使公民怀疑其公正性，使公众由谴责罪犯的犯罪行为转而谴责酷刑的不公正，甚至同情他们认为‘遭受了不公正待遇’的罪犯，这就削弱了刑罚的一般威慑效果”。[①] 公众的情感在某种领域、某段时间可能出现剧烈波动，如果仅仅以刑罚方法片面迎合公众，则失去了法律应有的稳定性和理性，反而使法律权威受到挫伤。

过分追求威慑的惩罚将在某种范围和意义内失去民意支持，导致刑罚不仅没有因其惩罚罪犯而团结公民，反而削弱了公民对国家法律制度的满意度。如边沁所言，“当民众对法律满意时，他们自觉自愿地协助法律的实施；当他们不满意时，自然会不予协助，倘若他们不积极阻碍法律的实施，那就算好的了”。[②] 极端消极的一般预防指导下的刑罚实施不但不能威慑潜在的罪犯放弃犯罪念头，反而还会因犯罪的社会危害性大、“江湖评价高”而吸引一部分人参与到该类犯罪中去。

---

① 郭建安：《论刑罚的威慑效应》，载《法学研究》1994 年第 3 期，第 63 页。

② ［英］边沁：《道德与立法原理导论》，时殷弘译，北京：商务印书馆 2000 年版，第 244 页。

三、积极一般预防论下减刑限制的极端可能

积极的一般预防论侧重于刑罚对公民的教育功能，使公民学会对法律的忠诚，对社会伦理规范的尊重。立法者既吸收民众对某些行为的愤恨而加刑罚于其上，使之成为犯罪，又在刑法中确立一些国家伦理规范，引导民众遵守。“统治阶级正是利用它帮助民众惩罚了他们个人或许无力惩罚的那些直接针对他们自身的罪犯，而获得了民众对国家惩罚它本身所不能容忍的行为的支持。”① 统治者将直接侵害民众利益且为常识、常理、常情不能容忍的越轨行为作为犯罪来惩罚，这种惩罚被称为“基础性惩罚”。统治者将直接侵害统治阶级的政治意志或者统治利益的行为作为犯罪来惩罚，这种惩罚被称为“专断性惩罚”。② 基础性惩罚与专断性惩罚的区分在中心部分清晰，边缘部分模糊，其原因在于自然犯与法定犯的区分亦存在此种差异。基础性惩罚是专断性惩罚的基础，是刑罚权合理性、合法性的源泉。国家通过合法正当的暴力保护公民利益，使公民为了自己的利益能够容许国家对部分自由的限制与约束。国家通过刑法等法律规范，划定公民、社会、国家之间的界限，各主体之间权责明确，互不侵犯，若越界将会受到法律的制裁。“定分止争”的规范能够给予公民稳定的安全感，信赖规范、共同遵守规范成为公民之间相互交流的前提。这种对规范的信赖也增强了国家的权威，稳定了国家专断性惩罚的合理性。

积极的一般预防论在极端的情况下可能会为了追求公众对规范的信赖而增强伦理对刑罚的影响，并试图实现基础性惩罚与专断性惩罚的统一。一方面，专断性惩罚将基础性惩罚纳入自己的范畴之中，于是自然犯成为法定犯，杀人、放火、强奸等成为国家严厉批判且惩罚的行为，变为“反国家罪”；另一方面，专断性惩罚将自己装扮成基础性惩罚，以此强化自己的合法性与合理性，于是法定犯成为自然犯，走私普通货物也可能成为极其反伦理的犯罪行为，普通交通肇事也可能成为对社会规范的挑战。这样的结果是混淆了基础性惩罚与专断性惩罚的界限，反映在减刑上，有可能会扩大限制减刑的范围，或者对触犯某些罪名的罪

① 强世功：《惩罚与法治——当代法治的兴起（1976-1981）》，北京：法律出版社 2009 年版，第 6 页。

② 有关基础性惩罚与专断性惩罚详见强世功：《惩罚与法治——当代法治的兴起（1976-1981）》，北京：法律出版社 2009 年版，第 6-7 页。

犯在减刑上特别从宽处理。

《刑法修正案（八）》规定，对被判处死刑缓期执行的累犯以及因故意杀人、强奸、抢劫、绑架、放火、爆炸、投放危险物质或者有组织的暴力性犯罪被判处死刑缓期执行的犯罪分子可以限制减刑。这是立法者对社会伦理规范的认同与吸收，8种罪行属自然犯，社会危害性巨大，深受社会谴责，千百年来人们对这些犯罪的情感几乎没有发生变化，依照社会成员所熟悉的观念、伦理标准就能直观地接受对这些犯罪限制减刑。笔者担心的是，在极端积极的一般预防观念指导下，为回应社会伦理规范的呼声，可能会有更多严重的自然犯被纳入限制减刑的范畴。例如，拐卖妇女、儿童罪，拐卖儿童对其家庭无疑是灭顶之灾，以令人发指的手段致人重伤的故意伤害行为对社会秩序的反抗程度很难说要轻于故意杀人罪，等等。另外，极端的积极一般预防可能将某些行政犯也纳入限制减刑的范畴，如生产、销售有毒、有害食品罪，贪污罪以及受贿罪等，实施这些犯罪行为的罪犯对抗社会规范的心理并不是很强，无非是为了牟利，没有上述8种行为对常识、常理、常情破坏的强烈。随着公众对这些行为的愤慨或者立法者对这些行为的评价发生变化，这些行为背负了更多污名，在一定意义上难以区分其究竟是行政犯还是自然犯。这可能会带来社会伦理规范评价的混乱。

与基础性惩罚的扩张相对应，专断性惩罚可能会因为在极端的一般预防论指导下在有些领域进行收缩以控制刑罚惩罚的规模和力度，对某些侵犯常识、常理、常情不是很严重的行政犯在减刑方面有所放松，有可能通过立法等方式缩短某些行政犯实际执行的刑期。例如，有关税收的犯罪，很多罪名不仅不为普通公众知晓，公众更难以理解这些犯罪对自己的生活究竟有怎样的影响，这类犯罪行为与自己有怎样的冲突，所以，希望通过严惩此类犯罪以增强公民对这类行为规范的遵守几乎是徒劳的。惩罚这类罪犯主要在于其危害了国家的税收管理体系，影响了国家的收入，当公民尚不能认识到税收对个人福利的影响时，很难谈对此种行为的愤慨。由于引导公民遵守规范的收效微乎其微，所以对此类犯罪的惩罚在刑罚配置上会变轻，如《刑法修正案（八）》删除了《刑法》第205条、第206条第2款的规定，虚开增值税专用发票、用于骗取出口退税、抵扣税款发票罪，伪造、出售伪造的增值税专用发票罪不再配置死刑。另外，废除死刑的除盗窃罪、传授犯罪方法罪之外的其他9个罪名也全是行政犯，将部分行政犯废除死刑是正常状态的积极的一般预防论在配刑上的体现。笔者担忧的是，在刑罚执行过程中会对行政犯大范围降低实际执行年限，如远离普通公民生活的行政犯将可能至少执行原判刑期1/3或者1/5的刑期，这势必引发刑罚结构的另一场地震。

四、两极取中的调和

消极的一般预防论影响下的减刑，威慑了罪犯，但是单纯追求刑罚的威慑效果可能导致减刑的停滞或者减刑适用减少。积极的一般预防论影响下的减刑，有利于树立民众的法律意识或者规范意识，但是为了迎合伦理规范，对自然犯以及某些行政犯限制减刑，为了保证平衡，对远离公众生活的某些行政犯可能大量适用减刑，并且减刑后实际执行的刑期会大量缩短。为避免极端消极或积极一般预防的影响，需要从理念上调和取中。

（一）犯罪与刑罚关系的理性认识

减刑作为刑罚执行过程中的一个环节，终究是犯罪与刑罚关系的一环，理性对待减刑的前提是理性对待犯罪与刑罚的关系。笔者认为，犯罪并非洪水猛兽，有法律的地方，就会有犯罪存在，有刑罚的空间，就有犯罪的空间。正如法国著名社会学家杜尔凯姆所论："犯罪不仅是见于大多数社会，不管它是属于哪种社会，而且见于所有类型的所有社会。不存在没有犯罪行为的社会。……只要犯罪行为没有超出每种类型社会所规定的界限，而是在这个限界之内，它就是正常的。"① 犯罪之于社会，犹如疾病之于人类，某个体身体强健，没有病痛，某个体身体孱弱，疾病缠身，但终究不能逃离疾病困扰。人类从产生时即受疾病困扰，虽历数万年进化而不能避免，没有灵药能够保证人类长生不死，永无疾病。刑罚作为对犯罪的反应，遏制犯罪的手段之一，无法消灭犯罪，只能在一定程度内使其不超过社会容许或者能够承受的范畴。

刑罚作为一种剥夺或者限制人基本权利的手段，当其与某种行为发生必然联系时，该行为将被称为犯罪行为；而将其与某种行为剥离，实施某种行为不再会受到刑罚惩罚时，该行为由犯罪行为演变为非犯罪行为。所以，在这种意义上，刑罚制造了犯罪，刑罚与行为关联的范围越广，犯罪圈越大，反之则相反。希望完全以刑罚消灭犯罪或者惩罚犯罪的同时，也在用刑罚制造犯罪。

刑罚以其剥夺性实现惩罚，但是，刑罚的终极目的并非惩罚而在于"刑期于

① ［法］E. 杜尔凯姆：《社会学方法的准则》，狄玉明译，北京：商务印书馆1995年版，第83页。

无刑”。社会中刑罚之所以无法消灭，是因为行为人能够从不为常识、常理、常情所认可的无价值或负价值行为中获得某种收益、乐趣。行为人追求越轨行为中的乐趣，恰恰证明其行为的社会无价值性，其思想上表现出来的“主观恶性”。行为的无价值性与“主观恶性”不仅对他人有害，对行为人自己也无益。刑法终极价值是对人性尊重，对人权关怀，人，当然包括罪犯。刑罚制定、适用、执行的目的，不仅仅在于惩罚人类自身，也不局限于威慑恐吓，而在于对维系人类共同生活、共存共利的常识、常理、常情这些规范的保障。减刑中消极一般预防的威慑、积极一般预防的规范重申，是为了人性、良心的播撒与培养，是确认人类最基本的善恶观念以及处理人与人之间关系的基本准则之不可亵渎性，是为了实现人类自身的完美与升华，是为了保障与发展人的权利，使罪犯重温人性的光辉。

（二）刑法立法的民主与理性

现代中国法律体系基本建成，刑法立法的主要任务是进一步完善原有制度并对社会发展新变化做出回应。作为对公民基本权利影响最深刻的法律之一，刑法立法应做到民主与理性的统一。以民主方式立法，需要贯彻正义的理念以及对人权的尊重，这是因为“宪政的主题是让国家权力特别是立法活动受到某种超越高阶规范的约束，避免‘阶级立法’或者法律实证主义中的弊端，使社会正义以及基本人权的理念能在显示的制度安排中得以具体化”①。刑法的制定应反映民众的要求，体现对常识、常理、常情等社会伦理规范的尊重，对严重反抗社会的应予以刑罚处罚，震慑有犯罪意图的人，重申规范的权威，使民众尊重法律、相信法律。

立法的民主性不等于对大众飘忽不定的情绪进行机械反映，以谄媚的态度取悦大众以巩固立法者自身的地位，以哗众取宠的态度对待严肃的立法将是危险的和不负责任的。“‘体察民情’不等于‘随波逐流’，以稳定偏好为基础的主流民意和高度不稳定同时又可能缺乏逻辑与事实基础的群情激昂应区别对待。”② 惩罚某个罪犯的强烈呼声可能体现了主流民意，但在更多情况下是受媒体的引导性报道所左右，报应或曰报复某种罪犯的激情会随着新的案件出现而被转移，普通

---

① 季卫东：《合宪审查与司法权的强化》，载《中国社会科学》2002年第2期，第4页。

② 戴昕：《威慑补充与“赔偿减刑”》，载《中国社会科学》2010年第3期，第142页。

民众很难在今天回忆起发生在两年前让他愤怒的一宗与己无关的刑事案件。所以，现代法律应积极主动地避免复仇激情的负面影响，以严谨的逻辑、高度的理性引导民众对待个别案件或者某种刑罚惩罚，防止一夕激扬的怒火焚毁数代理性的成果。著名社会学家曼海姆曾经指出："民主的目的不是利用大众的情绪，而是阻止民众情感的游移不定的反应挫败国家的理性和深思熟虑的意见。"①

在减刑制度中，要防止民众意见过于激烈，将限制减刑的范围任意扩大，应以刑罚的理性将其控制在合理范围内。在减刑中，还应防止出现对行政犯无原则的减刑，以防止民众的公正观念受到挑战。权威部门在解读《刑法》时指出："经反复慎重研究，根据宽严相济刑事政策的要求，延长死缓罪犯被减刑后的实际执行刑期，应主要针对被判处死刑缓期执行并限制减刑的累犯以及因故意杀人、强奸、抢劫、绑架、放火、爆炸、投放危险物质或者有组织的暴力性犯罪罪犯，不宜普遍提高死刑缓期执行期满后被减刑的罪犯的刑罚执行期限。"② 此处反映了立法者面对民意时的态度，尊重民意，在立法中体现主流民意稳定的偏好，但是又要考虑到立法、司法、执法的成本，"反复慎重研究"法律的影响，作出理性判断。通过立法中对减刑的审慎研究，不盲从民意，引导民众理性对待法律，从而激发民众对规范学习的兴趣，产生对法律的认同、信赖，以及对不符合规范的无价值行为的拒绝。

（三）罪刑均衡原则的动态平衡

刑罚的轻重，应当与犯罪分子所犯罪行和承担的刑事责任相适应，减刑是对宣告刑罚的调整，同样应该坚持罪刑均衡原则。减刑中，应努力避免减刑畸多、畸少或不减刑，防止减刑制度失去原有功效。

作为多位法家代表人物的导师，荀子有言："罪至重而刑至轻，庸人不知恶矣，乱莫大焉。"③ 在减刑过多、实际执行刑期过少的时候，自由刑执行非但不足以使罪犯自觉接受教育、改造、矫正，甚至可能使知晓此例的潜在罪犯或者普通民众形成扭曲的价值心理，认为犯罪之乐大于刑罚之苦，值得为"幸福"作

---

① ［德］卡尔·曼海姆：《重建时代的人与社会：现代社会结构的研究》，张旅平译，北京：三联书店2002年版，第327页。

② 王尚新主编：《中华人民共和国刑法解读》（第三版），北京：中国法制出版社2011年版，第110页。

③ 《荀子·非十二子》。

出犯罪的选择。例如，云南孙小果案。昆明市中级人民法院于 1998 年 2 月以强奸、强制侮辱妇女、故意伤害、寻衅滋事罪判处其死刑。云南省高级人民法院 1999 年 3 月二审改判其死刑，缓期 2 年执行，2007 年 9 月再审改判其有期徒刑 20 年。2010 年 4 月 11 日，孙小果实际服刑 12 年 5 个月，经多次减刑后刑满释放。公安机关对孙小果于 2010 年 4 月刑满释放后涉嫌违法犯罪全面开展侦查，发现孙小果及其团伙成员先后有组织地实施了聚众斗殴、开设赌场、寻衅滋事、非法拘禁等违法犯罪行为，涉嫌黑恶犯罪。① 孙小果在多次减刑中没有受到任何教育，相反，其更加藐视法律，在出狱后多次实施违法犯罪行为，更加肆无忌惮。在此消息经媒体公布后，民众的法律情感深受挑战，网络舆论一片哗然。

在这种扭曲的价值观影响下，潜在的罪犯或者民众可能在特定环境下选择挑战社会规则而犯罪。被害人会因公正没有实现而采用私人复仇的原始形式追求实现罪刑均衡的公正。因此，“基于替代或补充赔偿威慑的需要，刑罚必须具备足够的规模，使得侵害人的预期成本超过行为给侵害人带来的预期收益”②。不过度减刑维持了刑罚足够的规模，这不仅威慑了潜在的罪犯，使之不敢铤而走险地追求社会禁止的利益，也向公众昭示了法院有罪判决的权威性，刑法的不可侵犯性和社会伦理规范的正当性，使之能继续在常识、常理、常情范围内活动。

减刑畸少或者不减刑，会被认为是刑罚过重，在满足报应的基础上，超出了对罪犯矫正需要的监禁，就是不必要的刑罚。如果罪犯确有悔改表现，能够做到在监狱中认真遵守监规监纪，接受教育改造，或者有立功表现，可以认为其已经走上了主动自我矫正的道路，能够给予减刑的激励。一旦感到刑罚过于严厉，作出判决的法官可能会为了减少因判畸重刑罚所产生的内疚心理而不适用限制减刑的条文，或者在量刑时从轻量刑以减少罪犯实际服刑年限。负责自由刑执行的监狱警察因罪犯不能获得减刑或者被严格限制减刑而有可能难以对罪犯施以教育矫正措施。潜在的罪犯或者正在实施犯罪行为而没有被发现的人会因刑罚过重而实施更重的犯罪行为，在犯罪的路上愈行愈远。普通民众会因不减刑或者极端限制减刑而认为刑罚过重，对刑罚的严厉性质疑，失去对规范合理性的信任。因此，极端限制减刑或者不减刑有过于严厉的弊端，既不能收到威慑的效果，又影响对

① 罗沙：《云南省高级人民法院依法对孙小果案启动再审 被查涉案公职人员和重要关系人增至 20 人》，新华网，http：//www.xinhuanet.com/legal/2019-07/26/c_1124803193.htm，最后访问日期：2019-8-7.

② 戴昕：《威慑补充与“赔偿减刑”》，载《中国社会科学》2010 年第 3 期，第 138-139 页。

公民守法意识的强化。

为了发挥减刑制度的威慑力，实现减刑收益最大化，“罪刑均衡”是一个基础性要求。不同性质的犯罪行为表现出罪犯对抗社会伦理规范的意志坚定度差异，不同性质的犯罪对潜在罪犯以及普通民众的吸引力存在差异，同等性质不同损害结果的犯罪亦然。因此，不同性质的犯罪，相同性质不同情节的犯罪需要的威慑底限有差异，罪刑均衡的理想状态应该是贝卡里亚描述的几何般精确的对应“对于无穷无尽、黯淡模糊的人类行为组合可以应用几何学的话，那么也很需要有一个相应的、由最强到最弱的刑罚阶梯”[①]。如果立法者、司法者或者执法者对所有犯罪行为都“一刀切”地使用最高限度的威慑，那么刑罚的边际威慑力就会丧失。《史记》中陈胜、吴广起义的导火索就是刑罚对戍边失期与造反的刑罚威慑相同——死刑，潜在罪犯或曰普通民众在面临风险分析时只能选择收益更大的冒险行为。“边际威慑力意味着，严重的刑罚不可滥用，而只能留给需要最多威慑的行为。”[②] 减刑的限制或者不减刑如欲保持适当的威慑力，则只能针对最严重的犯罪，而不是普通的犯罪和罪犯。如果某罪犯因盗窃罪被判处 5 年有期徒刑且在实践中不得减刑的话，则过于强调刑罚的惩罚性和报应性，过度威慑将导致罪犯失去向善的动力，将会降低罪犯接受改造的积极性、主动性。如果一个受贿 500 万元被判处 13 年有期徒刑的罪犯只能被减刑一年，而同样被判处 13 年有期徒刑的故意伤害罪犯能被减刑 4 年，民众将会对法律的规定失去信任。

积极的一般预防论指导下的刑罚实践，目的在于强化公民的守法意识，不是指向因被假定为潜在的罪犯而必须进行威慑的群体。刑罚更多地以对法律有着美好期待的公民为对象，通过刑罚惩罚使公民产生一种认知，即对规范有效性的信赖是正确的、有益的，不仅不会受到刑罚对生活的干涉，反而会因对常识、常理、常情的遵守而成为团结体中的一员，因而促成其自觉守法。公民对法律的遵守以良法为前提，减刑中贯彻罪刑均衡原则是将刑法良法性发挥的重要环节，其有助于一般预防目的之实现。避免扩大对自然犯限制减刑的范畴，防止对行政犯无原则的减刑，是对罪刑均衡原则的贯彻，公众通过刑罚学会规则的重要性以及对法律的忠诚。

---

① ［意］切萨雷·贝卡里亚：《论犯罪与刑罚》，黄风译，北京大学出版社 2008 年版，第 18 页。

② 戴昕：《威慑补充与“赔偿减刑”》，载《中国社会科学》2010 年第 3 期，第 139 页。

第三节　减刑限制的报应论基础

一、国家基本制度对减刑限制的支撑

犯罪是对国家基本制度的侵犯，而国家基本制度是维持一个国家正常运转的基础，关系到国家政权的稳定，在一国中拥有至高无上的权威。侵犯国家基本制度是对统治者权威非常粗暴的挑衅，“是孤立的个人反抗统治关系的斗争”，必须要受到一定的惩罚。国家基本制度的神圣不可侵犯性决定了减刑不能任意为之，也不能没有一定约束。只有国家通过刑事惩罚使罪犯认识到其行为给国家基本制度造成的损害以及国家基本制度的不可侵犯性，才能使罪犯尽早结束自由被剥夺的状态。这同样也是法律社会功能实现的需要，因为“法律的社会功能不是从确认和维护个体的权利出发，进而维持有利于实现个人权利的社会秩序，而是从维护社会的整体利益和秩序出发来考虑个人的地位、责任、权利和义务”①。法律社会功能的逻辑起点是社会的整体利益，在一个稳定且具有充足法律规范的社会中，社会个体才能发挥才能，才能发展权利、履行义务，我们很难想象在一个战火纷飞的社会中个体能够有什么样的地位。

“刑罚不但应该从强度上与犯罪相对称，也应该从实施刑罚的方式上与犯罪相对称。”② 自由刑在宣告时已经与犯罪相适应，不能畸轻畸重。我国台湾地区有学者认为，“应报理论并未对国家刑罚正当性问题提供解答，但却为国家刑罚权之行使设定了必要的界限（上限）”。③ 笔者认为，报应理论不仅为国家刑罚权的行使设定了必要的上限，同时还为刑罚权的行使设定了必要的下限。超过必要性的刑罚惩罚是一种恶，没有达到应有惩罚量的刑罚惩罚也是一种恶。在刑罚的执行中，也同样应该实现罪刑均衡，所以减刑必须限制在一定的幅度内，否则无法与犯罪相均衡。无法做到必要的惩罚量，将会使公正被丢在一旁，甚至会起

① 许发民：《论社会文化对刑罚的影响》，载《中国法学》2002 年第 1 期，第 161 页。

② ［意］切萨雷·贝卡里亚：《论犯罪与刑罚》，黄风译，北京：中国大百科全书出版社 1993 年版，第 57-58 页。

③ 林钰雄：《新刑法总则》，北京：中国人民大学出版社 2009 年版，第 12 页。

到鼓励犯罪的作用。

无限制的减刑，会破坏审判权威。减刑过程中，对于原审判决的尊重，在实体法与程序法的法条中均有明确体现。例如，监狱、看守所所属地市级公安机关等执行机关向中级以上人民法院提出减刑建议书，通过中级以上人民法院而非基层法院减刑，表现了对减刑的慎重。中级以上人民法院应当组成合议庭进行审理，这表明了减刑不是简易的刑事程序，需要依靠集体的智慧。非经法定程序不得减刑，表明了减刑应该慎重，应该有必要的程序保障。《监狱法》第 31 条规定了被判处死刑缓期 2 年执行的罪犯，被减为无期徒刑、有期徒刑的程序，除需要所在监狱提出减刑建议外，比其他罪犯尚需另加一道程序——报经省级监狱管理局审核。增加一个部门的审核，能保障减刑资料更加扎实，所反映的内容更真实，对罪犯的评估更科学。对于死缓犯减为无期徒刑或者有期徒刑的，事关重大，交由高级人民法院裁定，体现了对原判决的尊重、对案件处理的慎重。

裁定减刑应该有一定的回避。拘役、有期徒刑、无期徒刑的执行机关与原审法院不一定在同一地区，即使在同一地区，裁定减刑也一定不由原审法院抑或原审法庭或者原审法官作出。为表示对原审判决的权威性之尊重，规定由中级以上人民法院裁定减刑。中级以上人民法院在业务能力等方面有一定程度的优势，能对原判决刑罚及其依据有更深的认识，从保证减刑质量。

减刑必须接受检察机关的监督，在程序的规制下，能保证减刑工作的公正、合理。减刑在专门机关的监督之下完成，这既是对权力运行的限制，也是对减刑的严肃态度。否则，任意减刑会损害国家的法律尊严，使国家基本制度的权威遭受再一次的破坏。对不符合法定减刑条件的罪犯，不得减刑。人民检察院认为人民法院减刑裁定不当，有权力依照法律规定提出书面纠正意见，人民法院必须在收到意见后，在规定时间内重新组成合议庭进行审理。来自人民检察院的监督能够在一定程度上保障减刑的正常开展，使监狱、法院的减刑工作减少随意性而保持权威性。

二、社会报应观念对减刑限制的支撑

犯罪侵犯了社会成员之间维持基本关系的行为准则，是对常识、常理、常情的破坏，是对社会公正的损害，为了恢复正义观念[①]，恢复人与人之间的基本行为准则，需要对罪犯进行必要的惩罚。没有实现必要惩罚的减刑制度是任意的，是违背社会公正观念的。“凡一社会之构成，必以基本社会关系及其信用为基础，而且，其所蕴含的人类基本情感，更是人之所以为人的特质，更是万万不得羞辱的，虽法律而避涉，虽公权不得染指。”对于曾经给社会利益、给公众基本情感、给法律规范造成损害的犯罪行为，必须施以刑罚，进行与之相均衡的惩罚。在拘役、有期徒刑、无期徒刑宣告之时，只是向公众宣告了刑罚的必定性（贝卡里亚语）和刑罚与犯罪之间的均衡性，而这仅仅是宣告，是一种“虚拟刑”，[②] 尤其是刑罚与犯罪的真正意义上的均衡需要执行完毕才能体现出来。所以，自由刑真正执行的长短对公众有着更加重要的宣示意义，减刑的裁决更要实现对公众基本情感的尊重。“每一次对法律问题的裁决……都必然与其他判决相联系，因此它必须观察法律如何被其他观察者观察。”[③] 如果罪犯被判处 12 年有期徒刑，通过减刑等方式 3 年后就大摇大摆地从监狱出来，这无疑是没有重视法律在公众心目中的形象。显然，不注意法律被人如何看待，盲目裁定，是对常识、常理、常情的破坏，是对公众基本法律情感的伤害，不能得到公众的认同，长此以往，定将使公民对法律的信任付诸阙如，刑法无法促进国家的长期利益。“国家要把刑法作为促进长期利益的最佳方式，必须使刑法得到公众认同。”[④] 所以，对罪犯进行必要时间的监禁，是对公民基本情感的尊重，是对常识、常理、常情的保护，更是对国家权威的保护。

社会公正报应观念在刑法中得到了体现。1979 年《刑法》第 71 条、1997 年《刑法》第 78 条两个条文的表述大同小异，表明了社会报应观念对有期徒刑实际执行的限制——不能少于原判刑期的 1/2。在对无期徒刑减刑的认识上，认为 10 年是一个比较恰当的年限。在《刑法修正案（八）》出台后，无期徒刑犯实际

---

① “社会正义观念是一国绝大部分公众所具有的正义情感的集中体现，它往往是常理、常情和常识的抽象与概括。”参见王志祥、马聪：《刑罚报应目的之辩证》，载《山东警察学院学报》2009 年第 4 期，第 7 页。

② 陈敏博士以“虚拟刑”的概念解释宣告刑的性质，实际执行的刑罚在受制于罪刑法定原则的同时由刑罚执行机关根据受刑人的人身危险性的变化随时调整。详见陈敏：《减刑制度比较研究》，北京：中国方正出版社 2001 年版，第 45-48 页。

③ ［德］卢曼：《社会的法律》，郑伊倩译，北京：人民出版社 2009 年版，第 124 页。

④ 周光权：《公众认同、诱导观念与确立忠诚——现代法治国家刑法基础观念的批判性重塑》，载《法学研究》1998 年第 3 期，第 32 页。

执行的刑期底限提升到 13 年。笔者认为，这是受死缓犯在死缓考验期内有重大立功表现之法律结果的影响，2 年期满后，减为有期徒刑的刑期从“十五年以上二十年以下有期徒刑”提升为“二十五年有期徒刑”，带动无期徒刑减刑后实际执行年限同时上涨。有期徒刑上限因此提升，减刑后实际服刑时间亦增加。

随着社会形势的发展，公众对刑罚与犯罪之间的关系认识悄然发生变化。无期徒刑与有期徒刑之间的衔接过于疏旷，罪犯如果在监狱内表现很好，确有立功表现等，被判处无期徒刑的罪犯甚至可能比被判处 20 年有期徒刑的罪犯更早出狱。这严重侵犯了公众对于无期徒刑的认识，因为在普通人看来，无期徒刑的执行短于有期徒刑实在是不可想象，是违背常识、常理、常情的。而“人们对犯罪的愤恨也影响与引导着社会对犯罪所作的反击。这种愤恨对于社会的正义是不可缺少的，长期以来，社会始终在尽力维护这种健康的愤恨情感”。[①] 出于对民众报应情感的尊重和支持，以及维护社会成员间健康的团结，立法者需要对罪犯进行必要的惩罚。所以，2011 年《刑法修正案（八）》对原减刑方面规定的这些内容进行修订，整体而言，实际执行刑期变长了。

刑法中对减刑制度的变革，反映了立法者对民众意见的重视，这恰恰是成熟立法者的表现。它印证了法国社会学家涂尔干关于刑罚对犯罪的反应之目的，即对犯罪的愤恨，强化民众基于公正观念的团结，“尽管惩罚来源于一种非常机械的反抗作用，来源于在大多数情况下都不加考虑的炽热情感，但它还是在发挥着有效的作用。不过，这种作用并没有被人们普遍地认识到。刑法并不在于矫正，或者偶尔矫正罪犯个人，也不在于吓跑那些模仿犯罪的人，在这两点上，它的真正效力是令人怀疑的，总而言之也是没有多大价值的。它的真正作用在于，通过维护一种充满活力的共同意识来极力维持社会的凝聚力”。[②] 民众在情感上无法接受一个被国家司法机关宣判较长刑期的人在很短时间内从监狱中走出来，他们往往认为必要的惩罚是对公正观念的发扬，而这正是他们乐于服从法律的心理基础。所以，社会公正观念限制了减刑的期限。例如，广东健力宝集团原董事长张海违法减刑系列案暴露了违规减刑对法律权威、对民众情感的伤害。“2007 年 2 月 12 日，广东省佛山市中级人民法院一审判处张海有期徒刑十五年，2011 年 1

① ［法］卡斯东·斯特法尼：《法国刑法总论精义》，罗结珍译，北京：中国政法大学出版社 1998 年版，第 28-29 页。

② ［法］埃米尔·涂尔干：《社会分工论》，渠东译，北京：生活、读书、新知三联书店 2000 年版，第 70 页。

月26日，张海刑满释放。从一审判决的有期徒刑十五年到实际服刑不满六年即刑满释放，张海凭借各种形式的‘假立功’多次大幅减刑。”① 该案引发网民众多讨论，引发社会高度关注。后广东省检察机关共立案查办涉案人员24人，包括广东省司法厅原党委副书记、省监狱管理局狱政处原处长等。②

当然，公众对减刑的态度并非完全没有任何利益的超脱，在其表达的态度中，以各种形式蕴含主体自己特定的社会愿望，至少反映了主体的某种利益欲求。例如，公众对抢劫犯的减刑关心程度远远超过了对商业贿赂罪犯减刑的关心，或体现着公众所坚持的某种思想和理念。“社会公众常常会自觉或不自觉地把个案中的情境与自己实际面临或可能面临的某种生活经历进行对比……公众自身在假想中成为同类案件当事者的某一角色时，他们会自然地表现出对该当事者的某些偏向，并以其诉求为基点表达相关意见。”③ 公众出于未来可能对自己实施犯罪行为之人的愤恨，他们对减刑的监督或者批评使他们在真的遭受犯罪之害时，能够让减刑机关秉公执法，满足他们对罪犯的报应情感。

三、被害人报复情感对减刑限制的支撑

被害人报复情感尽管会逐渐消散，但是毕竟需要时间，没有一定的时间为基础，此种情感还会爆发。因为对被害人来讲，“在竞争性环境中，要生存下去，就要有某些最起码的感受，即某些根本的东西应按照一个人自己的意志来保有和处理，并随时准备为这种支配权而战斗”。④ 报复会为被害人视为一种权利，一种上天赋予的无须证明的权利。所以，一旦罪犯没有得到应有的、合理的惩罚而减刑出狱，被害人的报复权利之情感遭到破坏，无疑等于一颗定时炸弹被安置。

当然，“究竟是否真实拥有所声称之权利，这一问题若交当事人自我判定，进而依靠私力救济，可能会激化冲突，导致弱肉强食的无秩序状态。国家原则上

---

① 徐盈雁、郑赫南：《张海违法减刑案：揪出“假立功”背后的保护伞》，检察日报网，http：//newspaper. jcrb. com/html/2015-02/12/content_179045. htm，最后访问日期：2019-8-8.

② 朱香山、韦磊、王磊：《张海违法减刑案涉案24人被查办》，检察日报网，http：//newspaper. jcrb. com/html/2015-11/03/content_198930. htm，最后访问日期：2019-8-8.

③ 顾培东：《公众判意的法理解析——对许霆案的延伸思考》，载《中国法学》2008年第4期，第168页、第172页。

④ ［美］理查德·A·波斯纳：《法理学问题》，苏力译，北京：中国政法大学出版社2002年版，第415页。

禁止强力型私力救济理由便在于此”[1]。所以，通常被害者本人不应该享有自身权利是否受到侵害以及受到侵害严重程度的判断权利，这种判断的权利须交由中立的法院行使。虽然其不享有自身权利是否受到侵犯的判断权，但其自身利益、情感是否受到侵犯则不是法律能进行规制的，这种强烈的主观感受由不同的被害人根据自身观念进行判断。某些被害人见到罪犯很快就从监狱或者看守所中大摇大摆地出来，这会极大地刺激他的情感，当感受到自身情感受到了侵犯，而其本人报复情感更为强烈时，很可能会加以报复。

报复的对象既可能针对他人，也可能针对自己。[2] 针对他人的报复行为，其对象一般会是罪犯本人以及他的近亲属。实施的复仇手段多种多样，如针对人身的恐吓、骚扰、侵入住宅、拘禁、殴打甚至更严重的杀伤行为等；或针对财产的损害、盗窃、抢劫、放火等。针对他人的报复还可能是与案件毫无关系的第三人，如2010年因个人原因报复社会杀伤学生的案件频发。报复对象针对自己的，其手段主要表现为自虐、自残、自杀等。行为人大多数通过类似剧场表演般的行为，希冀通过对自身的损害来达到给减刑决策者施加影响的效果，将自虐、自残、自杀的原因归结为减刑决策者的腐败或者无能、失察等，从而收到报复的效果。

无论被害人针对罪犯的报复还是针对自身的报复，均是社会不稳定因素，都会引起新的波动。所以，减刑制度设计或者实施必须要考虑被害人的报复情感，在没有具体某单个被害人的时候，如罪犯触犯的是黑社会性质组织罪，实施了敲诈勒索或者组织卖淫等行为，或者实施的是贪污等行为，虽然缺乏具体被害人，但是要考虑罪犯被监禁前活动区域内居民的情感，他们在某种意义上是被害人。在刑法条文中，对假释制度可能出现的侵犯被害人或者社区成员情感的问题已经注意到，如《刑法修正案（八）》规定，对犯罪分子决定假释时，应当考虑其假释后对所居住社区的影响。希望立法者同样能够在减刑制度设计中做类似考量。

2016年《减刑假释规定》第41条规定了财产性判项内容，其中包含判决罪犯承担的附带民事赔偿义务、追缴、责令退赔等判项。附带民事赔偿以及追缴和退赔财物，都包含了对被害人或者其近亲属的补偿或者赔偿。尤其是附带民事赔

---

① 徐昕：《论私力救济》，清华大学博士论文2003年，第60页。

② 此处受徐昕教授观点启发，见徐昕：《论私力救济》，清华大学博士论文2003年，第65页。

偿，体现了以国家强制力要求罪犯进行的财物补偿。这是一种对被害人或者其近亲属受害情绪的抚慰，能够在某种程度上降低被害人复仇的怒火。罪犯在服刑期间，如果确有履行能力而不履行或者不全部履行财产性判项的，减刑将受到限制，推迟首次减刑时间、延长减刑间隔、缩短减刑幅度等。这是对受害人报复情感的回应，在不能得到财物赔偿的情况下，要使罪犯受到服刑时间更长的惩罚，以区别于愿意弥补被害人复仇情感的罪犯。

四、罪犯赎罪观念对减刑限制的支撑

没有一定时间的矫正、教育、引导，赎罪心理很难顺利产生。罪犯之所以犯罪，尤其是对于故意犯罪来讲，其反社会心理起着推波助澜的重要作用。反社会心理的消除或者降低，需要一定时间的心理矫正，需要刑罚执行机构进行必要的教育、引导。越是严重的犯罪，越需要更长的时间。缺乏必要的矫正、教育时间，不仅难以产生刑罚报应的作用，难以使罪犯产生赎罪观念，反而容易使罪犯产生蔑视法律权威的心理。例如，“因犯滥用职权罪、受贿罪，2009 年江门市委原常委、原常务副市长林崇中被判入狱 10 年。然而林崇中通过收买河源市看守所所长刘某某等 5 人，从宣判的那天起 1 天牢也没坐，直到 1 年多以后才被关进监狱。”① 我们很难想象一个身体健康的罪犯通过不正当手段获得保外就医，从宣判刑罚第一天起就没有在监狱服刑，能对法律有什么敬畏的态度。

必要时间的监禁不仅有利于消除或者减弱罪犯的反社会心理，同时也有利于建立起罪犯作为正常社会人的情感与认识，这无疑有利于罪犯重新融入社会，“压抑（repression）和管制（regulation）不仅形成了良心和内疚的重叠现象，而且，良心和内疚对主体的形成、存留和延续都是必要的。”② 实践使我们不得不承认这一事实，作为一种来自外部的对罪犯进行强制力压制、进行强迫接受的权力、意志形式，起先使罪犯进入屈从、被迫接受的境况，而随着时间的推移，以及辅以减刑等其他有效的方式，罪犯对这种权力、意志开始接受，内化为自己的行动标准。监禁组织将常识、常理、常情等社会认知与情感强行加诸罪犯，与罪

---

① 赵杨：《江门原副市长受贿被判入狱 10 年 买通看守所长逍遥牢外》，人民网，http://politics.people.com.cn/GB/14562/15339588.html，最后访问时间：2019-8-8.

② ［美］朱迪斯·巴特勒：《权力的精神生活：服从的理论》，张生译，南京：凤凰传媒出版集团、江苏人民出版社 2009 年版，第 3 页。

犯畸形的认知、变态的情感必然发生冲突，不容易为罪犯接受。但是，随着减刑等措施的诱导以及周边环境的影响，罪犯将会自觉或者不自觉地在日常生产、生活中将反社会的思想、行动摒除，自觉或者不自觉地接受监禁组织的观念，从而达到矫正的目的。罪犯走上犯罪道路，大多是因为好吃懒做，不愿意通过诚实、勤奋劳动获得幸福生活，意图通过犯罪铤而走险捞一把。在监狱刑罚执行中，需要帮助罪犯建立起正确的劳动观念和劳动习惯，刚开始是强迫的，之后会逐渐变成罪犯自己的需要。例如，2015 年昆明监狱围绕“树立正确劳动态度，加强劳动改造意识、提升劳动技能、争当劳动能手”的主题，在全监狱开展劳动能手竞赛和十佳劳动小组评比。运输毒品的罪犯等“服从管理教育，深刻反思罪错，严格遵守监规纪律，认真学习文化知识和劳动技能，在生产劳动中表现突出”①，罪犯成为服刑监区内的生产技术能手和改造典型后，能够在表彰大会当天和家人吃一顿团圆饭，能够在减刑中获得更好的待遇。树立劳动等良好习惯，消除反社会心理等需要以一定的时间为保障。

“赎罪是纯单个人的自我表现，它只有在个人的伦理态度上达到一定的高度时，才会产生，不能经由法律命令的强迫而出现，并不是每个人都能达到这个伦理态度上的标准。”② 赎罪的心境并不是每个人都能产生，有些罪犯实施犯罪行为受到刑罚惩罚也不会有赎罪感，有些罪犯在监狱抱怨被害人、抱怨家庭、抱怨社会等使他们走上犯罪之路，却从没有从自身寻找原因，没有因侵犯了他人、社会而有一丝一毫的羞耻感。这些人即使在监狱等组织的矫正之下，依然不一定能在短期内产生赎罪感。因此，自由刑执行者需要努力促成、增强罪犯的赎罪能力，通过多种方式建立他们赎罪的心理条件，使罪犯真正发自内心地忏悔而改过自新，这种忏悔、赎罪的心理产生必须要以一定的时间为保障。

对减刑进行一定时间限制，同时还要考虑罪犯人身危险性的大小，监禁组织的矫正思想、方式、方法等。《刑法修正案（八）》规定，对 9 类被判处死刑缓期执行的罪犯，可以对其限制减刑。被判处死缓的累犯很显然是没有吸取教训，没有在上次服刑中实现内省，没有产生足够的赎罪观念，从而再次挑战刑法，这必然要遭到刑法的正当反应，即限制对其减刑。因故意杀人等暴力犯

---

① 徐前、朱红霞：《昆明监狱评选劳动能手和家人吃团圆饭》，人民网，http：//yn. people. com. cn/news/yunnan/n/2015/0502/c228496-24709447-2. html，最后访问日期：2019-8-6.

② 林山田：《刑罚学》，台北：商务印书馆 2005 年版，第 49 页。

罪被判处死刑缓期2年执行的犯罪分子，往往是罪大恶极之人，这些人实施强烈的反社会行为，反映了他们严重的反抗社会的人性和对社会潜在的危害性，对此需要限制减刑以实现对罪犯的报应，增加其在监狱中的服刑时间来促进赎罪心理的产生。

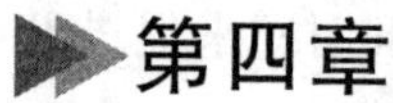

第四章

减刑制度中的司法与刑罚执行

自由刑执行机关根据罪犯在服刑期间的良好表现向中级以上人民法院提出减刑建议书，人民法院组成合议庭审理，对确有悔改或者立功事实的，裁定减刑，对不符合条件的裁定不予减刑。对此规定的理解差异，引发了学界以及实务界对减刑权性质的争论。

第一节　减刑制度的权力性质分析

一、减刑权的司法权与刑罚执行权之争

关于减刑权性质问题的争论，集中在减刑权属于司法权抑或刑罚执行权。论者从各自立场与角度出发，对减刑权的性质进行了不同的解释。

（一）减刑权之司法权论

有观点从减刑权的实施主体角度认为减刑是司法行为。有学者认为，“人民法院是实施减刑的主体”。[①] 有论者认为，刑罚的执行属于司法行政机关的权限。然而，刑罚执行还不能完全脱离审判权的影响。执行机关提出减刑的意见，都必须经人民法院审理裁定。[②] 上述学者从减刑活动的最终决定机关出发，认为减刑权是司法权。

---

① 马克昌主编：《刑罚通论》，武汉：武汉大学出版社 1999 年版，第 604 页。
② 苏惠渔主编：《刑法学》，北京：中国政法大学出版社 1997 年版，第 351 页。

有观点从司法效力角度论证减刑的司法权性质，“在我国，减刑的实施，是一项审判上的司法行为，它与西方国家类似赦免性质的善时制度不同，后者是由总统依行刑权减、免执行中的刑罚，是司法上的行政行为”，“具有司法效力上的普遍性为特色”。[①] 我国减刑因由司法机关裁定作出，不同于西方国家的善时制度，善时制度是一种行政行为。我国减刑不是行政行为，而是通过司法活动产生法律效力，与其他司法活动具有相同的效力，是司法权运行的结果。

有观点从减刑工作的实践以及意义出发论述减刑权属于司法权。该学者认为，“法院多年的减刑工作为其行使减刑权提供了实践经验”，“监狱工作繁重，由监狱裁定减刑的实际效果也令人怀疑”。[②] 有论者认为，法院积累的减刑经验和监狱警察的身份、监狱警察的人员配置等原因决定了法院行使减刑权更合适。同时，将减刑权划归司法权，有利于惩罚罪犯，符合法律运行的逻辑和司法活动的智慧，有利于权力的配合和制约，有利于保障减刑裁定的准确等。[③] 该观点具有一定合理性，法院在减刑工作中积累了实践经验，能够更好地完成裁定减刑。但笔者认为，这不是减刑应该由法院行使的最佳理由。该观点中最合适的理由是，减刑权划归司法权，符合权力相互之间制约的理性。如果监狱一方面对罪犯囚禁、矫正，执行自由刑，另一方面决定对被剥夺自由的罪犯予以减刑，则拥有了不受监督和制约提前释放罪犯的权力，这容易产生不公正和腐败。

有论者认为，减刑权由法院行使，不仅仅是为了监督可能出现的违法乱纪，更是确保有效的司法审查能够实现。“从刑罚运作过程来看，行刑权是量刑权的自然延伸”，“法院裁决减刑的主要意义在于裁判权对行政权的必要制约，而且制约的目的不应当被理解为对监狱提请减刑过程中可能出现的违法乱纪进行监督，而是对于改变原判刑罚的期限和执行方法是否合法进行司法审查”[④]。由这个观点我们可以认为，减刑过程中的不当行为由检察机关进行监督，可以向相关机关提起纠正意见。法院的减刑权是司法审查的一种，是司法权对行政权的制约，是监督变更刑罚期限和执行方法合法性的重要环节。

有学者从私法活动的特点以及权力统一性和制约性角度论述减刑权属于司法权。“减刑是刑罚执行的变更，那么变更权行使主体犹如私法上应由原当事人协

① 马克昌主编：《刑罚通论》，北京：武汉大学出版社 1999 年版，第 605 页。

② 曲伟：《中国减刑权归属制度探讨》，中国政法大学硕士论文 2009 年，第 10 页。

③ 曲伟：《中国减刑权归属制度探讨》，中国政法大学硕士论文 2009 年，第 7-10 页。

④ 宗雄信：《也谈减刑权的运作》，载《河南司法警官职业学院学报》2004 年第 1 期，第 27 页。

商行使并由法院裁定，刑罚执行变更权又何尝不是呢？由法院行使还有助于刑罚执行变更决定权的统一性，防止出现分散导致滥用的情形，进而实现司法对执行变更的适当制约。"[①] 笔者认为，该观点具有一定合理性，但是减刑权是否是刑罚执行变更权尚有值得商榷的空间，且减刑与私法上当事人协商并由法院裁定之间有哪些相似性、共同性，尚需进一步论证。

有学者从刑事诉讼法学的角度论述减刑权属于司法权，其论证角度是法院判决的内容、减刑活动的诉讼特点等。法院（裁决、裁判所）一方面可在判决时确定在何种场所执行；另一方面对裁判开始执行后，能否给予罪犯优遇处置，能否累进处遇，甚至减刑、假释作出决定[②]。"减刑权是一种特殊的司法权"，"减刑体现为法院就个别罪犯的某些事实（符合减刑基本元素的改造表现）作出的刑罚调整，其实质是由刑罚执行机关就某一法律事实呈请法院予以认定的过程，不以具体的诉讼标的为对象"，"它在程序运行上无诉讼标的，无审判程序的当事人，无举证、质证，不适用审判程序的审级，表现为一种特别程序，即一种非讼程序"。[③] 自由刑执行机关就罪犯确有悔改表现或者立功表现向中级以上人民法院提交证明材料，请法院对这一法律事实予以认定，在此基础上对罪犯刑期进行调整，这是司法机关主导的非讼程序，因此是一种特殊的司法权。

有观点指出，减刑是对法院宣告刑期的变更，变更活动事关司法尊严，所以，对原判决刑罚的变更，只能由司法机关完成，"减刑权是一种司法权更符合这一刑罚变更的本质属性"。减刑是刑罚的变更，是刑罚权运作的结果，"司法权已经确认过的刑罚的增加与减少，也只能由司法机关通过司法权来确认"[④]。因为罪犯的刑罚系由司法机关判决，所以对刑罚变更由司法机关来实施符合刑罚运行的规律。有观点认为，减刑难以认定是审判权或者刑罚执行权，"减刑是司法活动"，减刑"是一项刑罚适用活动，减刑制度是刑罚适用制度"，这是因为"裁定减刑实质上是对执行期限的变更，而变更当然是确定的另一种表现形式、是对原确定内容的重新确定罢了"[⑤]。后者的观点尽管没有明确指出减刑权究竟

① 王瑞青：《我国减刑制度研究》，安徽大学硕士论文 2007 年，第 11 页。

② 龙宗智、杨建广主编：《刑事诉讼法》，北京：高等教育出版社 2003 年版，第 378 页。

③ 周超：《减刑基础理论及实务问题研究》，中国政法大学硕士论文 2010 年，第 14 页。

④ 李忠诚：《减刑、假释提请权的归属问题研究》，载《法治论丛》2005 年第 6 期，第 91 页。

⑤ 彭海滨：《从减刑活动的性质看减刑审理诉讼化运作》，载《西南政法大学学报》2011 年第 2 期，第 70-71 页。

是审判权还是刑罚执行权，但是作者承认减刑是司法活动，是刑罚适用制度的一环，显然有权适用刑罚的只能是法院，而上述观点无疑肯定了减刑的司法权性质。

（二）减刑权之刑罚执行权论

有学者从减刑发生的阶段论述减刑权的属性。“由于减刑发生在刑罚执行阶段……不属于审判的部分，明显地体现为行刑的手段。”减刑是自由刑执行机关掌握的诸多刑罚执行手段之一，自由刑执行机关自然拥有减刑权。[①] 有学者认为，刑事诉讼过程分为侦查、起诉、审判与执行 4 个阶段，每个阶段均由专门的部门负责。从合理分工的角度，应该把刑罚执行工作统一交给司法行政机关，以防止出现因权力运行不畅导致影响刑罚执行顺利开展的情况。“现行刑法规定减刑权由法院行使，打乱了四个阶段各部门之间的分工，造成刑罚执行机关和决定机关的分离，使减刑活动的正常运作受到阻碍。行刑权的分散，不利于统一掌握刑罚执行原则”。[②] 有论者认为，刑罚执行权应该统一，执行机关与决定机关不应该分离，减刑权统一在刑罚执行部门，有利于刑罚执行原则的统一掌握。

有学者从减刑是执行方式的变更或者执行场所的变更角度论证减刑是刑罚执行权的一种。“减刑是根据罪犯在服刑中的悔罪表现而依法减少原判确定的刑期的执行期限，但并不意味着对原判量刑的改变，不是对罪犯改判减轻处罚。……因此，减刑是刑罚执行的变更，是刑罚执行方式的变更。”[③] “减刑是一项刑罚执行制度，而且是刑罚变更执行制度……变更了刑罚执行的场所。”[④] 在刑罚执行制度尤其是刑罚变更执行制度中，这一权力掌握在刑罚执行机构。有论者认为减刑变更了刑罚执行具有合理性，但是否变更执行方式、变更执行场所，值得商榷。

---

① 范真：《中国减刑制度研究》，山东大学硕士论文 2007 年，第 12 页。

② 余松龄、胡莎：《论减刑制度的运作机制》，载《湖南公安高等专科学校学报》2004 年第 4 期，第 40 页。

③ 张文学：《刑罚执行变更理论与实务》，北京：人民法院出版社 2000 年版，第 172-173 页。

④ 王顺安：《刑事执行法学》，北京：群众出版社 2001 年版，第 483 页。王顺安教授给减刑的定义是：“减刑制度是指人民法院根据刑罚执行机关的减刑建议，针对被判处管制、拘役、有期徒刑、无期徒刑和死刑缓期二年执行的受刑人，因在刑罚执行期间，确有悔改表现，或者有立功表现，或者有重大立功表现，而将其原判刑罚予以适当减轻的一种刑罚执行制度。”参见王顺安：《刑事执行法学通论》，北京：群众出版社 2005 年版，第 515 页。

有学者对法院行使减刑权提出了质疑，认为法院行使减刑权的工作人员既不了解案件当时的详细情形，又不具备专业的矫正知识，更不了解罪犯在监狱中的表现，没有全面掌握罪犯的改造情况，由法院行使减刑权，弊端较大。由监狱完全行使减刑权能充分保障改造罪犯的质量。“监狱是专门的行刑机关，对于改造、矫正罪犯工作有着长期、专业的知识，能够根据罪犯的外在表现判断其是否真正具有悔改决心，并可随时监控其表现，及时作出奖惩决定，有效地激励罪犯积极改造。而作为审判机关的法院从事办理减刑工作，不仅不具备上述优势。反而可能带来相应的弊端。具体而言，法院是专门的审判机关，无法直接掌握罪犯改造的实际情况，实际上对于改造工作是陌生的，至少是不熟悉的。”① “监狱是国家专门的行刑机关，对于改造工作有着长期的经验积累、丰富的专业知识，他们掌握罪犯改造的规律和特点，能够根据罪犯的综合改造表现，判断其是否真正具有悔改的决心，并可以随时监控罪犯的行为，及时根据其行为做出奖惩决定，激励罪犯积极改造”，“法院是国家的审判机关，对于改造工作较为生疏，对罪犯的了解只停留在书面材料之上，所掌握的信息都是片面的、僵化的，只能根据文字材料决定罪犯减刑与否”。② “大部分减刑案件并不由原审法院办理，即具体办理减刑案件的审判人员对该罪犯的原判决的形成过程不太清楚，因此所作的仅仅是一种形式上的程序要求。”“法院仅凭监狱提请报送的书面材料作出裁定，必然导致法院的决定基本上是一种形式上的程序需要，难以保证结果的正确合理。”③

有监狱部门工作者认为，减刑权由人民法院执行缺乏行刑效率；不能确保刑罚合理，影响行刑公正；不利于行刑专业化的发展；不利于监狱开展实际工作，较大影响了改造工作的顺利进行和减刑制度效益的发挥；将减刑权从审判权中分离出来，不会削弱人民法院刑事判决的法定性和权威性。④ 也有监狱部门的论者认为，“减刑裁定没有撤销原判决，也没有作出新判决，既不是审，也没有判，根本牵涉不到罪与刑的问题；减刑只是根据罪犯在服刑期间的改造表现，决定缩短实际执行的时间，虽然缩短了原判刑期，但并不存在否定原判决的问题，不是改判，从本质上说，它是对刑罚的变通执行方式，明显属于行刑手段，应是刑罚

---

① 袁登明：《减刑权归属之探讨》，载《中国监狱学刊》2002 年第 1 期，第 23 页。

② 章梅娟：《我国监狱减刑制度完善研究》，载《行政与法》2009 年第 2 期，第 87 页。

③ 杜菊：《关于减刑制度的理性思考》，载《中国监狱学刊》2002 年第 6 期，第 30 页。

④ 《刘智在监狱立法与监狱工作研讨会的发言》，《只有完善监狱法律体系才能真正实现依法治监——“监狱立法与监狱工作”研讨会实录》，载《犯罪与改造研究》2000 年第 5 期，第 18-19 页。

执行的制度”。[①]

减刑权应属行政权的论者认为，因为减刑不是对原判刑罚的改变，而是变更执行原判刑罚的执行方式，不涉及罪与刑的认定及判断，所以减刑权不是审判权。由于减刑通常发生在监狱行刑过程中，持此论者认为减刑权是一种行刑权，或者从应然角度讲，减刑权由监狱行使有更多的益处，因此应该完全由监狱行使。

二、行刑过程中的减刑权

对罪犯的减刑可以分为两个阶段，即执行机关提请阶段与审判机关裁定阶段，二者缺一则减刑不能。减刑不是某一个机关能够独立完成的，两个机关分别享有一定的减刑权。

对罪犯是否提请减刑，由监狱考核后决定。《刑法》规定，罪犯能够获得减刑的条件是“确有悔改表现”“有立功表现”“有重大立功表现”，符合前两者之一，即可获得减刑，此时减刑是对罪犯的一种激励措施；符合后者规定的，则应当得到减刑，此时获得减刑是罪犯的一项权利。确有悔改表现，需要罪犯遵纪守法，认罪悔罪，积极参加“三项学习”，积极参加劳动并有显著的劳动成果，体现在罪犯在计分考核方面达到一定分数。立功表现与重大立功表现的主要差别在于阻止他人犯罪活动等方面的程度不同，以及重大立功还包括在日常生产、生活中舍己救人的情形。“减刑具有明确的目的性，它借势于刑罚本身的强制规导力，把刑罚执行的过程与对受刑人的改造以及对社会犯罪的预防结合起来。”[②] 自由刑行刑过程是痛苦的，包含国家对罪犯的谴责与惩罚。正常的罪犯在监狱中最希望的是结束监禁生活，早日获得自由。减刑条件实为社会行为规范之一，蕴含基本的甚至较高的道德要求，尽管监狱并没有以强制形式让罪犯接受减刑中对行为的要求，不遵循这些规范不会带来刑罚的积极增加，但是不能获得刑罚积极减少。减刑条件为罪犯及早结束监禁状态提供了一条珍贵的路径，只要罪犯能够认罪服法，表现积极，达到法律要求后即有可能缩短刑期、早日拥抱自由的利益。罪犯在行刑过程中不是消极的被惩罚的对象，他们掌握了一部分刑罚执行的主动权，能够通过自己的努力早日结束自由被剥夺的痛苦，在监狱中服刑变成有目标

① 叶士珍、周强：《我国减刑制度的几点思考》，载《犯罪与改造研究》2003 年第 12 期，第 63 页。
② 王利荣：《行刑法律机能研究》，北京：法律出版社 2001 年版，第 303 页。

的活动，于是刑期不再漫漫无期，人生有了目标。减刑条件的设置将监管机构外部的要求，在日复一日争取早日出狱的过程中转化成罪犯内心真正从行动上服从监狱矫正改造的动力，减刑是在监狱中实现特殊预防的重要方式，因此减刑被称作“是改造犯罪分子的有效手段”。[①]

监狱中对罪犯是否符合减刑条件的考察往往是结合狱情分析同步进行。狱情分析，又曾被称为“敌情报告”“犯人动态”“犯人情况报告”“狱内动态”“狱情动态”“狱情报告”“狱情排查”等，顾名思义，就是对监狱内罪犯的思想和行为表现情况进行的分析。[②] 实践部门在工作中往往从多个渠道获取狱情：“1. 通过对罪犯改造的‘三大现场’观察获取信息；2. 通过对罪犯的个别谈话教育获取信息；3. 利用大小组长、维纪员和积极层罪犯获取信息；4. 通过监听罪犯会见、亲情电话获取信息；5. 通过审查罪犯的信件、邮寄包裹、笔记、日记获取信息；6. 罪犯互监小组成员反映情况获取信息；7. 通过掌握罪犯劳动任务完成情况、个人生活消费变化获取信息；8. 利用罪犯的检举揭发获取信息；9. 通过清监检查获取信息；10. 通过查处罪犯的违规违纪行为获取信息；11. 通过参加罪犯的学习讨论获取信息；12. 通过罪犯的思想汇报和诉求获取信息；13. 通过分析排查出‘三无’（无接见、无汇款、无邮寄包裹）罪犯获取信息；14. 通过开展心理咨询活动获取信息；15. 通过公、检、法、司和社会安置帮教部门的反馈获取信息。”[③] 狱情分析是监狱中的重要活动，对狱情的全面收集、深入了解、仔细排查和深度掌控，能够有效保障收集罪犯信息，保证减刑质量、预防罪犯再犯。

在狱情分析的同时考察罪犯的人身危险性，决定是否报请对罪犯减刑。对于人身危险性较大的罪犯，不仅不应该提请减刑，还要实施严管措施。对于人身危险性较小的罪犯，监禁机构可以对其提请减刑，程序大致如下：（1）提请减刑。分监区召开全体监狱干警会议，根据相关法律法规，结合罪犯在服刑期间的表现，集体对罪犯评议后综合各个干警意见，提出分监区减刑建议，报经监区长办公会审核同意后（直属分监区或者未设分监区的监区没有这一过程），报送监狱刑罚执行（通常为狱政管理科）部门审查。（2）监区或者直属分监区提请减刑，

---

① 高铭暄主编：《刑法学原理》，北京：中国人民大学出版社 1994 年版，第 568 页。

② 段晓东：《科学分析狱情之管见》，载《中国监狱学刊》2005 年第 1 期，第 67 页。

③ 曾爱东、童团结：《狱情排查与防控的科学体现》，载《中国监狱学刊》2008 年第 1 期，第 102 页。

报送《罪犯减刑审核表》；监区长办公会或者直属分监区、监区对罪犯减刑的集体评议记录；终审法院的判决书、裁定书、历次减刑裁定书的复印件；罪犯计分考核明细表、奖惩审批表、罪犯评审鉴定表和其他有关证明材料。（3）监狱刑罚执行（狱政管理科）部门收到对罪犯拟提请减刑的材料后，就相关事项进行审查核对；核对结束后，出具审查意见，将监区（或直属分监区）报送的材料全部提交监狱提请减刑假释评审委员会。（4）监狱提请减刑假释评审委员会召开会议，对狱政管理科审核提交的减刑建议进行集体评审，之后将拟提请减刑罪犯名单以及减刑意见在监狱内部公示。（5）监狱提请减刑假释评审委员会完成上述程序后，按时将拟提请减刑建议和相关材料报请上一级的监狱长办公会决定。（6）经监狱长办公会决定提请减刑的，由监狱长在《罪犯减刑审核表》上签署同意的意见，加盖监狱公章后并由狱政管理科按规定模式制作《提请减刑建议书》，之后将罪犯奖励等有关材料一并提交法院裁定。

刑罚执行过程中，监狱方对减刑掌握十分高的主动权，尽管法院能够裁定是否减刑以及有权扣除一定报减的刑期，但是对罪犯成绩考核决定了其是否能获得表扬、立功、评优，这些是罪犯获得减刑的必要条件，考核权限无疑是掌握在监狱机关手中。监禁机构对罪犯改造情况了解最清楚，对符合减刑条件的罪犯提请减刑，从而启动减刑程序。刑罚执行阶段对罪犯的考核以及提请减刑与否，法院没有任何权力干涉，法院不能指定监狱对某个罪犯提请减刑，也不能要求监狱不得对某个罪犯提请减刑。

三、司法过程中的减刑权

（一）人民法院在司法过程中的减刑权

人民法院在司法过程中的减刑权体现为对罪犯施以减刑裁定。

第一，不同种类罪犯由不同级别法院裁定减刑。被判处死刑缓期执行以及无期徒刑的罪犯，人身危险性强，所犯罪行社会危害性大，给公众造成的影响大，需要由罪犯服刑地的高级人民法院裁定，体现了司法过程中对该类罪犯的重视。对被判处有期徒刑和被减为有期徒刑的罪犯，被判处拘役、管制的罪犯的减刑，由罪犯服刑地的中级人民法院裁定。

第二，决定对减刑案件立案与否。人民法院受理减刑案件，应当审查执行机关移送的下列材料：（1）减刑或者假释建议书；（2）终审法院裁判文书、执行通知书、历次减刑裁定书的复印件；（3）罪犯确有悔改或者立功表现、重大立功表现的具体事实的书面证明材料；（4）罪犯评审鉴定表、奖惩审批表等；（5）其他根据案件审理需要应予移送的材料。材料齐备的，予以立案；材料不齐的，应当通知执行机关在三日内补送，逾期未补送的，不予立案。

第三，决定是否开庭审理。人民法院审理减刑、假释案件，可以采取开庭审理或者书面审理的方式。具备下列条件的减刑案件，应当开庭审理：（1）因罪犯有重大立功表现报请减刑的；（2）报请减刑的起始时间、间隔时间或者减刑幅度不符合司法解释一般规定的；（3）公示期间收到不同意见的；（4）人民检察院有异议的；（5）被报请减刑、假释罪犯系职务犯罪罪犯，组织（领导、参加、包庇、纵容）黑社会性质组织犯罪罪犯，破坏金融管理秩序和金融诈骗犯罪罪犯及其他在社会上有重大影响或社会关注度高的；（6）人民法院认为其他应当开庭审理的。

第四，决定同意、不同意、变更减刑申请。人民法院审理减刑案件，对被报请减刑罪犯符合法律规定的减刑条件的，作出予以减刑的裁定。对被报请减刑罪犯不符合法律规定的减刑条件的，作出不予减刑的裁定。被报请减刑的罪犯符合法律规定的减刑条件，但执行机关报请的减刑幅度不适当的，对减刑幅度作出相应调整后作出予以减刑的裁定。笔者调研发现，人民法院对减刑幅度的调整均为缩减减刑幅度，通常为1-3个月。在人民法院作出减刑裁定前，执行机关书面申请撤回减刑建议的，人民法院有权决定是否准许。

司法过程中的减刑权，主要体现在人民法院对减刑程序的掌控，对减刑条件的解释与把握，突出表现在决定是否减刑，是否扣除一部分建议刑期。这一权力在减刑中极具主动性。

（二）人民检察院在司法过程中的减刑权

人民检察院在司法过程中的减刑权主要表现为减刑监督权。减刑监督分为对自由刑执行机关的监督与对人民法院的监督。

人民检察院有权对减刑案件提请活动进行监督，由对执行机关承担检察职责的检察部门负责。

人民检察院有权对减刑案件审理、裁定活动进行监督，由人民法院的同级人民检察院负责，下级人民检察院发现减刑裁定不当的，应当及时向作出减刑裁定的人民法院的同级人民检察院报告。

第一，人民检察院有权审查执行机关移送的减刑案件材料。这些材料主要包括：执行机关拟提请减刑意见；终审法院裁判文书、执行通知书、历次减刑裁定书；罪犯确有悔改表现、立功表现或者重大立功表现的证明材料；罪犯评审鉴定表、奖惩审批表；其他应当审查的材料。

第二，人民检察院有权调查核实重点罪犯减刑材料。部分罪犯因犯罪行为广受社会关注，对其减刑需要谨慎，如职务犯罪罪犯、涉及金融类犯罪罪犯、涉黑涉恶罪犯、暴恐犯以及其他有重大影响或者被社会高度关注的罪犯。罪犯有特殊表现导致减刑幅度大、间隔短的情况，如有立功表现、重大立功表现，短时间内考核计分高、专项奖励多或者鉴定材料、奖惩记录有疑点的或者收到控告、举报等情况。

第三，人民检察院有权建议执行机关报请减刑，这一权力是人民法院所不具备的。罪犯符合减刑条件，可以获得减刑的时候，自由刑执行机关未依法提请减刑，检察院发现这种情况后，可以建议自由刑执行机关进行减刑。这是检察机关对自由刑执行机关的监督，有利于保障罪犯的改造积极性。

第四，人民检察院有权监督法庭审理减刑活动是否合法。出席减刑庭审活动的检察人员应该在二人以上，其中一人或者以上应该具有检察官职务。庭审开始后，检察人员应当发表检察意见，庭审过程中，检察人员经审判长许可，可以出示证据，向被提请减刑的罪犯及证人提问并发表意见等，直至建议休庭。庭审终结前，检察人员可以发表总结性意见。检察人员发现法庭审理活动违反法律规定的，有权在庭审后及时向本院检察长报告，向人民法院提出纠正意见。

第五，人民检察院有权对认为不当或者确有错误的减刑裁定提出纠正意见。人民检察院提出纠正意见后，有权监督人民法院重新组成合议庭进行审理并作出最终裁定。

第六，人民检察院有权监督减刑案件办案人。人民检察院收到控告、举报或者发现司法工作人员在办理减刑案件中涉嫌违法的，依法进行调查后，有权根据情况进行如下处理：（1）向自由刑执行机关、法院等单位提出纠正意见；（2）有权建议更换办案人，并予以纪律处分；（3）对相关办案人员构成犯罪的，依法追究刑事责任。

四、减刑权的行刑权、司法权二重属性

恰如刑罚权可分为制刑权、求刑权、量刑权与行刑权一样，笔者认为，减刑权同样具有可分性，即减刑建议权、减刑裁定权、减刑监督权，减刑建议权系行刑权之一，减刑裁定权与监督权系司法权之一。减刑建议权，是指自由刑行刑机关对考核合格的罪犯向人民法院建议减刑以及建议减刑幅度的权力。减刑裁定权，是指人民法院根据行刑机关建议，对确有悔改或者立功事实的罪犯，裁定减刑以及减刑幅度，对不符合减刑条件的罪犯裁定不予减刑的权力。减刑监督权，是指人民检察院对自由刑行刑机关的减刑建议活动，对人民法院的减刑裁定活动进行监督的权力。减刑权具有二重属性，既是行刑权的重要组成部分，是改造罪犯的重要手段，又是司法权的重要内容，是法院刑事审判权威的保障，是公正司法的保障。

（一）权力制衡的必需

在减刑过程中，减刑权被以监狱为主的自由刑行刑机关、人民法院、人民检察院所分享，“分权制衡及其规则有效地将权力的存在和运作置于法律之下”①，行刑机关享有减刑建议权，人民法院享有减刑裁定权，人民检察院享有减刑监督权，三者互相制约，缺一不可。自由刑行刑机关在减刑过程中起到基础性作用，其掌握了罪犯在监禁设施中人身危险性的变化，基于罪犯确有悔改、立功表现或者重大立功表现而决定是否发动减刑活动，确定提请减刑建议的幅度。没有经过提请减刑而获得减刑的，不合法，截至目前尚未见到相关案例。人民法院在罪犯减刑中起决定性作用，有权决定对罪犯是否减刑、减刑的幅度大小、减刑的间隔长短等。对监狱等行刑机关建议的减刑，人民法院有权力不予减刑，不予减刑不仅是对减刑建议的否定，实际上还可以起到扩大减刑间隔的作用；对其提议的减刑幅度，人民法院有权依法降低减刑幅度但是无权提升减刑幅度。人民法院的减刑裁定权在很大意义上限制了监狱的减刑建议权，减刑裁定权又取决于减刑建议权的发动，两种权力互相制约能够在更大程度上避免错案发生。人民检察院的减刑监督权对另外两种权力都有监督制衡作用，对不能减刑而提请减刑的，人民检

① 夏勇：《法治源流——东方与西方》，北京：社会科学文献出版社 2004 年版，第 10 页。

察院有权调查核实材料，及时进行审查。对符合减刑条件而没有减刑的，人民检察院有权建议执行机关提请减刑。在裁定减刑过程中，无论是对开庭的还是非开庭的裁定，都有权力发表纠正意见，防止出现错误减刑裁定情况。

监狱等行刑部门有人主张减刑裁定权也应归其所有，认为这有利于减刑发挥其改造罪犯的作用，提高行刑效率等。笔者认为，减刑建议权与减刑裁定权合二为一，是危险的。由于监禁设施的隔绝性，自由刑执行机关相对于人民法院乃至检察院等具有绝对的信息优势，罪犯人身危险性是否真的降低等减刑条件实现问题其他组织几乎无法考察，一旦监狱掌控减刑的全部环节，难免滋生不公正或者腐败现象。“权力配置就是以对权力不信任为前提的，因此，应站在代表社会正义的审判者的高度来看待刑罚执行和社会的期求。”① 减刑是对宣告刑的变更，公之于众的判决应该具有高度的司法权威，如果由监狱等机构在密闭的环境中对判决进行变更，很难引起正义的共鸣，不知详情的公众或者法院往往不能理解监狱的做法。况且，“在司法实践中，刑罚执行机关作为行刑事务的直接掌管者，罪犯的改造效果是衡量其工作效果和水平的最主要的标志，与减刑的适用具有直接利害关系，基于某些客观原因往往都会有多减刑的冲动，在事实上降低减刑条件的适用、滥用减刑，造成报应和一般预防刑罚目的的弱化”②。基于某些主观原因，同样有可能产生滥用减刑的现象。例如，监狱干警在罪犯的矫正过程中，同他们接触最多，日久天长则容易受感情因素影响，难以保持公正无偏见，认为罪犯在某一方面表现好，尤其是在罪犯生产劳动表现较好或者能帮助维持狱内秩序等情况下，极易忽视罪犯的其他问题而予以减刑。减刑过多，致使刑罚中的报应无法落到实处，有可能引起被害人的报复。滥用减刑，致使国家向民众宣示的法律规范不可侵犯性遭到破坏，不能起到引导民众遵守法律的一般预防效果。不仅如此，如果减刑权全部收归监狱，一旦社会治安形势较差，或者对某种犯罪进行专项严惩，自由刑行刑机构极有可能受刑事政策的影响对某种罪犯不减刑。在监狱管理过程中，甚至可能发生因罪犯有立功表现但是因该名罪犯相对管理困难而不予减刑或者减刑幅度较小等情况。过于强调对罪犯的惩罚而忽视对其回归社会的关注，难以收到刑罚特殊预防之功效。

---

① 宗雄信：《也谈减刑权的运作》，载《河南司法警官职业学院学报》2004 年第 1 期，第 27 页。

② 彭海滨：《从减刑活动的性质看减刑审理的诉讼化运作》，载《西南政法大学学报》2011 年第 2 期，第 71 页。

权威立法部门对减刑建议权由监狱行使，由中级以上人民法院行使减刑裁定权的原因进行了解释，“主要是考虑到实践中存在着执行机关和人民法院对提请和裁定减刑案件把关不严，也有的由于受到社会不正之风的影响，对不符合减刑条件的人予以减刑，在社会上造成了不良影响的情况”。[①] 例如，吉林刘某义案、云南孙某果案、山西任某军案、北京郭某思案等均暴露了监狱不当行使减刑建议权、法院不当行使减刑裁定权、检察院减刑监督权行使不充分的弊端。一旦由监狱独享减刑权，则增加了腐败的机会与空间，必将冲击司法权威，监狱自身行动的合法性也会受到质疑，甚至有危及法律尊严与可信度的风险。

（二）社会防卫的要求

减刑权分别行使，是社会防卫的需要。德国法学家普林斯最早系统地提出社会防卫论，他对“防卫社会”的解释是“用尽可能好的方法确实保障市民的生命、身体、财产及名誉”。[②] 他认为“好方法”决不是基于道义责任论所确定的刑罚，尤其不是短期自由刑。他极为推举两项措施：一是延长自由刑的期限；二是对极危险的罪犯采取隔离措施或淘汰处分，“淘汰”只相当于流放荒野等措施。[③] 普林斯的观点中包含了对监禁刑隔离效果的充分肯定，对危险性高的罪犯，隔离是防止其危害社会的良好方法。这与减刑中的调节监禁时间功能不谋而合，对危险性高的罪犯，限制减刑或者不减刑，使之与社会隔离，可收到良好的社会防卫效果。

社会防卫论的另一个代表人物格拉马蒂卡认为，对由于社会或个人原因而反社会的人，再也不能处以刑罚了事，而应该首先深入考察其具体的反社会原因，如贫困、疾病、灾祸、体质不良等，对不同情况，应采取不同的方法，如教育方法、治疗方法，对极个别的也可采取隔离方法，但不应施以任何无意义的痛苦[④]。格拉马蒂卡基于自己的考察建议取消刑罚体系，这是因为“社会防卫的本质在于改善那些反社会的人，使之回归社会。国家担负着拯救罪犯、把罪犯改造

---

① 王尚新主编：《中华人民共和国刑法解读》（第三版），北京：中国法制出版社 2011 年，第 111 页。

② ［日］吉川经夫译：《新社会防卫论》，一粒社 1968 年版，第 78 页。转引自鲜铁可：《格拉马蒂卡及其〈社会防卫原理〉》，载《中国法学》1993 年第 4 期，第 107 页。

③ 鲜铁可：《格拉马蒂卡及其〈社会防卫原理〉》，载《中国法学》1993 年第 4 期，第 107 页。

④ 鲜铁可：《格拉马蒂卡及其〈社会防卫原理〉》，载《中国法学》1993 年第 4 期，第 107 页。

成为能够重新适应社会生活的新人的义务，这是最高尚的人道主义”[①]。格拉马蒂卡取消刑罚体系的观点因过于激进而遭到了广泛的批评，且在目前人类社会不具有可行性。其改善罪犯，使之重返社会的观点可取，与减刑中对确有悔改表现的罪犯能获得减刑及早回归社会是相符合的。安塞尔认为，监禁刑对某些罪犯仍不失为一种有益的“心理打击”手段，只有在极严重和极少量的情况下才适用。[②] 安塞尔的观点具有中和性，不能对大量的罪犯适用剥夺自由的监禁刑，极严重和极少数情况下适用能起到震慑、打击少数人的作用。

普林斯、格拉马蒂卡和安塞尔的社会防卫论中有矛盾之处，尽管他们都关注了对社会成员基本权利的保护，但是有人认为，要使罪犯与社会隔离，应大量适用自由刑；有人认为，要使罪犯受到惩罚，但是剥夺自由应该是最后的手段；有人认为，要废除刑罚，关注罪犯回归社会。

对监狱应该具有什么样功能的讨论，监狱应该如何去做的争论，各种理念的差异也跨越时空地体现在我国参与减刑权运作的部门之间。2010 年刑法学年会[③]中，就《刑法修正案（八）》中关于减刑问题的研讨体现了这一矛盾。就减刑条件更严格、部分罪犯刑期变相延长问题，监狱干警认为，“管理工作更难做了，服刑人员觉得牢越坐越没有希望了”“犯人会自暴自弃，会带来负面影响，他们只能对抗，不能很好地接受教育改造”，重刑犯对抗改造无疑给监狱工作带来巨大压力。检察机关的工作人员认为，死缓犯的实际服刑期还是太短，要用刑罚预防犯罪，不应过多地考虑监狱负担重。来自立法机关的工作人员认为，如果把这些严重罪犯放到社会上会更危险，监狱分担了对这部分人实施控制防止其再次犯罪的职责。减刑是要根据罪犯的刑种和在监狱内的表现综合进行判断，面对《刑法修正案（八）》可能带来的影响，监狱即使不适应，也要去逐步适应。监狱应符合国情的、法律的要求，而不能要求国家法律去附和监狱的要求。[④] 上述发言反映了不同部门之间的认识差异、理念差异。

对监狱中的罪犯尤其是重刑犯减刑问题上，我们看到研讨会上监狱方面考虑

---

① 杜雪晶：《论安塞尔新社会防卫思想的理论内核》，载《河北法学》2009 年第 8 期，第 167 页。

② 马克昌主编：《近代西方刑法学说史略》，北京：中国检察出版社 2004 年版，第 358 页。

③ 笔者认为，研讨会上某个代表的认识尽管不能代表该机关的观点，但是也部分反映了该实践部门对待减刑问题的基本看法。

④ 年会简报组：《中国法学会刑法学研究会 2010 年年会简报》，华中大法律网，http：//law. hust. edu. cn/Law2008/ShowArticle. asp？ArticleID = 8560&Page = 2. 最后访问时间：2011-10-25.

更多的是罪犯改造积极性以及罪犯在监狱的管理；检察机关侧重的是惩罚、预防犯罪；立法机关在综合考察全局后认为监禁危险的重刑犯，限制减刑，在监狱中能使其不危害社会。毕竟监狱以隔离方式的预防胜于社会综合预防，这是监狱行刑的天然优势，监狱也可以通过在实践中探索新的矫正方式以适应法律的变化，满足社会防卫的需要。

社会防卫中的不同观点将影响减刑权的运作。如果监狱全面掌握了减刑权，为了狱内管理的便利，有可能在减刑中无法贯彻立法者的初衷，偏离立法时的利益衡量，无法实践社会防卫的要求。如果仅仅为了管理的便利而适用减刑，则会使没有充分改造成功的罪犯重新流向社会。如果为了监狱管理便利，有可能出现越难管理的罪犯、人身危险性越大的罪犯越容易获得减刑，因为他们早一天出狱，监狱干警就少一天面对“问题”罪犯，早一天降低可能存在的职业风险。这不仅是对“市民的生命、身体、财产及名誉”的不负责，更有可能使罪犯因再次犯罪而重新入狱，没有尽到“拯救罪犯”的义务。因此，减刑权全部集中在监狱，是不符合权力设置的科学性的，也不符合对罪犯进行隔离、矫正的要求。设置减刑裁定权以限制减刑建议权，则因法院能与监狱保持一定距离，在更加独立和宏观的角度保障立法者的意图得到较为彻底地贯彻，实现刑罚对罪犯的惩罚，以及对国家基本制度、社会公共秩序、公民基本权利的保护，对罪犯回归社会的调节等。

（三）刑罚执行权的深化

监狱减刑建议权是刑罚执行权深化发展的产物。在欧洲中世纪，罪刑擅断，判刑与刑罚执行均带有极大的任意性，民众不堪其苦。以贝卡里亚为代表的启蒙思想家提出了罪刑法定主义并得到深受刑罚肆虐之苦的人们热烈欢迎，于是严格规则主义成为刑法典的指导思想。该主义使立法者进入这样的迷失，他们“试图对各种特殊而细微的实情开列出各种具体的、实际的解决办法。其最终目的在于有效地为法官提供一个完整的办案依据，以便使法官在审理任何案件时都能得心应手地引律据典，同时又禁止法官对法律作任何解释。遇有疑难案件，法官必须将解释和适用法律的问题提交一个专门为此目的而设立的‘法规委员会’（Statutes Commission）”[①]。在这种情形下，法官没有任何自由裁量的空间，更遑论刑罚执行官，刑罚执行官只能消极执行法院判决而没有任何发言权。僵硬的报应主义注定要因法的局限性而宣告破产，司法领域中不得不赋予法官必要的自由裁量权以适应不同的犯罪以及千变万化的罪犯。司法领域中的自由裁量影响到刑罚执行领域中，自由刑执行也不再仅仅是消极执行法院判决，纯粹对罪犯进行监禁与施加痛苦，而是加入教育与矫正的因素，通过各种途径使罪犯回归社会，刑罚执行权中有了新内容。

我国《监狱法》第3条规定：“监狱对罪犯实行惩罚和改造相结合、教育和劳动相结合的原则，将罪犯改造成为守法公民。”这表明，我国刑罚执行中重视对罪犯的教育与改造，最终努力使罪犯能够成功回归社会，成为对社会无害乃至有益的公民，这不仅是一项刑事政策，更是一条重要的刑罚执行权运作原则。“在行刑教育中，把坏人改造教育成为弃恶从善的新人是最高的人道主义，是好中最好的社会政策，是一种有效的、彻底的保护社会方法。”[②] 对罪犯的教育是人道主义的要求，是刑罚执行人性化的需要。罪犯在监禁中最希望获得自由，通过自己的良好表现获得减刑几乎是每一个罪犯的追求，有条件地满足罪犯的需要是对其人性的尊重。罪犯在监狱中承受了自由刑被剥夺以及因此带来的其他权利被剥夺的痛苦，漫长的监禁生活已经制造了足够的痛苦，因此需要以减刑等方式对已经承受了一定痛苦且从中吸取教训的罪犯进行人道主义的宽恕。

以监狱为主的自由刑执行机关身负惩罚与教育改造的双重任务，对自由的剥夺当然是惩罚，现代刑罚禁止法外施刑，除剥夺自由的惩罚外，他们只留下对罪犯的矫正任务，这一任务的完成不是消极执行刑罚所能满足的，需要赋予监狱等机关更深入的权力。监禁机构对罪犯的情况掌握最为全面，减刑建议权交由监禁机构行使，这是其通过减刑建议吸引积极向上的罪犯进行自我矫正的重要方式。减刑建议权是监禁机构刑罚执行权的重要组成部分，是刑罚执行权深化的结果，是其完成惩罚、教育、改造任务的有力保障。

---

① ［美］约翰·亨利·梅利曼：《大陆法系》（第二版），顾培东、禄正平译，李浩校，北京：法律出版社2004年版，第39页。

② 甘雨沛等主编：《犯罪与刑罚新论》，北京：北京大学出版社1991年版，第700页。

（四）量刑权的延续

减刑裁定权是罪刑均衡原则[①]在刑罚执行阶段的贯彻所需，是量刑工作的延续。罪刑均衡原则的内容是随着时代的变化而发展的：在刑罚产生之初表现为汉谟拉比法典中的同态复仇；后又表现为康德所论述的刑罚在严厉程度上与犯罪所造成的损害程度相等的绝对正义之报应；经黑格尔进行庞大缜密的逻辑分析，罪刑均衡原则表现为对犯罪的否定——刑罚与犯罪之间存在着价值的等同；近代刑法学派将罪刑法定原则又向前推一步，刑罚的适用应充分考虑行为人的个人情况。现代刑法理论，在罪刑均衡原则中充分融入报应与预防的因素，既能保障伸张正义，彰显国家规范的权威，又能防止单纯制裁的弊端，增强对罪犯的教育矫正，实现对严重违规社会成员的最大程度人道。

笔者认为，新时代罪刑均衡原则中的“罪”应被赋予新内容，它不仅仅包含罪犯之罪行，更包含罪犯的个人情况，所有罪行都是千差万别的罪犯实施的，以罪犯的个人情况调节较为僵硬的传统罪刑关系是刑法现代化的必然。张志辉教授认为应通过刑事责任调节罪行与刑罚之间的关系，“责任是一个与罪行相关的概念，它既考虑到罪犯的不同情况，又能够满足刑罚对伸张正义的要求”[②]。他指出，罪行是决定刑事责任的重要因素，但不是唯一要素；罪行离不开犯罪人，但是犯罪人的个人情况并不是罪行本身。主体的个人情况属于责任要素，在行为人所实施的行为构成犯罪的情况下，行为人的个人情况可能影响刑事责任的有无和大小[③]。所以，法官量刑时需要充分考察罪犯的个人情况。我国台湾地区林山田教授认为，“刑法科处行为人的刑罚种类或刑罚的轻重程度必须跟行为人的罪责程度相当，而具有罪责相当性”；“罪责乃是指就刑法规范的观点而对行为人与其行为的公开谴责或责难。罪责的形成，系以人类具有正确判断适法或非法的能力与自由为基础”；“行为人以违法行为表现其对于法律规范的禁止或诫命的有瑕疵的价值思维，这种有瑕疵且可责难的价值思维，即为罪责非难的对象”[④]。

---

① 尽管罪刑均衡原则有罪刑相适应原则、罪责刑相适应原则等称谓之争，但是，这都是基于对公平正义如何在刑法中实现的认识差异导致的，其内核是刑罚的轻重与罪犯的罪行相均衡。

② 张志辉：《刑法理性论》，北京：北京大学出版社 2006 年版，第 142-143 页。

③ 张志辉：《刑法理性论》，北京：北京大学出版社 2006 年版，第 144-152 页。

④ 林山田：《刑法通论（修订十版）》（下），台北：元照出版有限公司 2008 年版，第 92 页，第 376，第 377 页。

行为人通过犯罪行为表现其对抗法律规范的意志，因此应当受到刑罚惩罚。林山田教授提醒我们需要注意，行为人“具有正确判断适法或非法的能力与自由”是罪责的基础，行为人的个人情况当然会影响其判断的能力与自由。刑罚不仅仅应该与罪犯的行为相适应，更应该考虑与罪犯的个人因素相适应，尤其是体现判断适法或非法的能力。罪犯在监狱中接受被剥夺自由的惩罚，接受劳动改造，接受法律、文化教育等，判断适法或者非法的能力发生变化，对其刑期也应该进行一定程度的调整。

在大陆法系的主要国家，法官量刑时均要考量罪犯的个人情况。例如，《德国刑法典》第 46 条规定，行为人的责任是量定刑罚的基础。必须考虑刑罚对行为人在社会中的未来生活所期望发生的作用。在量定时法院要对照考虑对行为人有利和不利的情况。此时要特别考虑：行为人的动机和目标，由行为所表明的感情和在行为时所使用的意志，违反义务的程度，行为实施的形式和所造成的后果，行为人人格与经济的关系，特别是补偿损害的努力及行为人实现与被害人和解的努力。已经是法律的构成要件的标志的情况，不允许加以考虑。[①] 德国刑法中明确了报应与预防的分工，行为人的责任决定刑罚的范围，罪犯个人情况影响对刑罚范围的微调。意大利刑法没有像德国刑法一样对量刑目的进行明确规定，没有说明报应与特殊预防在哪些范围影响量刑。《意大利刑法》第 133 条规定了法官认定犯罪严重程度时应考量的因素：“1）行为的性质、类型、手段、对象、时间、地点和其他方式；2）对犯罪被害人造成的损害或者危险的程度；3）故意或者过失的程度。”除此之外，法官还应当根据下列情况认定罪犯的犯罪能力：“1）犯罪的原因和罪犯的特点；2）刑事处罚前科，尤其是罪犯在犯罪前的品行和生活；3）犯罪时的品行或者犯罪后的品行；4）罪犯所处的个人、家庭和社会生活环境。”[②] 对于这一条的理解，意大利刑法学界长期以来一直存在争议，帕多瓦尼教授采用了较为折中的观点，他认为，“罪过的内容决定刑罚的范围，而特殊预防的目的在量刑时只能在罪过内容决定的刑罚范围内作为减轻刑罚的因素发挥作用”，但是两者在报应与预防范围内并非绝对冲突，影响犯罪能力（罪犯个人情况——引者注）的因素，“首先根据它们来确定罪过的程度，然后参照

---

① 《德国刑法典》，冯军译，北京：中国政法大学出版社 2000 年版，第 20 页。

② 《最新意大利刑法典》，黄风译注，北京：法律出版社 2007 年版，第 48-49 页。

它们来界定特殊预防的需要"[①]。由此可见，量刑时对罪犯个人情况的考量既能满足报应的需要，又能满足特殊预防的需要，只不过罪犯的个人情况不能起决定性作用，但是"罪"中人的因素属于量刑时必须注意的内容。

笔者认为，在量刑过程中，学者或司法实践人员均重视罪犯个人情况中体现出的人身危险性[②]对刑罚的影响，犯罪分子犯罪的动机、目的、手段等，犯罪分子在罪后坦白、自首、立功、赔偿或者逃逸等无不能表现人身危险性的情节。审判中法官对罪犯的罪行和他的人身危险性进行评估，在报应的基础上考虑了特殊预防以及一般预防的影响，作出了与其罪行、人身危险性相均衡的刑罚宣告。

量刑后宣告刑的公布并没有意味着刑罚的结束，有期徒刑等进入执行阶段后，还需要法官根据特殊预防、报应与一般预防的衡量调整罪犯应受到的刑罚。恰如病人在医院接受治疗，医生不会按照病人最初入院的用药方案一直持续到病人出院，而是需要根据病情好转情况，不停地调整用药方案，最高效地使病人恢复健康。罪刑均衡原则绝非止步于宣告刑，它同样会影响到对罪犯的刑罚执行。刑罚执行过程中，罪犯人身危险性发生变化，更加适宜回归社会，将获得更多减刑，反之则不能减刑。执行自由刑，受报应与一般预防的影响，必须要有最低行刑期，"罪犯的不同情况，如果只是与罪犯改造的难易程度有关，而不是与所犯罪行有关，它就会在一定程度上影响刑罚在伸张社会正义方面的功能发挥，就可能导致刑罚适用的任意性。"[③] 最低行刑期，既是矫正的需要，也是惩罚报应罪犯的需要。矫正罪犯恶习，需要一定的时间，惩罚罪犯，使其从中感受到自己罪有应得，也需要一定的时间。

受到罪犯人身危险性变化的影响，在特殊预防的影响下，将要对其减刑。罪犯在监狱中如果没有良好表现，人身危险性或可增大，尽管不能延长刑期，但是可以通过不减刑的方式实现刑期的消极不减少。罪犯在监狱中如果确有悔改、立功表现或者重大立功表现，表明其人身危险性已经降低，罪刑均衡原则此时再次体现了自己的影响，依据罪犯人身危险性的变化实现刑罚的变化，可以或者必须

---

① ［意］杜里奥·帕多瓦尼：《意大利刑法学原理》（注评版），陈忠林译，北京：中国人民大学出版社2004年版，第313、315页。

② 关于人身危险性定义的争论颇多，笔者无意在此进行人身危险性的讨论，笔者认为人身危险性是行为人的行为已经开始被刑法评价，可能需要用刑罚加以规制的再次实施犯罪的可能性。

③ 张志辉：《刑法理性论》，北京：北京大学出版社2006年版，第142页。

减少实际执行刑期。对罪犯的减刑，是量刑权在罪刑均衡原则影响下的延伸。

减刑权是监狱行刑与司法审判中的重要权力，由减刑建议权与减刑裁定权、减刑监督权共同组成，其既不单纯属于法院、检察院，也不完全属于监狱等自由刑执行机关，而是为三机关分别享有一部分，任何机关独占此权力均会影响减刑工作的展开，不利于刑罚目的实现。

第二节　减刑制度下的宣告刑与执行刑

一、减刑制度下徒刑的宣告刑与执行刑

设置减刑制度，改变了无期徒刑、有期徒刑、拘役刑的宣告刑与执行刑之间的关系。在没有减刑的情况下，宣告刑与执行刑精确对应，如宣告刑为 10 年有期徒刑，执行刑即对应为 10 年有期徒刑。尽管存在假释制度，罪犯可以通过假释在监狱外行刑，但是假释设置监狱外考验期，变化的是行刑地点，刑期没有发生变化。有期徒刑罪犯在符合假释其他条件的情况下，在监狱服刑原判决刑期 1/2 以上，可以假释，假释考验期为原判刑期的剩余刑期。无期徒刑犯在符合假释其他条件的情况下，在监狱服刑原判决刑期 13 年以上，可以假释，假释考验期为 10 年。

在设置减刑制度以后，无期徒刑、有期徒刑、拘役刑的宣告刑外形在判决书中是一个确定的刑期。无期徒刑具备终身监禁的外形，即终身在监狱服刑，没有截止日期。有期徒刑、拘役具备刑期确定的外形，为判决书中有具体确定的时间。在执行过程中，发生了明显的变化，罪犯在服刑过程中能够获得减刑，执行的并非一个具体确定的时间，而是随着罪犯在监狱中表现而缩小的幅度。执行刑此时不是一个具体的时间点，而是一个变化的幅度。例如，宣告刑为 10 年，实际执行的刑期是 5-10 年；宣告刑为无期徒刑，实际执行的刑期为 13 年以上的不定期刑。笔者认为，执行刑不是对宣告刑的反对，而是在执行宣告刑。法官在宣告无期徒刑或者有期徒刑的时候，因为刑法中减刑制度的存在，宣告的实际上是一个幅度而不是一个确定的点。执行机关执行的也是一个幅度不是一个确定的点，没有改变原判决确定的幅度范围。

二、减刑制度下死刑缓期执行的宣告刑与执行刑

自1997年10月1日起，第八届全国人民代表大会第五次会议修订的《刑法》开始生效。二十多年以来，死刑缓期2年执行制度（以下简称死缓制度）发生了重大变化，显著的特征是死缓制度因法律后果差异、严厉程度不同显示出越来越多的层级。这种嬗变的内在原因值得我们关注，笔者认为，恰好是减刑制度的存在，为死缓能够不停增加不同结果提供了制度保障。

（一）1979年《刑法》中的死缓制度层级

1979年，新中国首部《刑法》诞生。《刑法》中明确规定了死缓制度，给不是必须立即执行死刑的罪犯一线生机，具有减少死刑立即执行、降低刑罚严厉性的优点。

1979年《刑法》规定，死缓的对象条件有四个。第一，实质条件。死刑只适用于罪大恶极的犯罪分子。第二，不是必须立即执行。对于应当判处死刑的犯罪分子，如果不是必须立即执行的，可以判处死刑同时宣告缓期2年执行，实行劳动改造，以观后效。第三，排除条件。犯罪的时候不满18周岁的人和审判的时候怀孕的妇女，不适用死刑。第四，排除条件的例外。已满16周岁不满18周岁的，如果所犯罪行特别严重，可以判处死刑缓期2年执行。

依据1979年《刑法》，死缓按照严厉程度可以分为4级：第一级，判处死刑缓期执行的，在死刑缓期执行期间，如果确有悔改，2年期满以后，减为无期徒刑。第二级，如果确有悔改并有立功表现，2年期满以后，减为15年以上20年以下有期徒刑。第三级，抗拒改造情节没有达到恶劣程度的，不执行死刑。第四级，如果抗拒改造情节恶劣、查证属实的，由最高人民法院裁定或者核准，执行死刑。

以今天的视角来看，该规定中“罪大恶极”“抗拒改造”的表述缺乏科学性，对未成年人可以适用死缓不符合世界人权发展的潮流。

（二）1997年《刑法》中的死缓制度层级

1997年，国家对《刑法》进行了全面修订，既包括犯罪内容，又包括刑罚内容。

1997年《刑法》规定，死缓的对象条件有三个。第一，实质条件。死刑只适用于罪行极其严重的犯罪分子。第二，不是必须立即执行。对于应当判处死刑的犯罪分子，如果不是必须立即执行的，可以判处死刑同时宣告缓期2年执行。第三，排除条件。犯罪的时候不满18周岁的人和审判的时候怀孕的妇女，不适用死刑。

依据1997年《刑法》，死缓按照严厉程度可以分为4级：第一级，判处死刑缓期执行的，在死刑缓期执行期间，如果没有故意犯罪，2年期满以后，减为无期徒刑。第二级，如果确有重大立功表现，2年期满以后，减为15年以上20年以下有期徒刑。第三级，如果过失犯罪，不核准执行死刑。第四级，如果故意犯罪，查证属实的，由最高人民法院核准，执行死刑。

1997年《刑法》对死缓制度进行了较大调整，以“罪行极其严重”取代“罪大恶极”的表述方式，相对更加科学。对未成年人彻底不适用死刑，展现了我国在人权保障方面的决心。将抗拒改造情节恶劣，修改成为故意犯罪，更加符合罪刑法定原则中的明确性要求。将死缓减为有期徒刑的条件从确有悔改并有立功表现，修改为确有重大立功表现，提高了从死缓减为有期徒刑的条件。

（三）《刑法修正案（八）》之后的死缓制度层级

《刑法修正案（八）》于2011年5月生效，依据修正后《刑法》的规定，死缓按照严厉程度可以分为6级：第一级，判处死刑缓期执行的，在死刑缓期执行期间，如果没有故意犯罪，2年期满以后，减为无期徒刑。第二级，如果确有重大立功表现，2年期满以后，减为25年有期徒刑。第三级，如果过失犯罪，不核准执行死刑。第四级，对被判处死刑缓期执行的累犯以及因故意杀人、强奸、抢劫、绑架、放火、爆炸、投放危险物质或者有组织的暴力性犯罪被判处死刑缓期执行的犯罪分子，缓期执行期满后依法减为无期徒刑的，不能少于25年。第五级，对被判处死刑缓期执行的累犯以及因故意杀人、强奸、抢劫、绑架、放火、爆炸、投放危险物质或者有组织的暴力性犯罪被判处死刑缓期执行的犯罪分子，缓期执行期满后依法减为25年有期徒刑的，不能少于20年。第六级，如果故意犯罪，查证属实的，由最高人民法院核准，执行死刑。

《刑法修正案（八）》取消了13个罪名的死刑，这是对1997年《刑法》中死刑的最大规模修订。一方面大量取消罪名中配置的死刑，另一方面提高死缓的执行期限。提升死缓犯服刑期限，有其实践原因。按照原有规定会出现两个严重的问题："一是，判处死缓的犯罪分子都具有很严重的罪行，实际执行刑期过短，难以起到惩戒作用，也不利于社会稳定；二是，与死刑立即执行之间的差距过大，妨害了死缓在司法实践中的适用，不利于司法实践中有效控制和减少死刑。根据刑法罪刑相适应原则，应当严格限制对某些判处死缓的罪行严重的罪犯的减刑，延长其实际服刑期。"①

（四）《刑法修正案（九）》之后的死缓制度层级

2015年11月1日，《刑法修正案（九）》生效。《刑法修正案（九）》继《刑法修正案（八）》之后取消了9个罪名的死刑，对死缓制度进行了较大调整，死缓的层级更加丰富。

《刑法修正案（九）》之后，依据法律后果的不同，死缓存在8个层级：第一级，在死刑缓期执行期间，如果故意犯罪，情节恶劣的，报请最高人民法院核准后执行死刑。第二级，在死刑缓期执行期间，对于故意犯罪未执行死刑的，死刑缓期执行的期间重新计算，并报最高人民法院备案。第三级，判处死刑缓期执行的，在死刑缓期执行期间，如果过失犯罪，定罪量刑，合并执行死刑缓期执行，2年期满以后，减为无期徒刑。第四级，贪污犯、受贿犯数额特别巨大，并使国家和人民利益遭受特别重大损失的，被判处死刑缓期执行的，人民法院根据犯罪情节等情况可以同时决定在其死刑缓期执行2年期满依法减为无期徒刑后，终身监禁，不得减刑、假释。第五级，限制减刑的死刑缓期执行的犯罪分子，缓期执行期满后依法减为无期徒刑的，不能少于25年。第六级，限制减刑的死刑缓期执行的犯罪分子，缓期执行期满后依法减为25年有期徒刑的，不能少于20年。第七级，判处死刑缓期执行的，在死刑缓期执行期间，如果没有故意犯罪也没有过失犯罪的，2年期满以后，减为无期徒刑。第八级，在死刑缓期执行期间，如果确有重大立功表现，2年期满以后，减为25年有期徒刑。

刑法为死刑缓期执行设置了诸多结局，在相关司法解释中也通过具体执行方式的差异为死缓设置了更多可能，通过调整死缓犯减为无期徒刑的时间、减为无期徒刑后再次减刑的时间、减为有期徒刑的期限、减刑幅度等来实现死缓层级多样。依据2016年《减刑假释规定》被判处死刑缓期执行的罪犯减为无期徒刑后，尚可分为3类6个层级。

---

① 王尚新主编：《中华人民共和国刑法解读》（第三版），中国法制出版社2011年版，第63页。

第一类，被限制减刑的死刑缓期执行罪犯。此类罪犯减为无期徒刑后，符合减刑条件的，执行 5 年以上有期徒刑方可减刑。

第二类，被严格减刑的死刑缓期执行罪犯。被严格减刑的死缓犯是指被判处死刑缓期执行的如下罪犯：职务犯罪罪犯，破坏金融管理秩序和金融诈骗犯罪罪犯，组织、领导、参加、包庇、纵容黑社会性质组织犯罪罪犯，危害国家安全犯罪罪犯，恐怖活动犯罪罪犯，毒品犯罪集团的首要分子及毒品再犯，累犯以及因故意杀人、强奸、抢劫、绑架、放火、爆炸、投放危险物质或者有组织的暴力性犯罪的罪犯，确有履行能力而不履行或者不全部履行生效裁判中财产性判项的罪犯，数罪并罚被判处死刑缓期执行的罪犯。该类死刑缓期执行罪犯减为无期徒刑后，符合减刑条件的，执行 3 年以上有期徒刑方可减刑。在从无期徒刑减为有期徒刑的，存在两种情形。第一种，一般减为 25 年有期徒刑。第二种，有立功表现或者重大立功表现的，可以减为 23 年以上 25 年以下有期徒刑。

第三类，普通的死刑缓期执行罪犯。该类死缓犯减为无期徒刑后，符合减刑条件的，执行 3 年以上有期徒刑方可减刑。在普通死缓犯从无期徒刑减为有期徒刑的，存在四种情形。第一种，确有悔改表现或者有立功表现的，可以减为 25 年有期徒刑；第二种，确有悔改表现并有立功表现的，可以减为 24 年以上 25 年以下有期徒刑；第三种，有重大立功表现的，可以减为 23 年以上 24 年以下有期徒刑；第四种，确有悔改表现并有重大立功表现的，可以减为 22 年以上 23 年以下有期徒刑。

2016 年《减刑假释规定》规定普通死缓犯在不包含缓期执行的期间，实际执行的刑期不少于 15 年。因为刑法仅规定了被限制减刑的死缓犯的最低服刑年限，所以较被限制减刑的死缓犯，普通死缓犯服刑时间要少 5–10 年甚至少服刑更长时间。

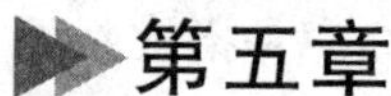

第五章

我国减刑制度的现状

1979年《刑法》正式通过法律形式确立减刑制度，在1997年对《刑法》进行的重大修改完善中得以再次确认。现今减刑制度，主要在《刑法修正案（八）》及其之后一系列修正案、司法解释、国家政策的影响、塑造下形成。之所以将《刑法修正案（八）》作为重要节点，原因在于由此开始了1997年《刑法》对减刑制度的改革完善。

第一节 《刑法修正案（八）》对减刑制度的完善

2011年2月25日第十一届全国人民代表大会常务委员会第十九次会议通过《刑法修正案（八）》。《刑法修正案（八）》共50条，数量仅次于《刑法修正案（九）》的52条，刑法总则和分则都有大量修改，对减刑制度的影响尤深。《刑法修正案（八）》对《刑法》第78条第2款进行了修改，主要调整了减刑后各种自由刑、死刑缓期执行实际执行的刑期。

一、调整徒刑减刑后实际执行刑期

《刑法修正案（八）》规定，对被判处无期徒刑的，减刑后实际执行的刑期不少于13年，将原有下限10年提高了3年。

对被判处管制、拘役、有期徒刑的，实际执行的刑期比例没有发生变化，依然是不能少于原判刑期的1/2。比例没有发生变化，对有期徒刑数罪并罚的上限进行了调整。《刑法修正案（八）》将原第69条有期徒刑数罪并罚上限不超过20年的规定进行了细化，以总和刑期35年为界限进行区分。修改为有期徒刑总和刑期不满35年的，最高不能超过20年，总和刑期在35年以上的，最高不能超过25年。有期徒刑数罪并罚上限提高了5年，将原有期徒刑数罪并罚最高刑在减刑后实际服刑的下限从10年提高到12.5年。

二、调整死刑缓期执行实际执行刑期

《刑法修正案（八）》对限制减刑的死缓犯在减为徒刑后的期限加以规定。限制减刑的死刑缓期执行的犯罪分子，缓期执行期满后依法减为无期徒刑的，不能少于25年，缓期执行期满后依法减为25年有期徒刑的，不能少于20年。

规定限制减刑的死刑缓期执行的犯罪分子在减为徒刑后实际执行的最低刑期，显然是刑法体系化的产物。《刑法修正案（八）》对《刑法》第50条进行了修改，增加了限制减刑的死缓犯的规定，对被判处死刑缓期执行的累犯以及因故意杀人、强奸、抢劫、绑架、放火、爆炸、投放危险物质或者有组织的暴力性犯罪被判处死刑缓期执行的犯罪分子，人民法院根据犯罪情节等情况可以同时决定对其限制减刑。

累犯受过有期徒刑以上刑罚，执行完毕5年以内又因故意犯罪被判处死刑缓期执行的，可以根据其犯罪情节等决定限制减刑。

普通的死刑缓期执行罪犯经过一次或几次减刑后，其实际执行的刑期不能少于15年，由此可以计算，死刑缓期执行期间不包括在15年之内，普通死缓犯在监狱中服刑时间最少17年。

死刑缓期执行与死刑立即执行一样，都不是独立的刑种，都是死刑的一种执行方法。死刑缓期执行是连接死刑立即执行与无期徒刑的缓冲地带。合理设置死刑缓期执行转化为徒刑后实际执行的刑期，能够有效避免从死刑立即执行直接向无期徒刑的“硬着陆”。

《刑法修正案（八）》如此规定，是为了解决实践中的两个问题：“一是判处死刑缓期执行的犯罪分子都有很严重的罪行，实际执行刑期过短，难以起到惩戒和威慑作用，不利于社会稳定；二是与死刑立即执行之间的差距过大，难以充分体现罪责刑相适应原则。”① 被判处死刑缓期执行的罪犯，并非千人一面，因其罪名不同、危害结果不同、情节不同、人身危险性不同等，监狱内服刑时间不

---

① 王爱立：《中华人民共和国刑法条文说明、立法理由及相关规定》，北京：北京大学出版社2021年版，第148页。

能一概相同，应体现出差异性。对累犯、严重危害他人生命和健康的罪犯以及有组织的暴力性罪犯等，应通过减刑手段，调整其在监狱内服刑时间，确保有效的隔离，实现惩罚犯罪、保护人民的目标。

三、扩大刑罚较轻罪犯社区矫正的空间

《刑法修正案（八）》在条文中扩大刑罚较轻罪犯社区矫正的空间，在监狱执行刑罚过程中，对减刑可能带来的影响是比较显著的。

第一，在宣告刑阶段即减少进监狱服刑的可能，直接减少与减刑发生制度性联系。《刑法修正案（八）》规定对管制犯、缓刑犯进行社区矫正。《刑法》第38条规定，对判处管制的犯罪分子，依法实行社区矫正。《刑法》第76条规定，对宣告缓刑的犯罪分子，在缓刑考验期限内，依法实行社区矫正，如果没有本法第77条规定的情形，缓刑考验期满，原判的刑罚就不再执行，并公开予以宣告。

管制原规定由公安机关执行，缓刑原规定由公安机关考察，《刑法修正案（八）》将管制的执行、缓刑的考察交由社区矫正机关，降低了公安机关工作压力，确立专门部门对其进行管理，实现了专业化矫正。两种罪犯由专业化机构进行矫正，避免了审判人员、被害人等对管制犯和缓刑犯无人管理、控制以及无人矫正等担忧，能够更放心地适用管制与缓刑，减少实际监禁的数量，减少减刑对上述两种罪犯可能入狱后的适用难题。

第二，为假释犯的有效管理、矫正提供制度上的保障。《刑法修正案（八）》规定，“对假释的犯罪分子，在假释考验期限内，依法实行社区矫正，如果没有本法第八十六条规定的情形，假释考验期满，就认为原判刑罚已经执行完毕，并公开予以宣告”。罪犯获得假释后，有专门的社区矫正机构进行矫正，与此前管理松散有较大差别。社区矫正避免了因对假释犯管理不足导致的脱管现象，能够比较有效减少假释犯在假释期间的违法犯罪现象，一定程度上消除监狱、法院相关工作人员在适用假释上的心理顾虑。假释的罪犯增多，减刑的适用相对会减少。

四、压缩部分刑罚较重罪犯假释的空间

不是对所有的罪犯都适用假释。《刑法修正案（八）》明确限定部分人身危险性强、刑罚重的罪犯禁止假释，致使这部分罪犯只能通过减刑的方式获得

奖励。

被《刑法修正案（八）》禁止假释的范围为“对累犯以及因故意杀人、强奸、抢劫、绑架、放火、爆炸、投放危险物质或者有组织的暴力性犯罪被判处十年以上有期徒刑、无期徒刑的犯罪分子，不得假释”。原规定范围是“对累犯以及因杀人、爆炸、抢劫、强奸、绑架等暴力性犯罪被判处十年以上有期徒刑、无期徒刑的犯罪分子，不得假释”。被加入禁止假释范围的行为系放火、投放危险物质行为，社会危害可能性与原条文中列举规定的爆炸相似。三种行为都是《刑法》第 114 条规定的行为，将其写入禁止假释的范围，更有利于打击放火行为、投放危险物质行为。

原暴力性犯罪范围被缩小至有组织的暴力性犯罪，有组织的暴力性犯罪组织性强，社会危害程度更高，罪犯人身危险性更大，应该禁止假释。暴力性犯罪在我国犯罪体系中范围比较广，在符合宣告刑条件下一律禁止假释，有可能使这部分人获得更多的减刑机会。

第二节　《刑法修正案（九）》对减刑制度的完善

2015 年 8 月 29 日第十二届全国人民代表大会常务委员会第十六次会议通过《刑法修正案（九）》。《刑法修正案（九）》共 52 条，为历次修正案数量之最。总则中修订 4 条，分则中修订 46 条。对减刑制度的影响主要体现在《刑法修正案（九）》第 2 条对死缓制度的修改和第 44 条对贪污罪处罚的修改，因《刑法》第 386 条规定受贿罪依照贪污罪处罚，故受贿罪处罚亦受调整。

一、调整死刑缓期执行转化为死刑立即执行的条件

死刑缓期执行转化为死刑立即执行的条件在立法中整体趋向严格。原法条规定为，死缓期间，“如果故意犯罪，查证属实的，由最高人民法院核准，执行死刑”。这意味着司法机关对这种情况没有任何自由裁量权，只要在死缓期间实施故意犯罪且查证属实的，不论犯罪原因、目的、动机、手段、被害人过错等，一律核准执行死刑。这既不符合罪刑均衡原则，也不符合限制死刑立即执行的“少杀慎杀”政策。

《刑法修正案（九）》对《刑法》第 50 条进行了调整，调整后内容为："……如果故意犯罪，情节恶劣的，报请最高人民法院核准后执行死刑；对于故意犯罪未执行死刑的，死刑缓期执行的期间重新计算，并报最高人民法院备案。"死缓期间故意犯罪将有两种可能，即核准执行死刑与死刑缓期执行期间重新计算。区分两种可能的标准为情节恶劣。笔者认为，该规定符合司法实践需要，即使被判处死刑缓期执行，在考验期实施故意犯罪，这个群体中的罪犯也会有一定差异，不能因其缓刑考验期犯罪而在结果方面一概而论。

该规定对减刑制度的影响，笔者认为有两点。第一，死刑缓期执行的期间重新计算，打破了死刑缓期执行的考验期只有 2 年的定式，死缓考验期有可能接近 4 年甚至更多。对在死缓考验期内实施故意犯罪的罪犯，虽然没有转化为死刑立即执行，但是在未来从无期徒刑减为有期徒刑，再从有期徒刑继续减刑的过程中，应该注意其人身危险性的不同而有限度地减刑。第二，影响无期徒刑、有期徒刑减刑的设计。2012 年《减刑假释规定》第 14 条规定："被判处十年以上有期徒刑、无期徒刑的罪犯在刑罚执行期间又犯罪，被判处有期徒刑以下刑罚的，自新罪判决确定之日起二年内一般不予减刑；新罪被判处无期徒刑的，自新罪判决确定之日起三年内一般不予减刑。"规定因犯新罪一般不予减刑的范围系被判处 10 年以上有期徒刑、无期徒刑的罪犯，范围较窄，应该扩展至所有罪犯。参照死缓犯在死刑缓期执行期间故意犯罪的处理方式——原考验期归零，徒刑罪犯曾经获得之减刑奖励，也应该归零，且新罪判决确定之日起一定时间内不予减刑。

二、在分则中设置终身监禁

《刑法修正案（九）》第 44 条对《刑法》第 383 条进行扩充规定："犯第一款罪，有第三项规定情形被判处死刑缓期执行的，人民法院根据犯罪情节等情况可以同时决定在其死刑缓期执行二年期满依法减为无期徒刑后，终身监禁，不得减刑、假释。"终身监禁是死刑缓期执行的结果之一，只适用于被判处死刑缓期执行且具备法定情节的贪污罪、受贿罪。终身监禁开创了无期徒刑不得减刑、假释的先河，使我国的无期徒刑有了真正成为无期徒刑的可能性。大多数无期徒刑犯最后都能获得减刑或者假释，走出监狱，只有被判处死刑缓期执行，减为无期徒刑后的罪犯不能减刑、假释，需要把牢底坐穿。

终身监禁对减刑制度的影响之大不言而喻。

第一，设立死缓新结果。《刑法》第 50 条规定了死缓变更的 5 种结局。(1) 在死刑缓期执行期间，如果故意犯罪，情节恶劣的，报请最高人民法院核准后执行死刑。(2) 在死刑缓期执行期间，对于故意犯罪未执行死刑的，死刑缓期执行的期间重新计算，并报最高人民法院备案。(3) 在死刑缓期执行期间，如果没有故意犯罪，2 年期满以后，减为无期徒刑。(4) 在死刑缓期执行期间，如果确有重大立功表现，2 年期满以后，减为 25 年有期徒刑。(5) 对被判处死刑缓期执行的累犯以及因故意杀人、强奸、抢劫、绑架、放火、爆炸、投放危险物质或者有组织的暴力性犯罪被判处死刑缓期执行的犯罪分子，人民法院根据犯罪情节等情况可以同时决定对其限制减刑。从死刑缓期执行减为无期徒刑后，最少服刑 25 年有期徒刑；从死刑缓期执行因重大立功减为 25 年有期徒刑后，最少服刑 20 年有期徒刑。依照刑法总则规定，罪犯被判处死刑缓期 2 年执行后，在没有故意犯罪且情节恶劣的情况下，通常能减为有期徒刑，最后刑满释放。终身监禁在刑法分则中首开死刑缓期 2 年执行不得减刑、假释的先例。

第二，开启了死缓减为无期徒刑后，终身监禁，不得减刑、假释的规定适用于其他犯罪的可能性。刑法分则规定了终身监禁，在贪污罪、受贿罪的死缓结果中增加了只有无期徒刑一种结果的“试验田”。通过终身监禁这种刑罚，对贪污受贿数额特别巨大，并使国家和人民利益遭受特别重大损失的行为进行严厉惩罚，几乎放弃了对罪犯的矫正，使其永远在监狱中生活，不可再次接触社会。如果这种刑罚方法能够收到惩罚罪犯、震慑其他意图实施类似犯罪的人之效果，则可以推而广之。“刑罚攀比”虽然有导致刑罚严厉化的可能，但是其中也蕴含了罪刑均衡的因素。如果能够对没有造成直接死亡、重伤等结果的贪污犯、受贿犯实施终身监禁，那么对累犯以及因故意杀人、强奸、抢劫、绑架、放火、爆炸、投放危险物质或者有组织的暴力性犯罪被判处死刑缓期执行的犯罪分子也同样可以因其给被害人、社会造成的严重法益侵害和高度的人身危险性施以终身监禁。

第三，开启了无期徒刑、有期徒刑不得减刑的可能性。在规定终身监禁之前，判决书中对罪犯宣告死刑缓期执行，只对限制减刑的死缓犯宣告限制减刑，为死刑缓期执行明确了执行范围，其他死刑缓刑情况，按照《刑法》第 50 条规定处理。终身监禁规定生效后，判决书中对罪犯宣告死刑缓期执行，同时为死刑缓期执行直接指明了执行方式，减为无期徒刑后，不得减刑假释。死刑缓期执行的这种执行方式，使判决书中指明执行方式成为一种有法律依据的做法。

终身监禁禁止减刑、假释的规定出台之前，已经有立法例可供参考。《刑法》第 81 条第 2 款规定，对累犯以及因故意杀人、强奸、抢劫、绑架、放火、爆炸、投放危险物质或者有组织的暴力性犯罪被判处 10 年以上有期徒刑、无期徒刑的犯罪分子，不得假释。这是在 10 年以上有期徒刑、无期徒刑中出于罪犯人身危险性的考量，禁止对特定类型罪犯假释。该种不得假释的有期徒刑、无期徒刑执行方式，早于终身监禁的规定。举轻以明重，上述犯罪分子如果被判处死缓，亦不得假释。

在未来立法中，为增加刑罚惩罚的层次，更好实现罪刑均衡原则，实现对不同罪犯的惩罚与改造，可以参照死缓终身监禁、部分罪犯禁止假释的做法，通过立法，规定某一类被判处无期徒刑、有期徒刑的罪犯不得减刑；部分罪犯限制减刑，提高实际服刑期限。

第三节　2016 年《减刑假释规定》对减刑制度的塑造

2016 年《减刑假释规定》确定了我国当前减刑的基本原则与框架。之后出现一系列与减刑、假释相关的司法解释、实施意见等，基本上是在该规定的基础上进行完善，因此现行减刑制度的核心法律规范是 2016 年《减刑假释规定》，相关制度围绕该司法解释展开论证。

一、确定减刑的基本原则

2016 年《减刑假释规定》在第 1 条确立了减刑的基本原则。基本原则是本司法解释的理论根基，是具体制度的逻辑起点，是解释、理解条文且运用到实践中的出发点。

（一）奖励非权利原则

“减刑是激励罪犯改造的刑罚制度”，表明了减刑不是罪犯的权利，而是激励罪犯的手段。有观点认为，减刑是罪犯的权利，罪犯在监狱服刑一段时间后，应该获得减刑。也有在监狱工作的干警存在一定疑惑，罪犯提出自己根据《关于计分考核罪犯的规定》获得一定分数后就应该得到减刑。笔者认为，上述观点有值得商榷之处。《刑法》第 78 条规定，自由刑执行期间有重大立功表现的，应当减刑，其余均为可以减刑。具有重大立功表现的罪犯，对监狱管理、国家和社会有重大贡献，获得减刑，是其应有的权利。其余确有悔改表现或者有立功表现，法律规定为“可以减刑”，可以减刑也意味着可以不减刑，自由裁量权由监狱、法院所掌握。监狱可以在罪犯积分达到一定程度后报请减刑，也可以不报请减刑。因为有些罪犯在监狱中确实能够做到“认真遵守监规”“接受教育改造”“确有悔改表现”或者“有立功表现”，积极获取教育改造分数和劳动改造分数，对其报请减刑有利于保持罪犯本人的改造积极性和鼓励其他罪犯向先进学习。有少数罪犯在监狱中不遵守监规监纪，不接受教育改造，悔改表现不突出，时不时因为各种情况被警告、记过或者禁闭处罚，但由于服刑时间比较长，也能够获得达到减刑标准的积分数量。对这种罪犯报请减刑，起不到激励的效果，也不能鼓励其他罪犯参加教育改造和劳动改造。所以，即使达到减刑标准的积分数量，监狱也可以不对该罪犯报请减刑。

确认减刑是激励罪犯改造的制度，符合将减刑制度放在整个国家法律法规体系中解释运用的需要。第一，确认减刑是激励罪犯改造的制度，符合刑法中确立的减刑目的。减刑的目的是引导罪犯“认真遵守监规”“接受教育改造”，对自己的罪行“确有悔改”，引导罪犯立功，作出对国家和社会有益的行为。第二，确认减刑是激励罪犯改造的制度，有利于实现监狱法“正确执行刑罚”“改造罪犯”“预防和减少犯罪”之立法目的。激励罪犯改造，不能无原则、无缘由降低罪犯服刑刑期，需要罪犯有良好的表现；激励罪犯改造，需要把奖励与惩罚相结合，奖善罚恶；激励罪犯改造，能够预防罪犯本人、罪犯之外的其他罪犯实施犯罪，从而减少犯罪。第三，确认减刑是激励罪犯改造的制度，有利于同司法部《关于计分考核罪犯的规定》衔接。该规定第 1 条明确制定目的，即“有效调动罪犯的改造积极性”“提高改造质量”“提高监狱执法公信力”等。减刑是一种激励制度，能够激励罪犯遵守监规监纪。监狱通过奖善罚恶的计分考核活动，引导罪犯参加教育改造与劳动改造，从而提高改造质量。监狱拥有提起减刑的权力，通过公正控制减刑，提高执法公信力。

（二）宽严相济原则

2004 年 12 月，中央政法工作会议上提出，“正确运用宽严相济的刑事政策”。2006 年，最高人民法院、最高人民检察院明确规定我国实行“宽严相济”

的刑事政策。2006 年，党的十六届六中全会《中共中央关于构建社会主义和谐社会若干重大问题的决定》明确提出实施宽严相济的刑事司法政策。

宽严相济的刑事政策以刑法中罪刑法定、罪刑均衡原则和适用法律人人平等的原则为基础。罪犯在监狱中接受教育改造、劳动改造，认真遵守监规，没有违纪违法行为，人身危险性降低，可以考虑适当减少实际服刑年限。如果罪犯在监狱中不接受教育改造、劳动改造，经常违法违纪，体现了较高的人身危险性，回归社会可能再次实施犯罪的，少减刑或者不减刑则更符合罪刑均衡原则。

以减刑的手段激励罪犯在监狱中实现自我改造与改造相结合。对表现良好的罪犯施以“宽”的减刑措施，对表现不好的罪犯施以“严”的不减或者少减措施，是宽严相济刑事政策的要求和体现。以减刑的手段激励罪犯，是对罪犯区别对待、宽严相济刑事政策的要求。

（三）发挥刑罚功能、实现刑罚目的原则

刑罚具有惩罚与改造的功能，通过剥夺罪犯基本权利实现惩罚，通过教育、劳动等方式实现对罪犯的改造。刑法具有特殊预防与一般预防的目的。特殊预防，即通过一系列教育、改造手段，预防罪犯本人再次实施犯罪行为。特殊预防，即通过对罪犯的惩罚，使其他人建立对法律的确信，遵守法律规范，不实施犯罪。

减刑是自由刑执行过程中的一种制度，其惩罚功能体现在能够调节罪犯在监狱服刑的时长。由于有减刑制度存在，宣告刑实质上被解构为相对不定期刑，即管制、拘役、有期徒刑原判决的 1/2 以上宣告刑以下，无期徒刑为 13 年以上。在法定幅度内，通过减刑可以实现罪犯较早出狱，如果罪犯没有悔罪表现，则可以通过不减刑或者少减刑实现对罪犯的惩罚。如果罪犯在服刑期间故意犯罪，既会导致之前减刑裁定被取消，又会导致之后 3–4 年内不允许减刑，这无疑是对罪犯的一种惩罚。

减刑的特殊预防目的通过改造功能得到充分发挥实现。监狱中对罪犯的改造以教育改造与劳动改造相结合，以教育改造为主。教育改造、劳动改造主要基于司法部《监狱服刑人员行为规范》及其在各省、自治区、直辖市乃至监狱的细化规范，通过对行为设计量化标准，开展计分考核，结合司法部《关于计分考核罪犯的规定》，实现对罪犯行为全面考察。《监狱服刑人员行为规范》分为基本规范、生活规范、学习规范、劳动规范、礼貌规范等。这些行为规范系监狱

多年积累的经验，能够较为有效地改造罪犯的不良行为模式，矫正其满足个人需要的行为方式等，防止罪犯再次实施犯罪。例如，《监狱服刑人员行为规范》第34条要求服刑人员言谈举止文明，不讲脏话、粗话。犯罪行为是侵害法益的对国家、社会、他人有害的行为，与人类文明相违背，要求其言谈举止文明，不讲脏话、粗话等，从约束其不文明的最细小的行为、语言开始，能够收到特殊预防的效果。

减刑的一般预防目的通过确立犯罪行为与刑罚之间的关系引导其他人遵守法律规定。减刑系对被判处管制、拘役、有期徒刑、无期徒刑的罪犯减短刑期的制度，减刑对监狱中服刑的有期徒刑犯、无期徒刑犯运用最广。罪犯在监狱中遵守法律法规，能够得到法律的宽容对待；若罪犯在监狱中违规违纪甚至犯罪，不仅不能获得减刑甚至将失去之前得到的减刑优待，违反法律后一段时间内也不能获得减刑。通过正反两方面的事例，能够使其他罪犯、其他公民认识到法律规范的权威性、不可侵犯性，从而树立、强化遵守法律的信念。例如，北京郭文思案件，北京市高级人民法院于2020年12月3日作出裁定，“以郭文思所获减刑均系利用不正当手段获得、对郭文思减刑的裁定均确有错误为由，撤销对郭文思的9次减刑裁定，恢复对郭文思原判无期徒刑、剥夺政治权利终身刑罚的执行”。[①]北京市纪委监委决定，对郭文思违法减刑案件中的监狱系统、检察院、法院相关工作人员刘某、隋某、段某、陈某、王某、郭某、程某、赵某，以及非国家工作人员郭某、甘某某、王某、李某、王某某等人涉嫌受贿罪、行贿罪、徇私舞弊减刑罪，根据《中华人民共和国监察法》有关规定，将上述人员移送检察机关依法审查起诉。[②] 该案处理及时、准确，实现了司法、执法公正，收到了良好的一般预防效果。

二、对特殊类型罪犯从严减刑

2016年《减刑假释规定》中增加了对特殊类型罪犯减刑的专门规定，对特殊类型罪犯从严减刑。

---

① 吴文诩：《北京市高级人民法院撤销对郭文思的9次减刑裁定》，中央纪委国家监委官网，https：//www.ccdi.gov.cn/yaowen/202012/t20201207_231469.html，最后访问日期：2021-9-5.

② 北京市纪委监委：《北京市纪委监委通报“郭文思减刑案”有关人员涉嫌职务犯罪问题调查情况》，中央纪委国家监委官网，https：//www.ccdi.gov.cn/yaowen/202009/t20200913_225446.html，最后访问日期：2021-9-5.

（一）特殊种类罪犯从严减刑

类型	刑期或刑种	从严条件	减刑起点	两次间隔	减刑幅度	减刑后的刑期
1. 职务犯罪罪犯	十年以下有期徒刑	减刑幅度应当比照2016年《减刑假释规定》第六条从严掌握	执行二年以上	两次减刑之间应当间隔一年以上	一次减刑不超过一年有期徒刑	
2. 破坏金融管理秩序和金融诈骗犯罪罪犯	同上	同上	同上	同上	同上	
3. 组织、领导、参加、包庇、纵容黑社会性质组织犯罪罪犯	同上	同上	同上	同上	同上	
4. 危害国家安全犯罪罪犯	同上	同上	同上	同上	同上	
5. 恐怖活动犯罪罪犯	同上	同上	同上	同上	同上	
6. 毒品犯罪集团的首要分子及毒品再犯	同上	同上	同上	同上	同上	
7. 累犯	同上	同上	同上	同上	同上	
8. 确有履行能力而不履行或者不全部履行生效裁判中财产性判项的罪犯	同上	同上	同上	同上	同上	

续表

类型	刑期或刑种	从严条件	减刑起点	两次间隔	减刑幅度	减刑后的刑期
9. 故意杀人 10. 强奸 11. 抢劫 12. 绑架 13. 放火 14. 爆炸 15. 投放危险物质 16. 有组织的暴力性犯罪	十年以上有期徒刑，该刑期系数罪并罚且其中两罪以上被判处十年以上有期徒刑得出	同上	同上	同上	同上	
上述16类罪犯	无期徒刑；数罪并罚被判处无期徒刑	减刑幅度应当比照2016年《减刑假释规定》第八条从严掌握；减为有期徒刑后，比照2016年《减刑假释规定》第六条从严掌握	执行三年以上	两次减刑之间应当间隔二年以上	一次减刑不超过一年有期徒刑	
上述16类罪犯	死刑缓期执行，数罪并罚被判处死刑缓期二年执行	减为有期徒刑后再减刑时，减刑幅度比照2016年《减刑假释规定》第六条从严掌握	执行三年以上	两次减刑之间应当间隔二年以上	一次减刑不超过一年有期徒刑	
被限制减刑的死刑缓期执行罪犯	死刑缓期二年执行		执行五年以上	减为有期徒刑后再减刑时，两次减刑间隔时间不得少于二年	减为有期徒刑后再减刑时，一次减刑不超过六个月有期徒刑	

续表

类型	刑期或刑种	从严条件	减刑起点	两次间隔	减刑幅度	减刑后的刑期
贪污罪、受贿罪罪犯	死刑缓期二年执行，终身监禁	不得减刑、假释				

（二）宽严相济政策的影响

2016年《减刑假释规定》第1条明确了该司法解释要贯彻宽严相济刑事政策，对特定主体减刑从严，是宽严相济刑事政策的应有之义。

对特定主体从严减刑的刑事政策较早以正式文件规定形式出现，笔者认为，是2014年1月21日发布的《中共中央政法委关于严格规范减刑、假释、暂予监外执行切实防止司法腐败的意见》（以下简称《五号文件》）。

该意见目的明确：第一，严格规范减刑、假释、暂予监外执行；第二，切实防止徇私舞弊、权钱交易等腐败行为；第三，杜绝社会反映强烈的“有权人”“有钱人”被判刑后减刑快、假释及暂予监外执行比例高、实际服刑时间偏短等现象；第四，确保司法公正，提高司法公信力。

严格减刑的对象是三类罪犯：第一，职务犯罪罪犯；第二，破坏金融管理秩序和金融诈骗犯罪罪犯；第三，组织（领导、参加、包庇、纵容）黑社会性质组织犯罪等罪犯。

对三类罪犯在减刑方面从严，采用的措施为：第一，从严把握减刑的实体条件。第二，完善减刑的程序规定。第三，强化减刑各个环节的责任。第四，确保意见切实得到执行。主要措施为相关司法解释、部门规章或者规范性文件在相应范围内作出符合意见精神的修改；建立健全相关监督检查制度，确保意见落到实处。

《五号文件》将对三类罪犯从严减刑的刑事政策用较为详细的、具有可执行性条文规定的文件形式确立，是刑事政策对特殊类型罪犯减刑非常直接、非常有影响力的一次。在2016年《减刑假释规定》中，不仅直接吸收、采纳了《五号文件》对三类罪犯从严减刑的规范性条文，对其他人身危险性较强的罪犯，也制定了从严减刑的措施。

(三) 特殊类型罪犯人身危险性更强

《刑法修正案（八）》第4条规定了对9类被判处死刑缓期执行的罪犯限制减刑，第15条规定了将《刑法》第78条第2款修改为……限制减刑的死缓犯死缓考验期结束后，减为无期徒刑和有期徒刑的，实际执行的刑期不能少于25年或者20年。

《刑法修正案（九）》对死缓犯在死缓考验期内实施故意犯罪的法律后果加以新规定，如果故意犯罪，情节恶劣的，报请最高人民法院核准后执行死刑。如果故意犯罪情节不恶劣，重新计算死缓考验期。这样便改变了原来只要实施故意犯罪就转化为死刑立即执行的情况，带来的问题是，死缓犯可能更加难以管理，有可能在死缓考验期出现不接受教育改造的情况。

刑罚体系金字塔尖的变动，势必带来整个刑罚体系的联动，尤其是接近最重刑罚的其他刑种、处罚刑量大的刑种。刑法中上述两个变化影响了死缓犯的结局，仅次于死刑立即执行惩罚力度的死缓犯实际服刑的刑期增长，应该在其他刑罚种类相同形式罪犯的减刑中予以体现。

2016年《减刑假释规定》对限制减刑的9类死缓犯规定了减刑的方式，对这9类罪犯被判处无期徒刑、10年以上有期徒刑的，也规定了从严减刑，体现了罪刑相适应原则对刑罚阶梯型的要求。第12条第2款规定了死刑缓期执行罪犯在缓期执行期间的表现将对减为无期徒刑后再减刑时的影响。死刑缓期执行的考验期，是给罪犯一个重生的机会。不服从监管、抗拒改造，尚未构成犯罪的，在减为无期徒刑后再减刑时应当适当从严。

(四) 特殊类型罪犯违规获得减刑，社会影响恶劣

减刑要最大限度地发挥刑罚的功能，其中包含惩罚功能、改造功能、警示教育功能等。减刑要最大限度实现刑罚的目的，防止社会一般公众实施犯罪，使其遵守社会规范，实现一般预防目的；防止罪犯再次实施犯罪，实现特殊预防的目的。减刑是给予罪犯的权利，能够使罪犯比宣告刑更早走出监狱，但容易引起社会公众的关注，引发对司法机关的质疑。

三类罪犯属于“有权人”“有钱人”，容易利用入监服刑前形成的社会影响力，以权、钱开路，获得更多减刑，损害刑罚的功能，难以实现刑罚的目的。《五号文件》的出台是为了解决实践中发现的问题。“当前刑罚变更执行中存在

的问题，突出表现在通过权力和金钱获得减刑、假释及暂予监外执行，在有的省份，职务犯罪罪犯的减刑间隔时间短、幅度大”“造成恶劣社会影响。”[①]“有的罪犯以权或者花钱‘赎身’、逃避惩罚或者减轻惩罚，严重践踏法律尊严，损害执法司法公信力。”[②]对特殊类型罪犯从严把握减刑条件，有利于提高执法司法公信力，也有利于实现对三类罪犯的惩罚与改造，充分发挥刑罚功能，实现刑罚目的。

三、对特殊类型罪犯从宽减刑

（一）特殊种类罪犯从宽减刑

2016年《减刑假释规定》对五类罪犯减刑时从宽。第一，对在报请减刑前的服刑期间不满18周岁，且所犯罪行不属于刑法第81条第2款规定情形的罪犯。第二，老年罪犯，是指报请减刑时65周岁以上罪犯。第二，患严重疾病罪犯，是指因患有重病，久治不愈，而不能正常生活、学习、劳动的罪犯。第三，身体残疾罪犯，是指因身体有肢体或者器官残缺、功能不全或者丧失功能，而基本丧失生活、学习、劳动能力的罪犯，但是罪犯犯罪后自伤致残的除外。第四，年满80周岁、身患疾病的罪犯。第五，生活难以自理、没有再犯罪危险的罪犯。

对未成年人从宽的表现：第一，考察内容从宽。认罪悔罪，遵守法律法规及监规，积极参加学习、劳动，应当视为确有悔改表现。第二，减刑幅度、起始时间等从宽。对上述罪犯减刑时，减刑幅度可以适当放宽，或者减刑起始时间、间隔时间可以适当缩短，但放宽的幅度和缩短的时间不得超过本规定中相应幅度、时间的1/3。

对老病残罪犯从宽的表现：与未成年罪犯相同，在减刑幅度、起始时间上从宽。对第四种、第五种罪犯，相对其他罪犯，考察内容、减刑幅度等方面相对更宽。

---

① 杨维汉、陈菲：《聚焦中央政法委严格规范减刑：遏制高墙内外腐败》，人民网，http://politics.people.com.cn/n/2014/0224/c70731-24451084.html，最后访问日期：2022-1-12。

② 张学伟：《中央政法委出台指导意见 切实防止司法腐败》，中国长安网，http://www.chinapeace.gov.cn/chinapeace/c28648/2014-02/24/content_11705756.shtml，最后访问日期：2022-1-12。

（二）宽严相济政策的影响

宽严相济刑事政策可以使未成年罪犯、老病残罪犯的实际服刑期限相对更少。在《监狱法》的上游法律《刑法》《刑事诉讼法》中，对未成年罪犯、老病残罪犯规定了大量的从宽条文。例如，刑事责任年龄、缓刑适用、暂予监外执行适用等。通过这些规定，使上述群体在法律范围内承担相对较轻刑事责任，体现了刑事法律的人道主义关怀。

（三）未成年罪犯、老病残罪犯人身危险性相对较低

对未成年罪犯、老病残罪犯的人身危险性，在刑事法律中呈现了体系性考察的特点。根据《刑法》第17条规定，未成年人、75周岁以上的人承担刑事责任的行为相对有限，即使承担刑事责任，也从轻或者减轻处罚。例如，12-14周岁的未成年人，实施故意杀人行为或者故意伤害行为，对危害结果有要求——致人死亡、致人重伤造成严重残疾，对能够体现人身危险性的手段情节也有要求——手段特别残忍、情节恶劣。对75周岁以上的人，体现不同人身危险性的，从宽处置不同，故意犯罪的，可以从轻或者减轻处罚；过失犯罪的，应当从轻或者减轻处罚。《刑法》第49条死刑适用问题上，对未成年人和老年人的人身危险性也进行了考量。未成年人犯罪时，认识能力和控制能力不足，不适用死刑。老年人在犯罪时可能相对比较年轻，但是在审判时已满75周岁，体力、精力、智力、反抗社会的心理能力都已经衰退，再次实施严重危害社会行为的能力下降，不适用死刑。刑法在老年人适用死刑这方面没有采用同未成年人一样的绝对主义，考虑到能体现人身危险性的犯罪手段，规定以特别残忍手段致人死亡的老年人可以适用死刑。因此，从立法、司法到执法，在刑罚执行阶段，需要考虑未成年罪犯和老病残罪犯的人身危险性，减刑适用从宽。

（四）未成年罪犯、老病残罪犯获得减刑能够得到公众理解

未成年罪犯、老病残罪犯两类群体通过减刑及早返回社会，符合我国尊老爱幼的文化传统。未成年人如果因为冲动，在认识能力、控制能力都不足的时候实施犯罪行为，往往一失足成千古恨，不仅害了被害人、社会、国家，还害了自己，失去大好前程。经过在未成年人管教所的教育改造，未成年人能够认识自己的错误，改过自新，在法定限度内及早通过减刑走出监狱，有利于重返家庭，重

新回归社会。老病残罪犯通过减刑返回社会，体现了人道主义精神，在基本失去再次犯罪的能力后，不再能够危害社会，不再能够激起公众的愤怒，会因其成为一个垂垂老矣、病入膏肓的人而逐渐获得民众的同情。所以，对这两类群体从宽，能够获得民众的理解与支持。

四、撤销减刑裁定

2016 年《减刑假释规定》第 33 条规定了刑罚执行期间因故意犯罪导致对减刑裁定的影响。罪犯被裁定减刑后，刑罚执行期间故意犯罪，不会使减刑导致的刑种变化发生回溯，从死刑缓期 2 年执行减为无期徒刑或者有期徒刑后，再故意犯罪而数罪并罚，是无期徒刑或者有期徒刑与之并罚，不会导致减为无期徒刑之前的死缓被恢复。原判决无期徒刑减为有期徒刑后，在刑罚执行期间故意犯罪数罪并罚的，与有期徒刑并罚，不撤销无期徒刑减为有期徒刑的裁定。

撤销减刑裁定的逻辑基础，在于减刑是对罪犯确有悔改表现、立功或者重大立功表现的奖励。奖励是对罪犯接受教育改造的正向回馈，既是对罪犯过去积极表现的一种正面反应，也是鼓励罪犯未来继续积极表现的稳定暗示，给予其希望和期待。如果罪犯在减刑后不能继续保持认罪悔罪的表现，甚至故意实施犯罪行为，在 2016 年《减刑假释规定》之前，撤销减刑裁定没有法律依据。这就造成有些罪犯获得一定减刑后，由于剩余刑期内不能再次获得减刑，便不再遵守监规监纪，顶撞干警，欺侮其他罪犯，甚至在违法的边缘不断试探。因此，将减刑裁定可以撤销写进司法解释，使人民法院撤销减刑裁定有了明确依据，使监狱干警在狱政管理中有了震慑罪犯的法律基础，使罪犯在服刑的最后阶段保持对法律的敬畏，不敢轻易实施故意犯罪行为。如果某罪犯在服刑结束前实施故意犯罪，哪怕是相对比较轻的袭警罪，也有可能导致之前合计被裁定减刑的 2 年被撤销，无形中使罪犯严格约束自己的行为。

该规定不仅适用于罪犯在监狱内故意犯罪，刑罚执行期间被发现的情况，也适用于罪犯在监狱内故意犯罪，刑罚执行完毕后被发现的情况。故意犯罪在监狱内被发现和监狱外被发现不应该有差异。

如果罪犯在监狱中通过非法手段获得减刑，如通过行贿等方式虚报计分考核数据、伪造减刑材料等，获得的减刑裁定应该撤销。“北京市高级人民法院已于 12 月 3 日作出裁定，以郭文思所获减刑均系利用不正当手段获得、对郭文思减刑的裁定均确有错误为由，撤销对郭文思的 9 次减刑裁定，恢复对郭文思原判无期徒刑、剥夺政治权利终身刑罚的执行。”① 2020 年，北京市高级人民法院通过对郭文思减刑案进行裁定，确定了通过违法手段获得减刑形成的裁定没有依据事实和法律，存在错误，应该撤销。与在服刑期间故意犯罪导致减刑被撤销不同，本案系通过审判监督程序裁定撤销减刑裁定，因此可以将无期徒刑减为有期徒刑的裁定予以撤销。

五、财产性判项的影响

财产性判项词汇在 2016 年《减刑假释规定》中出现了 11 次，在 2019 年《最高人民法院关于办理减刑、假释案件具体应用法律的补充规定》中出现了 1 次，在 2021 年《关于加强减刑、假释案件实质化审理的意见》中出现了 12 次。5 年之内，在与减刑相关的三个规范性法律文件中出现 24 次，财产性判项在减刑中的重要性由此可见。财产性判项履行情况，成为认定罪犯是否确有悔改表现、是否具有再犯危险性的重要参考标准。在 2012 年《减刑假释规定》中已有类似规定，即积极执行财产刑和履行附带民事赔偿义务的，可从宽掌握减刑；有履行能力不履行的，从严掌握减刑。在 1997 年《减刑假释规定》中没有类似规定。

财产性判项，是指判决罪犯承担的附带民事赔偿义务判项，以及追缴、责令退赔、罚金、没收财产等判项。罪犯因实施犯罪行为，需要向国家承担刑事责任、行政责任、民事责任。罚金、没收财产是刑罚，是罪犯向国家承担刑事责任的表现形式。罪犯在被执行自由刑期间，向国家缴纳罚金，配合执行没收财产，是认识到自己的犯罪行为给国家造成了损害，认识到自己行为的错误，是认罪悔罪的客观表现。

《刑法》第 64 条规定，犯罪分子违法所得的一切财物，应当予以追缴或者责令退赔；对被害人的合法财产，应当及时返还；违禁品和供犯罪所用的本人财物，应当予以没收。追缴违法所得，使犯罪分子不能从自己的过错行为中获利。犯罪分子给被害人造成的损失，应该赔偿被害人。在无法追回全部或者部分赃款赃物的情况下，为使被害人因犯罪受到的损失得到弥补，国家有权利要求罪犯对

① 吴文诩：《北京市高级法院撤销对郭文思的 9 次减刑裁定》，中华人民共和国最高人民检察院官网，https：//www. spp. gov. cn/spp/zdgz/202012/t20201208_488434. shtml，最后访问日期：2022-01-13。

被害人进行等价赔偿。犯罪分子非法获得的违禁品是国家禁止公民个人持有、私藏的物品，应当没收。供犯罪所用的本人财物，是犯罪工具，是能够为犯罪提供有力帮助的，无论是汽车、电脑、赌具还是现金等，都是在犯罪中发挥作用之物，应该没收，防止再次成为犯罪工具。

实践中，罪犯往往有一种错误认识，自己服死刑缓期执行或者服自由刑，“蹲大狱”“坐大牢”就是对自己犯罪行为的惩罚，至于给被害人造成的财产损失、给国家和社会造成的经济损失、自己通过犯罪获得之财物等，不应该再赔给被害人或者上缴国家，那些不义之财被错误地认为是他们自己用“苦”换来的。于是拒不交代赃款赃物的去向；或隐瞒、藏匿、转移财产；或有可供履行的财产拒不履行等，这不是彻底认罪悔罪或接受教育改造的表现。罪犯有可能在出狱后仍可过着衣食无忧的生活，或者使用这些财产继续犯罪，刑罚没有收到其惩罚犯罪、教育罪犯的效果。

一个人从自己的过错行为尤其是犯罪行为中获得的财富，是应该受到惩罚的，所得到的财富应悉数返还甚至要付出自由、自身财富受损的代价。为防止“一人坐牢，全家享福”的现象出现，为纠正罪犯的错误观念，为防止其他人产生仿效心理，必须让罪犯为自己的犯罪行为付出应有的代价，承担向国家、社会、被害人的责任。通过对财产性判项履行态度、能力、情况的综合考察，限制、禁止对罪犯减刑，使刑罚最大限度发挥功能，充分实现刑罚目的。

第四节 减刑的实质条件

一、“可以减刑”的条件

根据《刑法》第78条的规定，有期徒刑犯和无期徒刑犯在执行期间，如果认真遵守监规，接受教育改造，确有悔改表现的，或者有立功表现的，可以减刑。“可以减刑”适用的实质条件是确有悔改表现或者立功表现。综合考察罪犯犯罪的性质和具体情节、社会危害程度、原判刑罚及交付执行后的一贯表现等因素。

其一，悔改表现的把握。2016年《减刑假释规定》对“确有悔改表现”作出了具体解释，该解释是“确有悔改表现”认定的法律性依据与基础。依据该解释，“确有悔改表现”是指同时具备以下条件：认罪悔罪；遵守法律法规及监规，接受教育改造；积极参加思想、文化、职业技术教育；积极参加劳动，努力完成劳动任务。

认罪悔罪，是指服刑罪犯承认自己的犯罪事实，服从人民法院的判决、裁定，认识到所犯罪行对社会的危害性并悔恨自己的犯罪行为。认罪与悔罪具有一定的依赖关系，悔罪应当是在认罪的基础上，只有真正认罪，才会悔罪。认罪悔罪的认定要注意两方面：一是对罪犯的申诉要区别对待，罪犯在刑罚执行期间的申诉权利应当依法保护，对其正当申诉不能不加分析地认为是不认罪悔罪。二是要正确处理罪犯执行财产刑和履行附带民事赔偿义务的问题。依据 2016 年《减刑假释规定》，“可以减刑”的，在办理时应当考虑生效裁判中财产性判项的履行情况。罪犯是否积极缴纳财物执行财产刑，是否积极履行附带民事赔偿义务，可以在一定意义上反映罪犯是否“认罪悔罪”，但也需要根据具体情况来判断，特别是要注意查明罪犯是否“确有执行、履行能力”。

遵守法律法规及监规，接受教育改造，是指罪犯在刑罚执行期间严格遵守国家法律法规和监内各项规章纪律。

积极参加思想、文化、职业技术教育，是指罪犯在刑罚执行期间积极参加监所组织的各种形式的思想、文化以及职业技术教育，思想、文化、职业技术教育是教育改造的基本内容。

积极参加劳动，努力完成劳动任务，是指罪犯在刑罚执行期间积极参加监所组织的劳动生产活动，并能完成所布置的劳动任务。

“确有悔改表现”应当是将这四个方面有机结合起来考察，这四方面相辅相成，相互渗透。

另外，对职务犯罪、破坏金融管理秩序和金融诈骗犯罪、组织（领导、参加、包庇、纵容）黑社会性质组织犯罪等罪犯的“确有悔改表现”的认定本着从严的考虑，这些罪犯的“确有悔改表现”不仅要具备上述四个方面，还应当考虑其是否积极退赃，是否协助追缴赃款赃物，是否赔偿给国家和个人造成的损失，是否利用不正当手段获得减刑。当这些罪犯不积极退赃、协助追缴赃款赃物、赔偿损失，或者服刑期间利用个人影响力和社会关系等不正当手段意图获得减刑的，不认定其“确有悔改表现”。为有力打击贿赂犯罪，《刑法修正案（七）》增设“利用影响力受贿罪”。何谓“利用个人影响力”？“利用影响力”

是指该国家工作人员对其他国家工作人员具有职务上或工作联系上的影响力，是“利用本人职权或者地位形成的便利条件”，具体指行为人与被其利用的国家工作人员之间在职务上虽然没有隶属、制约关系，但行为人利用了本人职权或者地位产生的影响和一定的工作联系，如单位内不同部门的国家工作人员之间、上下级单位没有职务上隶属、制约关系的国家工作人员之间、有工作联系的不同单位的国家工作人员之间等。我们可以比照此来看职务犯罪、破坏金融管理秩序和金融诈骗犯罪、组织（领导、参加、包庇、纵容）黑社会性质组织犯罪等罪犯的“利用个人影响力”。“利用个人影响力”是指利用了本人未被判处刑罚并执行刑罚前的因其职权或者地位而产生的影响和一定的联系。因为罪犯处于刑罚执行期间，因此，所利用的只能是其未被判处刑罚并被执行刑罚前因职权或者地位所产生的影响和一定的联系。

其二，立功表现的把握。这里的立功是减刑的依据，而不是作为量刑情节来考虑。2016 年《减刑假释规定》规定，有下列情形之一的，可以认定为有“立功表现”，即阻止他人实施犯罪活动的；检举、揭发监狱内外犯罪活动，或者提供重要的破案线索，经查证属实的；协助司法机关抓捕其他犯罪嫌疑人的；在生产、科研中进行技术革新，成绩突出的；在抗御自然灾害或者排除重大事故中，表现积极的；对国家和社会有其他较大贡献的。

二、应当减刑的条件

《刑法》第 78 条规定，有期徒刑犯和无期徒刑犯有重大立功表现之一的，应当减刑。2016 年《减刑假释规定》规定，有下列情形之一的，应当认定为有“重大立功表现”，即阻止他人实施重大犯罪活动的；检举监狱内外重大犯罪活动，经查证属实的；协助司法机关抓捕其他重大犯罪嫌疑人的；有发明创造或者重大技术革新的；在日常生产、生活中舍己救人的；在抗御自然灾害或者排除重大事故中，有突出表现的；对国家和社会有其他重大贡献的。

三、减刑的限度条件

经过一次或多次减刑后，罪犯的实际服刑期限有一定的限制，不同的刑罚罪犯的实际服刑期规定是不一样的。

一是对判处管制、拘役、有期徒刑的罪犯而言，减刑的限度条件是罪犯的实际服刑期限不少于原判刑期的 1/2。

二是对判处无期徒刑的罪犯而言，减刑的限度条件是罪犯的实际服刑期限不少于 13 年。

三是被判处死刑缓期执行的罪犯经过一次或者几次减刑后，其实际执行的刑期不得少于 15 年，死刑缓期执行期间不包括在内。

四是对限制减刑的死刑缓期执行的罪犯，缓期执行期满后依法减为无期徒刑的，罪犯实际服刑期限不能少于 25 年；缓期执行期满后减为 25 年有期徒刑的，罪犯实际服刑期限不能少于 20 年。

四、减刑的起始时间、幅度、间隔时间

在刑罚执行期间，罪犯确有悔改表现或立功表现，可以减刑，但何时开始减刑、保持多大幅度、前后两次减刑需要间隔多长时间，这些都是在具体适用减刑时所要解决的问题，在我国《刑法》中并没有作出规定，而是由最高人民法院通过司法解释的方式在 2016 年《减刑假释规定》中作出了规定。之所以需要对减刑的起始时间、幅度、间隔时间作出规定，一是罪犯的主观恶性不同，其人身危险性大小不一样，不同的刑罚、不同的罪犯需要作出不同的规定，以体现刑罚个别化；二是罪犯的悔改需要一定的时间考察，而罪犯的悔改也需要一个过程；三是减刑并不是无限制的，需要一定的制约，以发挥刑罚的作用。

（一）减刑的起始时间

减刑的起始时间是指罪犯服刑多长时间才可以开始减刑，同样，针对不同刑期的罪犯、一定犯罪类型的罪犯，其减刑的起始时间也是不一样的。

1. 一般罪犯规定

（1）被判处有期徒刑的，按其刑期分为三个档次，即应当执行 1 年以上方可减刑；应当执行 1 年 6 个月以上方可减刑；应当执行 2 年以上方可减刑。

（2）被判处无期徒刑的罪犯在刑罚执行期间，符合减刑条件的，执行 2 年以上，可以减刑。

（3）判处死刑缓期执行的罪犯减为无期徒刑后，符合减刑条件的，执行 3 年以上方可减刑；被判处死刑缓期执行的罪犯减为有期徒刑后，符合减刑条件的，执行 2 年以上，可以减刑。

2. 特殊罪犯规定

这里的特殊罪犯是指符合减刑条件的，对其从严要求的罪犯，包括：职务犯罪罪犯，破坏金融管理秩序和金融诈骗犯罪罪犯，组织（领导、参加、包庇、纵容）黑社会性质组织犯罪罪犯，危害国家安全犯罪罪犯，恐怖活动犯罪罪犯，毒品犯罪集团的首要分子及毒品再犯，累犯，确有履行能力而不履行或者不全部履行生效裁判中财产性判项的罪犯，因故意杀人、强奸、抢劫、绑架、放火、爆炸、投放危险物质或者有组织的暴力性犯罪被判处10年以上有期徒刑的罪犯（包括无期徒刑和死刑缓期执行的），数罪并罚且其中两罪以上被判处10年以上有期徒刑的罪犯和数罪并罚被判处无期徒刑和死刑缓期执行的罪犯，被限制减刑的死刑缓期执行罪犯，共11类。

第一，前10类被判处有期徒刑的罪犯，不论是被判处10年以下有期徒刑还是10年以上有期徒刑，执行2年以上方可减刑。

第二，前10类被判处无期徒刑的和被判处死刑缓期执行，减为无期徒刑后的罪犯，执行3年以上方可减刑。

第三，对符合减刑条件的职务犯罪罪犯，破坏金融管理秩序和金融诈骗犯罪罪犯，组织（领导、参加、包庇、纵容）黑社会性质组织犯罪罪犯，危害国家安全犯罪罪犯，恐怖活动犯罪罪犯，毒品犯罪集团的首要分子及毒品再犯、累犯，确有履行能力而不履行或者不全部履行生效裁判中财产性判项的罪犯，被判处10年以上有期徒刑的，以及因故意杀人、强奸、抢劫、绑架、放火、爆炸、投放危险物质或者有组织的暴力性犯罪被判处10年以上有期徒刑的罪犯，数罪并罚且其中两罪以上被判处10年以上有期徒刑的罪犯，执行2年以上方可减刑。

第四，被限制减刑的死刑缓期执行罪犯，减为无期徒刑后，符合减刑条件的，执行5年以上方可减刑。

（二）减刑的幅度

减刑的幅度是指罪犯的一次减刑能被减多少刑期。

1. 一般罪犯的减刑幅度

罪犯的减刑幅度按照其服刑表现进行区分，分为四个档次：确有悔改表现或者有立功表现的；确有悔改表现并有立功表现的；有重大立功表现的；确有悔改表现并有重大立功表现的。

（1）有期徒刑的减刑幅度按其服刑表现依次为：一次减刑不超过9个月有

期徒刑；不超过 1 年有期徒刑；不超过 1 年 6 个月有期徒刑；不超过 2 年有期徒刑。

（2）无期徒刑的减刑幅度依次为：减为 22 年有期徒刑；减为 21 年以上 22 年以下有期徒刑；减为 20 年以上 21 年以下有期徒刑；减为 19 年以上 20 年以下有期徒刑。

（3）死刑缓期执行被减为无期徒刑的依次为：减为 25 年有期徒刑；减为 24 年以上 25 年以下有期徒刑；减为 23 年以上 24 年以下有期徒刑；减为 22 年以上 23 年以下有期徒刑。死刑缓期执行被减为有期徒刑的依次为：减为 22 年有期徒刑；减为 21 年以上 22 年以下有期徒刑；减为 20 年以上 21 年以下有期徒刑；减为 19 年以上 20 年以下有期徒刑。

2. 特殊罪犯的减刑幅度

特殊罪犯即为前述的 11 类罪犯。

（1）前 8 类被判处 10 年以下有期徒刑的及 10 年以上有期徒刑的，减刑幅度比照上述一般罪犯从严掌握，其一次减刑不超过 1 年有期徒刑。

（2）前 10 类被判处无期徒刑的罪犯，减刑幅度应当比照被判处无期徒刑的一般罪犯从严掌握，其减刑后的刑期最低不得少于 20 年有期徒刑；并且，这些罪犯减为有期徒刑后再减刑时，减刑幅度要比照被判处不满 5 年有期徒刑的、5 年以上不满 10 年有期徒刑的及 10 年以上有期徒刑的减刑幅度从严掌握，一次不超过 1 年有期徒刑。

（3）前 10 类被判处死刑缓期执行的罪犯，减为无期徒刑后，减刑幅度分为两个档次：一是一般减为 25 年有期徒刑；二是有立功表现或者重大立功表现的，可以比照被判处死刑缓期执行的一般罪犯减刑幅度减为 23 年以上 25 年以下有期徒刑。减为有期徒刑后再减刑时，减刑幅度要比照被判处不满 5 年有期徒刑的、5 年以上不满 10 年有期徒刑的罪犯减刑幅度从严掌握，一次不超过 1 年有期徒刑。

（4）被限制减刑的死刑缓期执行罪犯，减为无期徒刑后，减刑幅度应当比照被判处无期徒刑的一般罪犯从严掌握，其减刑后的刑期最低不得少于 20 年有期徒刑；被限制减刑的死刑缓期执行罪犯，减为有期徒刑后再减刑时，一次减刑不超过 6 个月有期徒刑，有重大立功表现的，间隔时间可以适当缩短，但一次减刑不超过 1 年有期徒刑。

（三）减刑的间隔时间

1. 被判处有期徒刑的罪犯的减刑间隔时间

被判处不满10年有期徒刑的罪犯，两次减刑间隔时间不得少于1年；被判处10年以上有期徒刑的罪犯，两次减刑间隔时间不得少于1年6个月。减刑间隔时间不得低于上次减刑减去的刑期。

2. 被判处无期徒刑罪犯的减刑间隔时间

被判处无期徒刑的罪犯在刑罚执行期间，符合减刑条件的，减为有期徒刑后再减刑时，两次减刑间隔时间不得少于2年。

3. 被判处死刑缓期执行罪犯的减刑间隔时间

（1）被判处死刑缓期执行的罪犯减为有期徒刑后再减刑时，两次减刑间隔时间不得少于2年。（2）被限制减刑的死刑缓期执行罪犯，减为有期徒刑后再减刑时，两次减刑之间应当间隔2年以上；有重大立功表现的，间隔时间可以不受限制。

五、减刑规定的溯及力问题

刑法的溯及力，即刑法规范生效以后，对其生效以前未经审判或者虽经审判但是效力待定的行为是否适用，如果适用则有溯及力，不适用则没有溯及力。

刑法溯及力问题采用以下几种原则：第一，一律从旧原则，不论新旧法之间认定犯罪的差异、刑罚的轻重差异，一律适用旧法。第二，一律从新原则，不论新旧法之间认定犯罪的差异、刑罚的轻重差异，一律适用新法。第三，从旧兼从轻原则，原则上旧法优先适用，适用新法在认定犯罪、裁定刑罚更有利于被告人、犯罪嫌疑人的，适用新法，有利则追溯。

我国刑法的溯及力问题规定在《刑法》第12条中，解决的是1949年10月1日中华人民共和国成立以后至1997年10月1日《刑法》施行以前的行为如何处理的问题，规定体现了从旧兼从轻原则。首先，确认1997年之前的法律不认为是犯罪的，1997年《刑法》认为是犯罪的，适用当时的法律，1997年《刑法》没有溯及力。其次，如果1997年之前的法律和1997年《刑法》都认为是犯罪的，依照1997年《刑法》第四章第八节的规定应当追诉的，按照1997年之前的法律追究刑事责任。最后，1997年之前的法律认为是犯罪的，1997年《刑法》

不认为是犯罪或者处刑较轻的，行为在未经审判或者判决尚未发生法律效力的情况下，适用1997年《刑法》。《刑法》第12条的规定，不仅可以适用于1997年《刑法》与之前法律的不同规定情况，同样适用于1997年《刑法》自身法条、司法解释修订变化。

在涉及处罚、刑罚变化时的溯及力，周光权教授认为，“在犯罪后，遇到处罚变重等不利于被告人的法律变更的，不应当对被告人适用变更后的刑罚规范”，“在犯罪后，遇到刑罚减轻等有利于被告人的法律变更的，则应当对被告人适用变更后的刑罚规范”。[①] 刑罚发生变化时，实施有利溯及既往。在减刑规范发生变化的时候，是否也遵循有利溯及既往问题。2016年《减刑假释规定》第42条规定，本规定自2017年1月1日起施行。以前发布的司法解释与本规定不一致的，以本规定为准。2019年最高人民法院《关于办理减刑、假释案件具体应用法律的补充规定》（以下简称2019年《减刑、假释补充规定》）第7条规定，本规定自2019年6月1日起施行。此前发布的司法解释与本规定不一致的，以本规定为准。两个司法解释都对部分罪犯减刑规定了限缩措施，减刑幅度缩小、减刑间隔变长，减刑条件变得更加严格，这是否意味着刑罚发生了变化？

笔者认为，减刑规范发生变化，不是处罚、刑罚发生了变化，减刑规范发生变化，不遵循有利溯及既往原则。例如，2012年《减刑假释规定》第7条指出，无期徒刑罪犯在刑罚执行期间，确有悔改表现，或者有立功表现的，服刑2年以后，可以减刑；2016年《减刑假释规定》第9条规定，对被判处无期徒刑的职务犯罪罪犯……符合减刑条件的，执行3年以上方可减刑；2019年《减刑、假释补充规定》专门对刑法分则第八章贪污贿赂罪判处刑罚的原具有国家工作人员身份的罪犯的减刑、假释进行补充强调，第3条规定，被判处无期徒刑，符合减刑条件的，执行4年以上方可减刑。三个减刑规定，对无期徒刑罪犯开始减刑的时间，从无差别地规定2年以后可以减刑，到职务犯罪罪犯执行3年以上才开始减刑，再到贪污贿赂罪章节的无期徒刑罪犯在开始减刑的时间设置上，补充规定比原规定推迟了1年。规定越来越严，后两个司法解释都规定从生效之日起，前后规定不一致的，“以本规定为准”。根据条文规定，某受贿罪犯2016年被判处无期徒刑，在对其适用减刑规则方面，遵循2019年的新司法解释。

第一，减刑基本没有涉及刑罚变化。减刑不是对某个具体罪名配置法定刑的

① 周光权：《刑法总论》（第四版），北京：中国人民大学出版社2021年版，第68–69页。

增加或者减少。新的刑法条文中，具体罪名配置的法定刑增加，对刑罚运用更加严厉，新的条文不可以溯及既往；具体罪名配置的法定刑减少，对刑罚运用更加宽缓，新的条文可以溯及既往。例如，《刑法修正案（九）》对收买被拐卖的妇女、儿童罪进行修订，原规定“不阻碍其返回原居住地的，对被买儿童没有虐待行为，不阻碍对其进行解救”的，可以不追究刑事责任。新规定中，没有虐待儿童、不阻碍解救、不阻碍返回原居住地的，不能不追究刑事责任，只能从轻或者减轻处罚，需要有必要、恰当的刑罚处罚。对此，新条文不能溯及既往。《刑法修正案（十一）》对职务侵占罪的法定刑进行调整，原规定数额较大的，处5年以下有期徒刑或者拘役，新规定降低为3年以下有期徒刑或者拘役。新规定具有溯及力。

减刑与此不同，减刑没有增加或者减少刑罚配置。减刑幅度、间隔等的调整，是对罪犯在服刑期间的认真遵守监规、接受教育改造、确有悔改表现或者立功表现进行奖励的力度加以调整。奖励的多或者奖励的少，都没有改变原有判决确定的刑罚，不论减刑司法解释条文如何变化，减刑后的行刑，始终在原判决确定的幅度内。因此，减刑没有涉及刑罚变轻或者变重，不存在溯及力问题。

第二，减刑涉及刑种的实际执行刑期，则遵循从旧兼从轻原则。如果因为减刑，明确调整了某刑种实际执行的刑期，则应该对此条文的溯及力进行规定，遵循有利溯及既往原则。例如，《刑法修正案（八）》对无期徒刑实际最低执行的刑期进行调整，从10年调整到13年，生效时间为2011年5月1日。不对此进行规定，采用一刀切的方式进行溯及既往，在2011年4月30日以前的犯罪，罪犯被判处无期徒刑，无论判决生效与否、实际执行与否，实际执行的刑期都将提升3年。这有违罪刑法定原则中的有利溯及既往。所以，《最高人民法院关于〈中华人民共和国刑法修正案（八）〉时间效力问题的解释》明确了在2011年4月30日以前犯罪，被判处无期徒刑的罪犯，减刑或者假释后实际执行的刑期，适用最少执行10年的规定。

被判处管制、拘役、有期徒刑，减刑后实际执行的比例如果发生了变化，应该遵循从旧兼从轻原则。例如，现行刑法规定被判处管制、拘役、有期徒刑的，实际执行的刑期不能少于原判刑期的1/2。这意味着被判处上述三种刑罚的罪犯，实际执行的刑期应该大于等于原判刑期的1/2，最高至判决的宣告刑。如果出台刑法修正案，对实际执行的刑期比例进行调整，规定从某年某月某日起，判处管制、拘役、有期徒刑的，实际执行的刑期不能少于原判刑期的2/3。这样就涉及了三种刑罚实际执行的刑期问题，后规定重于前规定。在该年月日之前犯罪，被判处三种刑罚的，减刑以后实际执行的刑期不得少于原判刑期的1/2，不能溯及既往。在该年月日之后实施犯罪的，减刑以后实际执行的刑期不得少于原判刑期的2/3。如果是在轻刑化的刑罚执行政策影响下，规定实际执行的刑期不能少于原判刑期的1/3，笔者认为，从有利于罪犯的角度，可以实施溯及既往，对已经生效的执行和实际的执行，不再变更原执行刑期。

第三，减刑条件的变化不是犯罪条件变化，是对罪犯人身危险性的考察。《刑法》第12条规定系前后认定犯罪的变化、前后犯罪成立条件的变化、前后刑罚处罚轻重的变化，因此涉及溯及力问题。是否从不认定犯罪到认定犯罪，从认定轻罪到认定重罪，从较轻刑罚到较重刑罚，从实际执行较短刑期到执行较长刑期，需要进行溯及力判断。减刑条件变化，没有改变原有认定犯罪的条件，没有使实际执行的刑期在条文中进行变更，依然是无期徒刑不少于13年，管制、拘役、有期徒刑不少于原判刑期的1/2。例如，2016年《减刑假释规定》第2条对可以减刑的案件增加了生效裁判中财产性判项的履行情况作为综合考察因素，该精神在2012年《减刑假释规定》第2条中已经有类似表述。确有履行能力而不履行或者不全部履行生效裁判中财产性判项的罪犯，在第7条、第9条、第11条减刑条件中，减刑起始时间、减刑幅度、两次减刑之间的间隔都有严格规定。2019年《减刑、假释补充规定》明确规定，刑法分则第八章贪污贿赂罪判处刑罚的原具有国家工作人员身份的罪犯，确有履行能力而不履行或者不全部履行生效裁判中财产性判项的，一般不予减刑。该补充规定从2019年6月1日起施行，此前规定与本规定不一致的，以新规定为准。这意味着“一般不予减刑”的规定具有溯及力。笔者认为，这一司法解释具有合理性。有履行能力不履行或者不全部履行财产性判项，不能认定为确有悔改表现，是服刑期间人身危险性没有降低，且对自己实施贪污贿赂罪造成的恶劣危害没有正确认知的表现，对此不能像正常履行财产性判项的罪犯一样给予减刑奖励。2021年《关于加强减刑、假释案件实质化审理的意见》对罪犯人身危险性的考察尤为重视，其表现为既考察罪犯交付执行后的表现，又考察罪犯交付执行前犯罪的情况、判决刑罚的情况以及财产性判项履行情况，不把监狱内获得积分作为减刑唯一依据。

第四，减刑是奖励不是权利。减刑是对罪犯的奖励措施，激励罪犯改造，贯彻宽严相济刑事政策，发挥刑罚的功能，实现刑罚的目的。罪犯服刑后，尤其是在监狱、看守所服刑的罪犯，服刑表现是动态的。初入监禁场所，可能存在欠缺悔改表现、不履行财产性判项等情况，面对这种情况，需要通过个性化的矫正措施，使之认罪悔罪，遵守监禁场所规则、接受教育改造、参加各种教育、完成劳动任务。当罪犯服刑一定时间后，其人身危险性会发生一定程度变化，变好的，需要及时给予激励，将其最渴望的人身自由作为奖励措施，巩固改造成果。以减去适当刑期为奖励措施，没有增加罪犯的负担，司法解释中的变化是从奖励多向奖励少的变化。与从较轻刑罚惩罚到较重刑罚惩罚，存在质的差别。因此，可以溯及既往。

第五，奖励的多少、奖励间隔时间的长短、奖励对象的范围等都掌握在国家手里。减刑作为奖励措施，是对罪犯在剥夺自由刑服刑期间的人身危险性向好转化的奖励。从立法上，国家有权力调整罪犯实际执行的刑期与原判决刑期之间的比例；从刑罚执行上，国家有权力根据罪犯在交付执行期间、交付执行前的情况体现出来的人身危险性变化，调整能够获得奖励的多少、两次奖励之间的长短等。减刑减少原判决宣告刑确定的刑期，主动权的大部分在国家不在罪犯，罪犯能够掌握的主动权范围在于积极参加改造，以实际行动证明自己认罪悔罪、确有悔改表现或者立功表现，以良好的表现争取获得国家的奖励。只有在重大立功方面，罪犯才有获得减刑的权利，才具有相对的主动性。

强调国家在减刑方面的主动性、决定性，《关于加强减刑、假释案件实质化审理的意见》作出突出强调。例如，第6条规定，较大、重大贡献，不是仅对个别人员、单位有贡献和帮助，而是指对国家、社会具有积极影响，对国家有贡献。该意见尤其指出，对于罪犯在警示教育活动中现身说法的，不认定罪犯具有立功或者重大立功表现。笔者认为，通过第6条，我们可以认识到，警示教育活动中现身说法与服刑过程中认罪悔罪、接受教育改造、积极参加各种教育、积极参加劳动一样，是罪犯应尽的义务。做到上述内容，不是罪犯获得了与国家交换的资本，而是罪犯获得差异化管理、奖励等的凭证和依据。在法官眼中，罪犯在服刑期间人身危险性的变化，体现在各种证明材料上。对罪犯减刑，不能“一刀切”，在计分考核中获得了同样积分，也应该坚持区别对待，切实贯彻宽严相济刑事政策，对具体的罪犯、具体的表现、积分考核下获得分数的构成结构等做具体分析。法官会区分不同情形，依据罪犯的表现和法律规定作出减刑裁定，以期待最大限度地利用减刑措施，充分发挥刑罚功能，有力实现刑罚的目的。

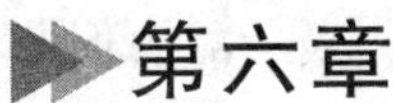

第六章　我国减刑制度的问题与完善

我国现行减刑制度还存在这样或者那样的问题，宏观至减刑权力的配置，微观至对减刑至关重要的计分考核奖惩等，对这些问题的揭示以及有效解决方案的提出有利于减刑制度的完善。

第一节　现行减刑制度的问题

一、减刑建议权与减刑裁定权的冲突

减刑建议权与减刑裁定权同属减刑权，两种权力之间有着一定冲突。构成权力冲突发生的条件有四项①：权力的合法性；客体（对象）的同一性；主体的相异性；两个或者两个以上权力相互抵触。减刑建议权与减刑裁定权发生冲突的条件如下：

第一，减刑建议权与减刑裁定权同为国家权力的表现形式。无论是减刑建议权还是减刑裁定权，都是国家权力的组成部分，是维持国家暴力机器运行的重要动力。两种权力均为法律所设定，为执行自由刑、实现刑罚目的服务。

第二，减刑建议权与减刑裁定权调整的对象均为罪犯减刑。罪犯欲获得减刑，两种权力缺一不可。离开减刑建议权，法院无法对确有悔改表现、立功、重

① 笔者关于权力冲突的四个条件之想法主要得益于王克金博士的启发。他认为，权利冲突可能发生的条件有四：客体（对象）的同一性；主体的相异性；权利的合法性；两个或者两个以上的权利相互抵触。详见王克金：《权利冲突论——一个法实证主义的分析》，载《法制与社会发展》2004 年第 2 期，第 46 页。

大立功表现的罪犯实施减刑，也无从得知罪犯在监狱中的表现。离开减刑裁定权，监狱等自由刑执行机关无法对罪犯缩短宣告自由刑刑期，他们有权对罪犯进行考核，确认其是否有积极的表现，有权提议减刑幅度等，但是，最后减去刑期需要法院决定。两种权力都指向了罪犯减刑，脱离任何一方都不能实现对罪犯的减刑。但是，任何一方的权力运行不畅，任何一方希望扩大自己的调整范围，都会产生权力冲突。

第三，减刑建议权与减刑裁定权为不同主体享有。减刑建议权的主体是自由刑执行机关，依据现行法律包括监狱、看守所所属地市级公安局、社区矫正机构，其中以监狱为主。减刑裁定权的主体是地市级人民法院，省、自治区、直辖市高级人民法院。不同主体共同享有减刑权，以监狱为主的减刑建议权主体希望凭借信息优势能够完全掌握减刑权，法院对监狱等机关报请减刑的不规范加以约束，双方都具有扩大自己权力范围的倾向，这就导致了两种权力的矛盾。

第四，减刑建议权与减刑裁定权的方向有一定差异。以监狱为主的减刑建议权主体希望大量适用减刑，将罪犯及早合法释放出狱以缓解内部监管压力。通过减刑方式控制罪犯，引导其服从纪律、积极生产等，如果没有减刑的手段，将对现行监狱管理造成重大影响。减刑裁定权主体——法院，站在更加客观公正的立场，执行国家刑事政策，确保刑法权威与稳定。笔者调研中发现，监狱干警对减刑法官的意见主要在于法官会将部分罪犯的建议减刑期减少 1–3 个月，这使他们无法向罪犯解释，造成监管困难。减刑法官对监狱干警的意见主要在于部分监狱干警不按法律法规提起减刑建议，有些罪犯尚在减刑间隔期就又被提起减刑，或者在考核中滥用专项奖励获取减刑。由于双方在枝节方向上存在一定差异，导致权力运行中出现冲突。

二、立功表现与重大立功表现界限不清

2016 年《减刑假释规定》对立功进行了较为详细的规定，以和重大立功进行区分，笔者认为这种标准相对模糊，缺乏切实的可操作性，不利于适用者掌握。

第一，立功的情形包括检举、揭发、阻止他人犯罪活动，重大立功则要求检举、揭发重大犯罪活动，犯罪活动与重大犯罪活动界限不明确。重大犯罪应该指严重损害法益，强烈破坏法律规范的犯罪，但是这依然不能给出明确的标准掌握

什么是重大犯罪，什么是普通犯罪。普通犯罪与重大犯罪的界限在此处是不明确的，学者认为，“法的不明确是由法的一般分类的抽象性构建与语言本身的‘空框结构’所必然导致。它之所以是一种必要的代价，一则是基于一定程度的模糊性乃属不可避免；二则亦是为构建法的开放性所必需”。[①] 二者界限不明确，受制于语言的局限性，其开放性应有度的控制，这需要立法者或者司法者在实践中弥补这一“空框结构”导致的留白。重大立功将导致行刑机构与法院必须给予罪犯减刑，这将会极大影响罪犯的自由，有必要进一步明确犯罪活动与重大犯罪活动的界限。

第二，在生产、科研中进行技术革新，成绩突出与有发明创造或者重大技术革新界限不十分明确。技术革新本身就是一种发明创造，如发明新的生产工具、革新生产机械、创造新流程等。这一界限几乎没有办法从文字上进行细致明确的区分，仅仅从条文本身我们难以掌握罪犯什么样的技术革新成绩是突出的，什么样的行为是重大技术革新。

在文科类科研方面更难体现二者的区别，而一旦将文科类科研与理工类发明创造相比较，几乎无法衡量。张某某原为市委书记，2002 年因贪污罪、受贿罪被某省高级人民法院判处有期徒刑 15 年。张某某在服刑期间，先后撰写《〈风〉类诗新解》《白话兵经——孙子兵法译注》《白话兵经——尚书译注》《〈雅颂〉类诗新解》4 本著作，并由某省人民出版社出版发行。他撰写的《白话兵经——孙子兵法译注》一书，得到了军事科学院孙子兵法研究会的高度评价：“对准确理解孙子兵法做出了可贵的贡献。”该犯所在监狱鉴于张某某积极改造，曾于 2005 年对其减刑 1 年。2006 年，他获得重大立功奖励，2007 年 6 月，再次被减刑 2 年 6 个月，并成为该监狱历史上一次性减刑最长的对象。[②] 新闻报道后，对张某某出书能否被认定为重大立功产生了几乎一边倒的意见：不能。笔者认为，网民意见固然有对贪官的情绪化表达，但是也反映了减刑规定在认定二者界限时的局限。

第三，技术革新是立功的表现，技术革新与重大技术革新内容不明确。技术革新是指生产技术上的较大改进，如工艺规程、机器部件等方面的改进，重大技

---

① 劳东燕：《罪刑法定的明确性困境及其出路》，载《法学研究》2004 年第 6 期，第 81 页。

② 《原湖北天门市委书记张某某狱中著书两次获减刑》新华网湖北频道，http：//www. hb. xinhuanet. com/newscenter/2009-06/09/content_16753976. htm. 最后访问时间：2011-10-11.

术革新意味着在生产技术上有重要的变革，并产生可观的经济效益。罪犯在生产、科研中重大技术革新的标准没有体现在任何法律规范中，这给认定重大技术革新制造了混乱。缺乏标准将导致在甲省的重大技术革新在乙省可能不被认定为重大革新，在甲省 A 市某监狱认定的普通技术革新在 B 市某监狱则可能被认定为重大技术革新。没有统一标准还有可能引起腐败案件发生。例如，2008 年，罪犯刘某在狱内与主管减刑干警策划，雇用锅炉厂工程队把某监狱的锅炉由原来的气暖改成了水暖，改造完成后，工程队给监狱出具了锅炉气改水的资料和数据，监狱给刘某办理了技术革新证明，确认其具有立功表现。由于刘某服刑时间限制，不能减刑，干警安某表示如果有国家或省级权威部门出具锅炉气改水属于重大技术革新的证明，被视为重大立功表现，才能上报减刑。此后刘某亲属到市质量技术监督局申请，拿到了虚假的证明材料，让刘某雇人改造锅炉的行为变成了重大技术革新，刘某因此获得减刑。上述干警还曾经为另外两名罪犯以类似手段舞弊减刑，该两名罪犯出资为监狱购买净化水设施，最终被该监狱以技术革新名义奖励 200 分，并申报减刑成功。技术革新以及重大技术革新的内容不明确，界限不清，容易导致适用减刑的不平等以及滥用这一规定的现象发生。

三、限制缓刑犯减刑的不平等性

2016 年《减刑假释规定》限制了被判处缓刑的犯罪分子减刑，对缓刑犯原则上不适用减刑，除非缓刑犯在缓刑考验期间有重大立功时才有可能获得减刑，并相应地缩减其缓刑考验期限。笔者认为，该规定违反了平等原则，是不合理的。

第一，2016 年《减刑假释规定》中对缓刑犯原则上不适用减刑，与《宪法》《刑法》的原则相冲突。我国《宪法》第 33 条规定，中华人民共和国公民在法律面前一律平等。这意味着我国公民平等享有权利、承担义务。《宪法》中的平等原则反映在《刑法》第 4 条的规定，对任何人犯罪，在适用法律上一律平等。适用法律上一律平等意味着公安机关、人民检察院、人民法院和监狱等机关，在适用刑罚、执行刑罚时对罪犯应一视同仁，不能因其性别、民族、年龄、宗教信仰、罪名等产生歧视，实施差别对待。被宣告缓刑的犯罪分子同样是被判处拘役、有期徒刑的犯罪分子，应该被同等对待，应该在符合条件时给予其减刑以早日结束被监管的状态。

第二，2016 年《减刑假释规定》减少了缓刑犯适用减刑的机会。原则上排除对缓刑犯适用减刑，减少了缓刑犯通过自己的良好表现获取减刑的可能。对缓刑犯原则上不给予减刑机会的解释是，“缓刑考验期间并不是刑罚的执行，考验期是根据所判刑罚的长短而设定的，如果因减刑而缩短考验期，那么就没有足够的时间来考验罪犯，也就达不到考验的效果；在考验期间，罪犯没有被关押，没有监规可以遵守，也没有教育改造可接受，其悔改表现难以判定”①。笔者认为上述理由不充分。首先，缓刑犯在考验期间确有悔改表现、立功表现或者重大立功表现，是其人身危险性降低的反映，已经基本实现了缓刑的目的，达到了考验的效果。在罪犯人身危险性降低的时候调整原宣判刑罚，不仅不会影响考验的效果，还会鼓励罪犯在回归社会的路途上大踏步前进。其次，在考验期间，尽管没有监规约束，但是罪犯需要遵守《刑法》第 75 条规定，部分罪犯还要遵守法院发出的禁止令，罪犯在缓刑考验期限内被禁止从事特定活动，进入特定区域、场所，接触特定的人。可以获得减刑的管制犯，在执行期间应遵守的规定仅仅比缓刑犯多了一条限制行使部分政治权利而已。事实上，缓刑犯行使政治权利也要受到一定程度限制。

第三，2016 年《减刑假释规定》提高了缓刑犯减刑的标准。被判处管制、拘役、有期徒刑、无期徒刑的犯罪分子，在执行期间，如果认真遵守监规，接受教育改造，确有悔改表现的，或者有立功表现的，即可以获得减刑。与此相对应的，缓刑犯在缓刑考验期间如果确有悔改表现或者有立功表现的，不考虑减刑。确有悔改表现的要求相对较低，缓刑犯在社区矫正中同样可以认罪服法，遵守法律规定或禁止令，积极参加社区矫正机构组织的活动，积极在生产岗位上为社会创造价值。立功与重大立功的差别也很明显，缓刑犯减刑的标准远高于被判处管制、拘役、有期徒刑、无期徒刑的罪犯。所以，同样的表现，不同的刑罚结果，缓刑犯的减刑标准被人为提高。

缓刑犯如果在缓刑考验期间有重大立功表现的，才可以被减刑。“可以”的规定意味着社区矫正机构可以提起减刑建议，也可以不提起减刑建议，法院可以裁决减刑，也可以不裁决减刑，此处自由裁量空间很大。判处管制、拘役、有期徒刑、无期徒刑的罪犯在确有悔改表现或者立功表现时就可以获得减刑机会，如

① 赖早兴：《减刑、假释和暂予监外执行适用条件中的平等问题》，载《中国监狱学刊》2006 年第 6 期，第 39 页。

果有重大立功表现时行刑机构应当提出减刑建议，人民法院应当裁定减刑，这意味着给罪犯减刑是执行机构与法院的义务。一方是可以自由裁量的机会，另一方是必须减刑的硬性规定，缓刑犯因此获得减刑的机会明显更少。王志祥教授认为，“我国目前的监禁刑执行方式，既没有体现出自由对罪犯的巨大激励作用，也没有考虑到罪犯逐步社会化的需要”。① 如果继续坚持提高缓刑犯减刑标准，无疑会使学者批评的这种现象加剧。

四、减刑限制给罪犯改造带来巨大压力

自由刑及其执行的重大变化给罪犯改造带来的影响是全方位的，既涉及犯人关押，又涉及教育矫正，需要深入研究。

（一）狱内重刑犯数量增加

《刑法修正案（八）》调整了减刑、假释后的罪犯实际执行的刑期，尤其是被限制减刑的死缓犯的实际执行刑期被明显延长。被判处死刑缓期执行的累犯以及因故意杀人、强奸、抢劫、绑架、放火、爆炸、投放危险物质或者有组织的暴力性犯罪被判处死刑缓期执行的犯罪分子，他们的罪行社会危害性重大，极端地挑战了人类道德底线，主观恶性强，反社会意志顽固，矫正难度大。对这类犯罪分子，减刑的条件应该如何把握，减刑的限度应该如何控制，这无疑是监狱干警将面临的新问题。

重刑犯是指社会危害性重大，犯罪性质、犯罪情节恶劣，人身危险性高的罪犯。我国重刑犯监狱通常关押被判处 10 年以上有期徒刑、无期徒刑以及死刑缓期 1 年执行的罪犯。“据统计，在某重刑犯监狱关押的 2300 多名罪犯中，判无期徒刑、死刑缓期执行的罪犯占 55%，判 15 年以上徒刑罪犯占 70%，多进宫罪犯占 30%，进宫次数最多的达 7 次；暴力型罪犯占 48.7%，财产型罪犯占 41%。”② 重刑犯人身危险性大，反抗改造经验多、意志强，是监管改造中的重大威胁。

《刑法修正案（八）》调整了有期徒刑的上限，看似不多的 5 年提升，给全国的监狱增加了数量巨大的罪犯。由于《刑法修正案（八）》限制减刑的适用，

① 王志祥：《我国减刑、假释制度改革路径前瞻》，载《法商研究》2009 年第 6 期，第 74 页。

② 张爱华：《试论当前重刑犯特点及教育改造的对策》，载《北京市政法管理干部学院学报》2001 年第 3 期，第 45 页。

重刑犯在监狱中获得减刑的机会越少，在监狱中实际服刑的期限越长，随着时间的累积，狱内重刑罪犯会越来越多。

（二）重刑犯心理压力增大

对刚刚走进监狱大门的重刑犯来讲，这些人入狱前在社会上无拘无束，甚至放浪形骸，突然间成为笼中之鸟，一言一行都被严加管束的罪犯，他们的心理落差巨大。重刑犯渴望自由的心理被遥不可及的出狱日期所重创，这会转化为巨大的心理压力，一想到十几年甚至二十年的刑期，难免会出现悲观绝望的心理。

由于重刑犯刑期漫长，监狱内缺乏像社会中那样丰富的文娱活动，生活枯燥乏味，罪犯间因分数考核的竞争关系导致“缺乏沟通和交流，从而走上了恶性循环，走上了两个极端，一方面很需要情感的支持和交流，另外一方面却在自我封闭，用想象和幻想替代生活，导致了许多服刑人员敏感多疑。最终形成了厚厚的自我保护的外衣”。[①] 缺乏交流会造成内心压抑，严重的会造成抑郁症或者自闭症。由于监狱内实施《罪犯计分考核办法》，减刑有明文依据，以罪犯在监狱中的表现计算分数，核算奖励，依照个人获奖依法减刑。有些罪犯好吃懒做，在无法通过辛勤劳动获取奖励的情况下，对漫漫监禁生涯失去信心，在监狱服刑矫正中破罐破摔，得过且过，这使其心理极其冷漠，对任何事情都漠不关心。

重刑犯面对漫长的监狱生活，内心十分渴望获得减刑或者假释，因此他们必须谨小慎微，既要注意不能违背监狱纪律，积极参加劳动，又要注意自己的语言，不能有失当之处。长期压抑本性，会使其人格发生变异，一方面，在狱警面前唯唯诺诺，投其所好，丧失自我，另一方面，两面三刀，在罪犯群体中将人性丑陋面充分暴露。十几年过度克制，不能展现自己的真性情，有可能使重刑犯的精神状态处于持续紧张之中。“这种持续紧张积累到一定程度，有可能导致两种问题出现，其一是当罪犯在服刑期遇到一些负性生活事件，如管教干部的批评、其他罪犯的挑衅、亲人的抛弃等等，有时甚至一点小刺激，都有可能导致罪犯负性情绪的总爆发，出现强烈的攻击行为。其二是导致罪犯严重抑郁，甚至出现自杀行为。”[②] 笔者和监狱干警座谈中了解到，某重刑犯甲，因妻子要和他离婚，

---

① 朱华军：《某重刑犯监狱心理咨询的困境》，载《社会心理科学》2008 年第 3 期，第 123 页。

② 刘邦惠：《重刑犯常见的心理问题及应对策略》，载《河南司法警官职业学院学报》第 4 期，第 6 页。

心情极度压抑，在一次提请减刑中因表现较差，分数低不能获得减刑，因而选择越狱。某重刑犯乙，因监狱申报减刑与实际裁定减刑期间有差异，其没有反思自己的行为反而迁怒于管教干警，在一次室外活动中将该干警击成轻伤以泄私愤。

（三）罪犯老、病化趋势将更加明显

由于有期徒刑上限提高，减刑条件发生变化，罪犯在监狱中度过的时间将更长。这将会使监狱中罪犯平均年龄有所上升，高龄罪犯的人数将会持续增长。假设某罪犯 50 岁时因故意杀人被判处死刑缓期 2 年执行且限制减刑，其在监狱中至少要服刑 22 年，出狱时已经 72 岁高龄。

在重刑犯中，消极情绪蔓延，如焦虑、忧虑、郁闷、烦躁、偏执、冷漠等常常盘踞在罪犯心中。监狱工作人员时常会发现有的罪犯坐卧不宁，惶惶不可终日，甚至有些罪犯还伴有心悸、血压高、胸闷气短、胃肠功能紊乱等症状。在长期负面情绪的影响下，希望罪犯有健康的体魄，无疑是十分困难的。实践中发现，某重刑犯监狱“2300 多名罪犯中，经医院确诊的重病罪犯有 131 名，有 73 名罪犯长期卧床不起。1999 年经医院鉴定确诊的精神病罪犯有 15 名，每月约有 30 名罪犯接受心理门诊和药物治疗，对约 50 名罪犯进行心理干预”。[①] 因此，我们必须要注意，未来监狱中罪犯老、病化将会比十余年前更加严重。

五、实际执行刑期没有充分注意罪犯差别

刑法中实际执行刑期虽然对不同罪犯进行了一定区分，但是这种区分没有充分注意到罪犯间的差别，因而不能满足现实的需求。自由刑执行中，有些罪犯人身危险性已经降低到一定程度，由于受减刑后实际执行期限的约束，不能及时减刑出狱，仍要在囹圄中继续改造，很显然，这既造成了法律资源浪费，又不利于罪犯回归社会。

作为一种人类社会共通的社会现象，罪犯重新犯罪问题困扰着各个国家。少数罪犯实施了大部分犯罪，笔者调研中发现，在监狱关押的罪犯中，“二进宫”甚至“七进宫”的罪犯屡见不鲜。对于人身危险性较高的实施了大部分犯罪的少数犯罪分子通过限制减刑使其与社会隔离，对于此类罪犯的控制将有利于犯罪

① 张爱华：《试论当前重刑犯特点及教育改造的对策》，载《北京市政法管理干部学院学报》2001 年第 3 期，第 45 页。

现象的减少。对于人身危险性低的罪犯可以减少实际执行期限。与对某些人身危险性较高的罪犯限制减刑相对应，笔者认为，应该通过立法对人身危险性实际降低的罪犯减少实际服刑期限。

不同罪犯的人身危险性有异，通常认为过失犯因对抗社会规范的心理较弱，故社会危险性小于故意犯。将过失犯与故意犯在一起用相同的标准进行考察，提请减刑，这对过失犯是不公平的。笔者认为，应该将过失犯与故意犯分别进行减刑考察，加大对过失犯的减刑力度。对实施了过失犯罪行为，被判处 5 年以下有期徒刑、拘役或者管制的犯罪分子，人民法院根据犯罪情节等情况可以同时决定对其放宽减刑，实际执行的刑期不能少于原判刑期的 1/3。

六、财产性判项与减刑联动过程中的问题

实践中，财产性判项与减刑联动会产生诸多问题。

（一）罪犯及家属观念问题

将财产性判项与减刑联动，部分罪犯及其家属在观念上难以接受。有部分罪犯认为，因为赔不起钱才会在监狱服刑，如果能够赔得起或者已经弥补了受害人的损失，也就不需要再受牢狱之灾；已经受了牢狱之灾，就没有必要再赔钱了。也有罪犯算起了“经济账”，5 年的刑期实际服刑中最多减 2 年，20 万元的民事赔偿款缴纳以后才能获得减刑机会，大致相当于 1 年刑期折抵了 10 万元。这 10 万元出狱以后也不见得能挣回来，还不如在监狱服刑更加实惠。

（二）赔偿权利人不接受民事赔偿或者找不到权利人

有些地区在执行民事赔偿过程中发现，赔偿权利人拒绝接受民事赔偿。拒绝接受的原因多种多样，有的是因为对法院判决的数额不满意；有的是因为没有原谅罪犯，不愿意接受民事方面和解；有的是认为民事赔偿不履行就不能减刑，产生延长罪犯服刑时间的报复心理等。

有些地区在执行民事赔偿过程中发现，由于罪犯异地关押，即使罪犯或者家属在监狱所在地履行了民事赔偿，但是法院找不到赔偿权利人。也有些在当地履行民事赔偿或者退赔后，由于被害人外出打工更换联系方式等原因，法院联系不到赔偿权利人，民事赔偿没有能够及时交到被害人手中。在上述情况下，民事方

面的财产性判项没有能够彻底履行。罪犯应该如何履行，交付后是否认定财产性判项已经履行，对有些地区的监狱形成了困扰。

（三）罪犯履行能力判断问题

“确有履行能力而不履行或者不全部履行”财产性判项，成为影响罪犯获得减刑与否、减刑多少的重要因素。有的罪犯有能力全部履行，故意按照当地规范中的标准，踩着最低标准的比例履行以获得部分减刑。有的地区，监狱、法院重视相关政府部门的家庭困难证明。部分罪犯便通过个人或者家属的关系开来贫困证明，然而这个“贫困户”在监狱内月均消费水平却高于大多数罪犯。有的通过各种途径，唆使家属转移财产，伪造没有履行能力的假象，家属却过着相对富裕的生活。罪犯是否具有履行财产性判项的能力，是真的没有能力履行还是故意伪装，成为困扰监狱、法院的一个难题。

第二节　现行减刑制度的完善

在吸收了理论界以及实务界的各种建议后，在减刑实践的基础上，虽然2016年《减刑假释规定》对减刑制度进行了重大修改，修改后的减刑制度焕发了新的生机和活力，但是仍有可完善之处。

一、减刑权内部冲突之协调

减刑建议权与减刑裁定权之间存在一定冲突，但是，这种冲突是权力结构内部的冲突，并非不可化解的矛盾，能够在充分协调的情况下加以解决。笔者认为，解决的方案可从如下方面设计：

第一，统一权力各方的目的。减刑制度是刑法制度的一个组成部分，是自由刑执行中的一个重要环节，其目的应该与刑法目的、自由刑执行目的相统一。刑法的目的是惩罚犯罪、保护人民。监狱执行刑罚是自由刑执行的最重要部分，其目的应能代表自由刑行刑目的，即惩罚和改造罪犯，预防和减少犯罪。减刑目的应当统一在上述两种目的之内。而笔者认为，二者的目的应该是惩罚和改造罪犯，预防犯罪，保护人民。减刑建议权的主体和减刑裁定权的主体应该在这一统一的目的下行动，避免刑罚运行方向差异。减刑能够调节刑罚惩罚的力度，引导公众遵守规范，威慑并矫正罪犯防止其再次犯罪，保护人民物质利益与精神利益，在此种目的引导下，能使各方正确适用减刑相关权力。

第二，统一权力各方的信息。以监狱为主的自由刑执行机关通常认为人民法院对罪犯改造情况认识不足，只通过书面材料了解罪犯矫正情况，信息量少，不能保证减刑的质量。人民法院则认为监狱呈报材料有些时候较为概括，不能详细显示罪犯改造情况，又担心监狱操作不规范，故而会将监狱等部门提起的减刑建议“打折”。笔者认为，自由刑执行机关的认识有其合理性，因此统一权力各方的信息即可解决这一难题，目前的实质化审理是一个重要的途径。笔者从掌握的资料中发现，监狱呈报的罪犯表现材料较为程式化且不够详细。例如，计分记功只有罪犯的具体分数，没有体现罪犯的表现在整个监区处于何种情况，罪犯在各种学习考核中成绩优异是计分记功的重要标准，但是没有试卷、成绩总体排名单等证明。单项奖励中，某罪犯获得某省职业资格证书，在监狱呈报材料中并没有出现此证书的复印件等。监狱等执行机关应该将更加详细的证明资料等交由法院审查，使法院能够在充分掌握信息的基础上作出准确的裁定。对于较为复杂、重大的案件，法院可以在监狱内开庭，听取罪犯的意见，甚至可以在罪犯所在监区发放调查问卷了解某罪犯的矫正情况，应在形成全面的认识后作出令人信服的裁定。

第三，统一权力行使的标准。人民法院有时候会将减刑建议机关提出的减刑建议“打折”，降低减刑幅度而不在裁定书中作出说明，监狱等自由刑执行部门有些时候也不明就里，难以向罪犯解释，冲突在降低减刑建议幅度中产生。在一次调研中，有监狱干警向笔者介绍了一个令人哭笑不得的案例。甲罪犯与乙罪犯在同一监区，罪名均为贩卖毒品罪，一个被判刑 11 年，另一个被判刑 12 年。在一次提请减刑过程中，二人表现几乎相同，均被提请减刑 6 个月，最后法院裁定甲罪犯被扣减 2 个月，乙罪犯被扣减 1 个月。因为法院没有说明扣减理由，甲罪犯对其比乙罪犯多扣减 1 个月，十分不满，情绪波动较大，成为监区不稳定因素。为安抚其不满情绪，监狱干警轮番做工作，成效不是很明显。最后一名警校毕业生在看完两个人的案卷后，找来甲罪犯，告知其贩卖的毒品是海洛因，乙贩卖的是冰毒，海洛因危害性更大，所以要多扣一个月。甲听后表示能够接受这种理由，情绪趋于稳定，不再抗拒改造。事后这名干警表示，自己给出的理由其实并不是法律规定的理由，也不是法官裁定的理由，虽然不严谨，但是从罪犯改造的角度，只能找一个让罪犯容易接受的心理安慰才能确保监狱内安全。

有学者认为，“冲突是由于权利分配引起的，而不是由于经济因素引起的。因此，最好的办法是各利益集团各司其事，这样虽时常会有一些小冲突，但却限制了严重冲突的集中爆发”。[①] 减刑中的冲突方对各自的权力不满，对方行使权力的方式也难以被接受，笔者认为，通过统一减刑标准、确立各方权力范围即可部分解决。尽管有各种减刑的法律法规等标准，但是对监狱、法院等部门的自由裁量限度没有进行规定，双方在不同的标准下进行减刑幅度的确认当然会引起冲突。通过统一减刑幅度自由裁量范围，强化实质化审理减刑中减刑建议方的证据出示、裁定方的说理证明过程，两种权力主体就能在权力范围内各司其职，减少对罪犯应该减刑多少的不同认识。

二、厘清立功与重大立功的界限

欲达到立功与重大立功的界限明晰，主要在于提供可供量化的标准。

（一）界定“重大犯罪活动”“重大犯罪嫌疑人”的界限

“重大犯罪活动”与“重大犯罪嫌疑人”需要进行明确，以区分于普通犯罪活动和普通犯罪嫌疑人。这一问题的明确，需要在《刑法》这一体系中寻找答案。德国著名刑法学家罗克辛说，“体系是一个法治国刑法不可放弃的因素”“一个体系，就像我们伟大的哲学家康德所说的那样，是一个‘根据各种原则组织起来的知识整体’。因此，一般犯罪原理的体系，就是试图把可受刑事惩罚的举止行为的条件，在一个逻辑顺序中，作出适用于所有犯罪的说明”。[②] 其认为体系化的思考优点有四个：第一，减少案件审查的难度；第二，体系性秩序作为平等和有区别地适用法律的条件；第三，法律的简化与更好的操作性；第四，体系性联系作为深化法学的路标。[③] 尽管该学者的论述旨在张扬体系性思考在犯罪论部分的重要性，提倡刑法信条学的发展，但是这种思考进路对我们考察刑罚论

---

① ［英］拉尔夫·达伦道夫：《现代社会冲突》，林荣远译，北京：中国社会科学出版社2000年版，第3页。

② ［德］克劳斯·罗克辛：《德国刑法学总论》（第1卷），王世洲译，北京：法律出版社2005年版，第3页，第132页。

③ ［德］克劳斯·罗克辛：《德国刑法学总论》（第1卷），王世洲译，北京：法律出版社2005年版，第3页，第127页以后。

部分同样适用。体系化的思考使刑法学知识更加精确，对刑法的解释更加接近于真理。固然减刑中立功与重大立功的判断所在意的最终不是减轻对罪犯的刑罚，而是矫正罪犯，引导其遵守规范，但是厘清减刑的理由何在，减刑幅度大小的原因是什么，才能真正决定减刑的成效，公正的减刑才是使罪犯信任规范的力量。当一个罪犯不能真正知道为什么被减刑，那他也无从知道减刑的目的，更无法知晓自己行为在法治体系中的价值。以体系化的方式解释减刑中的立功与重大立功、犯罪嫌疑人与重大犯罪嫌疑人的差别，可以提供一个相对更加精确判断减刑与否的标准，以此确保刑罚制度整体的合理与有效。

笔者认为，作为统一刑法体系中的立功概念，在体系内应该具有融通性。减刑过程中的重大立功标准，相关部分应参考侦查、起诉、庭审阶段的重大立功之规定。1998 年最高人民法院《关于处理自首和立功具体应用法律若干问题的解释》对《刑法》第 68 条中的重大立功进行了规定，涉及“重大犯罪”“重大案件”“重大犯罪嫌疑人”的一般是指犯罪嫌疑人、被告人可能被判处无期徒刑以上刑罚或者案件在本省、自治区、直辖市或者全国范围内有较大影响等情形。有鉴于此，笔者认为，犯罪活动和犯罪嫌疑人重大与否的判断标准是：参与犯罪活动的犯罪嫌疑人或者被告人是否可能被判处无期徒刑以上刑罚或者案件在省级行政区域或者全国范围内有重大影响。坚持行刑阶段重大立功、重大犯罪嫌疑人与制刑、量刑阶段重大立功、重大犯罪嫌疑人内涵的一致性，有利于贯彻刑法的统一性，保障刑罚面前人人平等原则的实现，更有利于明确减刑标准，使减刑活动有法可依。

另外，为防止投机性立功或者重大立功，对于立功线索来源，应参照最高人民法院 2010 年印发的《关于处理自首和立功若干具体问题的意见》中的规定，排除一些可能被认定立功的情形：犯罪分子通过暴力等非法手段，或者被羁押后违反监管规定，获取犯罪线索并“检举揭发”的；犯罪分子将本人以往查办犯罪职务活动中掌握的，或者从负有查办犯罪等职责的国家工作人员处获取的他人犯罪线索；犯罪分子亲友为使犯罪分子“立功”，向司法机关提供他人犯罪线索、协助抓捕犯罪嫌疑人的，不能被认定为犯罪分子本人有立功表现。

（二）通过实际创造的价值衡量技术革新

由于词汇表达的局限性，法律解释的边界问题困扰着各国学者。德国学者以“可能的语义”限定法律解释的边界，“法律的意思只能从条文的词义中找到。

条文的词义是解释的要素，因此在任何情况下，必须将‘可能的词义’视为最宽的界限。……从法治国理念出发，可能的词义标准是不可缺少的，因此它提供了唯一的在客观上可检验的特征，而该特征可从能达到的可靠性上来加以认识，由此使得法官对自己创造的法律开始负责任”。[①] 囿于“突出”“重大”这些语言本身的模糊性，笔者认为在断定技术革新以认定罪犯立功与重大立功的问题上，我们依然很难有直观的判断。显然，模糊的词汇不符合罪刑法定原则的要求，“罪刑法定主义要求刑法规定具有确定性，这里的确定性具有两层含义：一是构成要件明确，二是刑罚效果确定”。[②] 减刑为刑罚效果之一部分，有必要明确可行以更加易于操作。2016 年《减刑假释规定》中确定，发明创造或者重大技术革新应当是罪犯在刑罚执行期间独立或者为主完成并经国家主管部门确认的发明专利。

笔者认为，发明创造，生产、技术革新的成绩，应该具有客观性与可衡量性，生产、科研成果既包含工农业生产成果，又包含智力劳动成果，且重大技术革新给社会带来显著的经济效益。罪犯歌唱、舞蹈、小品、乐器演奏等文艺作品，现身说法、配合拍摄警示教育片等不应该纳入重大立功当中。发明创造、重大技术革新仅仅局限于理工科等方面是不全面的，衡量罪犯重大立功不应该只局限于给社会创造经济价值方面，也可以考虑其创造的人文价值。笔者认为，如果罪犯在人文研究中获得一定影响，如小说、社会科学研究等获得省部级奖项，也应该认定其重大立功。这样做的意义在于平等赋予文科、理工科背景罪犯减刑的机会。

三、平等赋予缓刑犯减刑的机会

对宣告缓刑的犯罪分子，在缓刑考验期限内，依法实行社区矫正。社区矫正是一种特殊的刑罚执行方式，是指将符合法定条件的罪犯置于社区内，由专门的国家机关在相关社会团体、民间组织和社会志愿者的协助下，在判决、裁定或决定确定的期限内，矫正其犯罪心理和行为恶习，促进其顺利回归社会的非监禁刑罚执行活动。社区矫正机构将对缓刑犯进行教育矫正，其悔改表现可以通过《考

① ［德］汉斯·海因里希·耶赛克、托马斯·魏根特：《德国刑法教科书》，徐久生译，北京：中国法制出版社 2001 年版，第 197 页。

② 陈兴良：《教义刑法学》，北京：中国人民大学出版社 2010 年版，第 45 页。

核奖惩办法》测量，有据可查。

缓刑犯与实际执行自由刑的罪犯承受着与其罪行以及人身危险性成比例的限制与考验，因此缓刑犯应该获得平等的减刑机会。实践中，也有多地开始实践对缓刑犯减刑。江苏省通州市小文（化名）在就读高中期间实施犯罪行为被判处2年有期徒刑缓期2年执行。鉴于其缓刑期间的良好表现以及2004年将参加高考，通州市法院专门就缩减其缓刑考验期的问题，逐级层报到江苏省高级人民法院乃至最高人民法院。最高人民法院于2003年11月专门就此案作出答复，对小文原被判处的有期徒刑2年，缓刑2年，裁定减刑6个月。小文参加了高考，并以高分被武汉某高校录取。重庆市罗某，因交通肇事罪被判缓刑。2004年10月15日下午，罗某走到某小学附近时，发现车祸后的一名学生浑身是血躺在公路上，他迅速将受伤学生送往医院。由于抢救及时，学生的生命无碍。重庆市第五中级人民法院裁定，罗某获减刑7个月、缩短缓刑考验期限1年。2007年8月，常州市中级人民法院以公开听证形式审理了两起社区矫正对象减刑案件，由对社区矫正对象平时改造表现负责计分考核的基层司法所代表以证人名义出席听证，同时邀请公安、检察机关的相关人员参加。合议庭通过对两缓刑犯矫正期间的计分考核情况、奖惩情况及立功表现的审核，将在矫正期间积极接受改造并有重大立功表现的缓刑犯罗某、王某的刑期分别减去1个月和3个月，并相应缩短了缓刑考验期。社区矫正对象许某因盗窃被判处有期徒刑8个月，缓刑1年。2008年7月22日和23日，许某先是救起了一名2岁的落水女孩，后又协助警方抓获了公然抢劫的犯罪分子。根据《江苏省社区矫正对象考核奖惩办法》，社区矫正机构为许某申报减刑。2009年，泰州市中级人民法院最后确定减去许某剩余的缓刑考验期2个月零8天。2010年9月，浙江省宁波市社区矫正工作会议召开，本市缓刑犯如果在缓刑考验期内表现良好，就有望得到减刑，法院将尝试着先把此规程适用于青少年缓刑犯。朱强（化名）是一名在杭接受社区矫正的缓刑人员，为厂里的生产线作技术改良，直接节约生产成本几十万元。根据《浙江省社区矫正对象奖惩考核暂行办法》，2011年年初，他成为浙江省首例被减刑的社区矫正对象。

笔者认为，缓刑犯应获得同等的减刑待遇，2016年《减刑假释规定》第18条应该修改，即“被判处拘役或者三年以下有期徒刑并宣告缓刑的犯罪分子，可以适用减刑。在缓刑考验期间，如果认真遵守社区矫正规定，确有悔改表现的，或者有立功表现的，可以减刑。前款规定的罪犯在缓刑考验期内有重大立功表现的，可以参照刑法第七十八条的规定予以减刑，同时应当依法缩减其缓刑考验期。缩减后，拘役的缓刑考验期限不得少于二个月，有期徒刑的缓刑考验期限不得少于一年。”

四、宽严相济，减刑工作科学化

（一）宽严相济，科学评估罪犯人身危险性

获得减刑是罪犯能提前出狱的正当出路，渴望自由的罪犯无不希望能在监狱中表现好，得到表扬、立功，从而及早出狱。这需要监狱干警在减刑中注重科学化管理，以使减刑发挥最大的效用。笔者认为，在减刑过程中，应该在重刑犯、轻刑犯的处理上贯彻宽严相济原则。对《刑法》规定限制减刑的罪犯严格限制减刑，其余的死缓犯、无期徒刑犯、10 年以上的有期徒刑罪犯适当放松减刑、假释的条件，能减刑的就给予宽大处理。对轻刑犯尤其是过失犯的减刑与其他罪犯区别对待，建议将轻刑犯与重刑犯分区关押，分别考察，减刑的计分总数、计分标准均应体现出与重刑犯的差异。若将轻刑犯与重刑犯统一考察，会因其刑期短而取消轻刑犯的减刑，这对轻刑犯是不公平的，同时也不利于监狱内设施的充分利用。

鉴于减刑标准相对比较模糊，笔者认为，监狱可以与高校等部门合作，建立行之有效的危险评估体系，适用于减刑工作。虽然我们国家现阶段存在着“犯情分析”制度，但是有专家认为这种危险评估工作存在以下缺点：第一，定性突出。第二，没有确定危险评估的评估因子。第三，危险评估是监狱干警广泛参与、领导主导的行为。① 所以，我们应充分借鉴国外危险评估工具，在实践中与高校专家合作，开发出具有中国特色的危险评估工具以适用于即将被减刑的罪犯，甚至在此基础上将危险评估适用于整个监狱的管理工作，以使管理更加科学化、现代化。

（二）重刑犯关押模式创新

面对即将出现的大量重刑犯，笔者认为，有必要创新重刑犯关押模式以解决

① 翟中东：《国际视域下的重新犯罪防治政策》，北京：北京大学出版社 2010 年版，第 217-218 页。

这一日益严峻的问题。实践中，有人认为，重刑犯关押模式有三种①：第一，“宽松式”管理。它的特点是松散式管理，对重刑犯行为“小节”迁就忽视，优点在于易缓和罪犯的心理压力，有利于保护警察和避免大要案的发生，弱点在于不利于防控。第二，“从严式”管理。此种方式对监狱执行刑罚提出了许多禁止性的零指标，但是忽视了我国监狱系统目前的监管硬件、技防能力和警力资源等多方面的问题。第三，“规范化”管理。它的实质是法治思想的延伸，是依法行政、依法治监的体现。但目前，这种“规范化”管理的内容侧重于被管理者，且没有达到明确化、具体化、法定化和系统化，并不具有可操作性。

笔者认为，重刑犯关押模式应该结合上述三种模式的优点，贯彻宽严相济的政策。第一，在监狱内部统一重刑犯活动的标准，在《刑法》《监狱法》以及司法部相关规章的基础上制定具有本监狱特色的标准，标准的制定应体现集体的智慧，由长期从事监管一线工作的干警参与讨论标准的宽严，这样能增强标准的可操作性。第二，由于重刑犯将会大量出现在监狱中，某个监狱或者某个监区将全部是重刑犯，在这种情况下，将重刑犯视为普通罪犯，对罪犯的某些不影响监区安全工作的小错误可以不予追究，给予罪犯适当空间以减缓压力，减少、减轻罪犯与监狱干警、罪犯之间的矛盾冲突，防止矛盾积累至白热化而酝酿出恶性事件。第三，对重刑犯的某些违规违纪甚至犯罪行为，坚决打击，严厉惩处，以此保护其他罪犯的利益，保护监狱干警的安全和权益，保障监狱中的良好秩序。

笔者在调研中发现，有些重刑犯在监狱中飞扬跋扈，居然会出现部分监狱干警不敢管，怕因严管罪犯而被报复伤害或者因罪犯投诉最终使自己受到纪律处分等，他们对罪犯的违纪行为视而不见，这是一种极其危险的倾向。监狱是关押、惩罚罪犯的场所，面对罪犯的违法违纪行为，一定要严惩以保障秩序，没有秩序的监狱无法保障罪犯人权，没有秩序的监狱甚至无法保护监狱干警。所以，对重刑犯在狱内违纪的惩罚应该体现法律的权威，体现监狱维护秩序、保障人权的决心。

（三）心理矫正的有效干预

面对漫漫刑期和枯燥乏味的监禁生活，重刑犯在监狱中难免会出现各种心理问题，自闭、抑郁、躁狂等情绪会引起自残、自杀、攻击等行为。这些问题无疑

① 赵绪明：《当前重刑犯的特征简析与管理探讨》，载《中国司法》2006年第9期，第23页。

会给监管带来困难，影响惩罚、教育的实效。

在监狱服刑的罪犯中，确实有些人存在心理上的问题或严重疾病，通常情况下这种疾病无法通过犯人自我恢复而自愈，往往会越来越严重。因此，必须有外界专业人士的帮助才能痊愈。笔者认为，需要在监狱中设置心理矫正室，配置更多的专业人士从事心理疏导工作。心理咨询师既可以由经过培训考核后的监狱干警担任，也可以吸引高校研究人员参与，应该保持心理咨询师的一定数量，以保障心理咨询的质量以及心理咨询师本人的心理卫生。心理咨询师可以针对已经出现问题的某个罪犯的心理，采取有针对性的矫正方法，如情绪控制法、疏泄疗法、人际关系技能训练法等进行矫正。对罪犯中出现的普遍性、共同性问题，如自闭、抑郁等，可进行团体辅导，扩大心理辅导的覆盖范围，发挥心理辅导的作用。在中国传统的节日里，如春节、端午节、中秋节等，广泛开展一些由罪犯参与的团体娱乐活动，这同样能够起到宣泄负面情绪的重要作用。

在监狱内可以开设专门的心理健康课程，监狱内课程不能仅限于专业技术，思想政治课程等，也应该有心理咨询类课程。这类心理知识，能够通过教师结合监管工作实际情况传授，从而有效建立罪犯的心理疾病预防机制，实现罪犯自我心理调节，能够在一定程度上疏导负面情绪带来的心理波动，减少罪犯实施违纪违法犯罪行为的概率。在心理课程讲授过程中，可以在一定程度上纠正罪犯偏执的认知结构，帮助他们树立正确的人生观、世界观和价值观，明白善恶美丑，达到矫正的目的。

心理矫正的推广能够使监狱干警有效地掌握狱内各种信息，通过罪犯吐露心声，掌握狱内最新的动态，预防各种自残、自杀、违纪、违法案件的发生。

五、以实际执行刑期体现罪犯差别

实施不同种类犯罪的罪犯，对抗社会规范的意志强度有别，人身危险性有差异，“不同种类的罪犯人身危险性大不相同，其在服刑期间的外在积极表现是否真正表明其内心确有悔改意思也很难得到确信”。[①] 对不同种类的罪犯，因其实施的犯罪行为与人身危险性的差异，实际执行的刑期应体现出一定差异。实践中

① 韩玉胜等著：《刑事执行法学研究》，北京：中国人民大学出版社2007年版，第278页。

发现，死缓犯平均执行的刑期与无期徒刑犯平均执行的刑期相差无几[1]，扩大部分死缓犯实际执行刑期与无期徒刑犯实际执行刑期间的差距，是立法者对刑罚结构的一种调整。对上述犯罪分子限制减刑，是通过对罪犯实际执行一定刑期的长短体现罪犯差别的第一步，对不同犯罪分子减刑后实际执行的刑期，还应进一步细化。

笔者认为，对实施了《刑法》第 50 条所列 9 种严重罪行的罪犯以及实施贪污贿赂犯罪行为，渎职犯罪中的故意犯罪行为被判处 10 年以上有期徒刑的罪犯，人民法院根据犯罪情节等情况可以同时决定对其限制减刑，实际执行的刑期不能少于原判刑期的 2/3。需要指出的是，笔者对限制减刑的建议，只是划定了一个可以限制减刑人员之范围，并非上述罪犯都要被限制减刑，应该由人民法院根据罪犯实施的具体犯罪行为以及其他相关情况综合考虑决定。

对上述罪犯限制减刑，出于以下几方面考虑：

第一，体现了特殊预防的要求。特殊预防目的主要通过隔离、有限威慑和全面矫正三种方式实现。任何犯罪都是在一定主客观条件综合作用下实现的，将罪犯与社会隔离，减少实施犯罪的客观条件与外部诱惑，在严管中降低罪犯实施犯罪的可能。少数人身危险性极大的罪犯实施了绝大多数犯罪，这一结论在美国再次被数据证明[2]，将这些罪犯隔离于社会，能使社会免受其害。对于不能正确认识自己行为性质、依然顽固坚持错误思想的罪犯，多隔离一天，则社会、国家遭受破坏的危险就降低一分。适当的惩罚能使罪犯吸取教训，起到威慑罪犯的作用。消灭肉体能一劳永逸地实现防止再犯，可这不是有限威慑的要求，而是对罪犯不进行任何威慑的表现，副作用极大，不是我国现阶段采用的主要方式。全面矫正注重对罪犯的思想教育、行为矫正，能够让罪犯认识到自己行为的可耻与低劣，给被害人、社会与国家带来了极大的伤害，从而引发其羞耻之心、向善之

---

① 王尚新主编：《中华人民共和国刑法解读》（第三版），北京：中国法制出版社 2011 年版，第 110 页。

② 美国皮尤研究人员分析了 41 个州 1999 年和 2004 年离开监狱囚犯的全部或部分数据。2002 年，大约 45%的有前科犯人出狱之后重回监狱。2007 年，重返监狱的比例为 43%。根据 33 个州提供的两个时期数据，2007 年 15 个州报告累犯比例上升高达 30%。它们包括：南达科他州 2007 年重返监狱比例上升 35%；华盛顿州同期重新入狱比例上升 31%；明尼苏达州重新入狱比例尽管上升幅度只有 11%，但该州 2007 年是各州累犯比例最高的 61.2%。详见：《美国监狱开支大增 却难以威慑前科犯人》，美国中文网，http：//www.sinovision.net/index.php？module = news&act = details&news_id = 167395. 最后访问时间：2011-12-19.

心，对刑罚心悦诚服。监狱的矫正使其逐渐尊重社会行为规范，重新使自己的行为回归到社会常识、常理、常情的限度内，从而避免再次实施犯罪。上述罪犯人身危险性较大，犯罪思想顽固，只有通过更长时间的矫正才能收到较好的效果。对于拒绝接受社会行为规范，不认罪服法的罪犯，通过在监狱的痛苦经历，也能使其建立起犯罪与痛苦之间的条件反射，当再次意图实施犯罪行为时因惧怕刑罚之苦而思虑再三故减少或者不实施犯罪行为。尽管他们没有在思想上根本实现自我教育改造，但是也在一定程度上达到了特殊预防的目的。

第二，体现了一般预防的要求。消极一般预防论着力于威慑罪犯之外的所有人，积极一般预防将视角放在引导公民遵守法律规范，通过立法、司法、执法三种途径实现。立法者通过刑罚与犯罪之间明确的对价表彰显自己严厉打击某些犯罪的立场。了解刑法限制减刑规定并意欲实施犯罪行为者，会因为犯罪的成本过高产出相对较低，而放弃实施犯罪或者放弃实施严重的犯罪。在法院审判过程中，通过对罪犯限制减刑的宣判，以生动的案例说明什么是国家严厉禁止的犯罪行为，警告意图实施犯罪行为的人，使他们尽快醒悟，放弃罪恶的念头，从而预防犯罪的发生。自由刑执行过程中，监狱对实施了上述严重犯罪的罪犯减少或者不提请减刑，法院减少或者不裁定减刑，以更加明显的方式惩罚罪犯，使知情的“狱友”以及其他意欲实施严重犯罪的人知难而退。

第三，体现了报应的要求。被限制减刑的罪犯实施了极其严重的犯罪，应该以更多的刑罚的痛苦来衡平犯罪的罪恶，这样做“一方面可以实现正义的理念，另一方面则可以增强伦理的力量，用以形成社会大众的法意识，以建立法社会赖以为存的法秩序”①。

对过失犯与故意犯减刑条件分别规定，对不同类的罪犯依不同标准考察，对每类罪犯都进行有效的危险评估，以使罪犯获得公正的减刑。危险评估对监禁刑执行的意义重大，“在监禁刑执行中，将危险性大的罪犯留置监狱，减少社会不安全因素”“在监禁刑执行中，危险评估可以帮助监管机构正确适用促进罪犯重返社会的措施，……或者说为促进罪犯重返社会措施提供根据与保障，从而使监管机构可以充分使用促进罪犯重返社会的措施”。② 在我国，制定全国范围内的危险评估虽然有难度，但是可以结合监狱工作的实践，制定较为通用的罪犯减刑

---

① 林山田：《刑罚学》（修订版），台北：商务印书馆 2005 年版，第 47 页。
② 翟中东：《国际视域下的重新犯罪防治政策》，北京：北京大学出版社 2010 年版，第 123 页。

标准，这样既能保证减刑的公正，又能防止人身危险性大的罪犯因减刑出狱再次实施犯罪行为，也能保障人身危险性小的罪犯及时出狱，更好地适应社生活。

对实施了过失犯罪行为，被判处5年以下有期徒刑、拘役或管制的罪犯，人民法院有条件地放宽减刑，有着重要的积极意义。

第一，符合特殊预防的要求。上述过失罪犯在犯罪中表现出了较弱的对抗社会性，他们在行为过程中表现了对规范的轻视或者忽视，“其实质都是行为人对自己行为性质的某种不应有的认识错误”“危害结果的发生都是违背行为人的主观意愿的”。[①] 过失犯没有尽力保护法益，体现为一种消极的态度，在意志上是疏忽的、轻信的心理态度，并不像故意犯罪一样敌视或者蔑视社会规范，对法益持积极的破坏态度。上述过失犯的主观恶性和人身危险性都比故意犯小，因此他们再次实施犯罪的可能性较小。“依据行为人的犯罪危险性所为的国家刑罚权的行使，在事实上即非报应思想中对于犯罪的反应，而只是针对犯罪的预防工作。”[②] 在刑罚执行一段时间后，罪犯能够从自己遭受的惩罚与教育中认识到行为的社会危害性，从而在日后的行为中尽到充分的注意义务，不致再次实施危害社会的行为。罪犯及早出狱，能够防止在狱中“交叉感染”，减少习得犯罪的机会，同时避免形成罪犯人格[③]。因此，上述过失犯可以比其他罪犯获得更多的减刑，从而更早回归社会。

第二，符合一般预防的要求。对上述过失犯放宽减刑条件，减少实际执行期限，能在罪犯中起到教育作用。例如，同样是犯罪，同样是被判处了5年有期徒刑，但是部分过失犯可以服刑1/3刑期即可出狱，而其余过失犯或者故意犯至少要服刑1/2刑期才能出狱。其他罪犯在目睹这一明显的差别后，认识到自己行为的危害性，也感受到来自国家的更多的惩罚。通过消极的一般预防能使其他罪犯出狱后在可能实施犯罪行为时因顾忌这一点而放弃犯罪。尽管对部分过失犯减少

① 梅传强：《犯罪心理生成机制研究》，北京：中国检察出版社2004年版，第162页。

② 林山田：《刑法通论（增订十版）》（下），台北：元照出版有限公司2008年版，第421页。

③ 翟中东教授在其著述的后记中结合自己的亲身经历描绘了一个懵懂的即将上大学的高中毕业生因一时冲动犯罪，被关押进监狱后从“单纯”到“狡黠”的转变，监狱不仅“野蛮了张某的身体”，而且“野蛮了其精神”。详见翟中东：《刑法中的人格问题研究》，北京：中国法制出版社2003年版，第293页。林山田教授在其著作中转述了一名罪犯在台湾某监狱服刑的感受：“在监狱有谁教育过我？只有他们，那些刺龙刺凤的兄弟，他们用另一种特殊的法律、习惯、用语，甚至拳头、威胁、咒骂教育了我。不管愿意不愿意，我没有选择余地的和这些人同居过活，也只有把他们当兄弟看待。”详见林山田：《刑法通论（增订十版）》（下），台北：元照出版有限公司2008年版，第550页。这使我们认识到，尽管监狱都在努力避免这一现象的出现，但是在如此封闭的环境中，这又是多么的难以避免。

实际执行刑期，但是这并不意味着国家对此种行为的纵容，“现代刑法之所以处罚特定行为，乃因该行为和人类和平共同生活的规则互不相容”①，国家依然通过执行一定刑期彰显了刑法规范的不可侵犯性，表达了对这部分过失犯的谴责。通过对这部分过失犯的惩罚，使公民学会了对法律忠诚，公民亲眼见到对犯罪行为的惩罚而使其愤怒的法律意识得到安慰，被害人与罪犯的冲突因罪犯的积极赔礼道歉、赔偿损失以及入监服刑而被视为消散，不会再引起激烈的复仇。最重要的是，公民因此认识到忠诚于法律的效果：忠诚于法律或者不侵犯法律，不会遭受法律的惩罚；过失侵犯法律且后果不严重，会遭到惩罚但同时也会被部分宽宥；严重侵犯法律，会遭到严重的惩罚且得到的宽恕较少或者不会得到宽恕。在使公民清晰地见识到忠诚于法律的效果后，国家稳定了受破坏的规范，维持了规范作为社会交往的标准，重申常识、常理、常情的不可侵犯性，实现了一般预防的目的。

第三，符合报应论的要求。上述过失犯尽管给国家基本制度造成了破坏，但是这种破坏的结果相对并不严重，因此国家通过司法程序宣布罪犯的罪行以及应受的惩罚，重新恢复了被破坏的制度以及受其保护的秩序。在刑罚执行一定时间后减少上述过失犯的实际服刑期限，不会损害国家、法律的权威。根据常识、常理、常情的观念，社会生活中人们对过失行为的谴责主要在于行为人没有尽到充分的注意义务，太“粗心”、太“大意”以至于造成不可挽回的损失，对他们行为谴责的力度相对较小。相同的结果如果是基于故意而实施的，则会招致社会成员的激烈反对。过失犯的反社会性较低，人身危险性较小，对部分过失犯放宽减刑的条件，减少实际服刑期限，能够得到公众的支持。有明确被害人的过失犯罪中，最直观感受痛苦的是被害人或者其亲属，他们对罪犯通常抱有强烈的复仇欲望，如果能够在刑罚惩罚之外满足被害人或者其亲属的报复情绪，取得其谅解，较其他罪犯减少刑罚惩罚不仅可能，甚至不进行刑罚惩罚都能够被接受。例如，最高人民法院《关于审理交通肇事刑事案件具体应用法律若干问题的解释》规定，造成公共财产或者他人财产直接损失，负事故全部或者主要责任，无能力赔偿数额在 30 万元以上的，构成交通肇事罪，处 3 年以下有期徒刑或者拘役。从反面推论，如果不具备人身伤亡的结果，有能力赔偿 30 万元的，则不认定构成交通肇事罪。根据罪犯对抗国家、社会、法律、他人利益的罪过来确定其责任是

① 林钰雄：《新刑法总则》，北京：中国人民大学出版社 2009 年版，第 7 页。

适用刑罚的基础，没有这种罪过不能适用刑法。在主观罪过确定需要刑罚惩罚的基础上，在法定刑范围内宣告具体刑罚，具体法定刑需要考察犯罪对法益造成的损害以及犯罪后对法益的修复情况。法律保护的利益因此得到修复，法律的权威得到确证。上述过失罪犯受刑罚惩罚的基点相对较小，能承受的具体刑罚量也有限，对他们在法律上的否定力度也较弱，因此减少此类罪犯的实际执行刑期符合报应论的要求。

第四，符合罪刑均衡原则的要求。罪刑均衡原则的基本要求是刑罚的轻重与犯罪分子所犯罪行的性质、情节和社会危害程度相适应。在刑法发展过程中，学者以及立法者或是单纯重视犯罪行为给社会造成的客观损害，或是片面强调罪犯人身危险性以及再犯可能性对确定刑罚的核心作用，显然走向极端的这两种观点都是僵硬的。现代意义的刑法学在罪刑均衡原则问题上，“既强调刑罚与犯罪行为相适应，又主张刑罚与罪犯的人身危险性相适应”①，这意味着刑罚应当与犯罪行为的客观危害之间建立较为明确的价目表关系，重罪重罚、轻罪轻罚，从而实现分配正义中最基本的平等原则。然而“所有人完全的社会平等也会如同‘过大’的社会差别和对立一样，与正义背道而驰”，因此“平等的必须平等对待，不平等的必须不平等对待”。② 罪刑均衡原则还意味着刑罚适用不能“一刀切”，必须根据犯罪行为之性质、情节以及社会危害性中表现出来的罪犯之人身危险性大小的因素量刑，实现分配正义中的不同群体不同对待原则。刑罚运用过程中，学者通常关注立法与审判中的罪刑均衡实现，往往忽视了刑罚执行一段时间后的减刑中也存在罪刑均衡问题。笔者认为，削减罪犯实际执行刑期，同样是罪刑均衡原则的要求，罪犯人身危险性在刑罚执行期间发生显著变化，对人身危险性降低的罪犯给予减刑，降低刑罚惩罚的强度，是“不平等的不平等对待”的体现。

实施了过失犯罪行为，被判处 5 年以下有期徒刑、拘役或管制的罪犯，社会危害性程度低，行为给社会造成的客观损害不大，给被害人造成的损失也可以通过个人努力进行弥补。上述罪犯主观恶性比故意犯罪小，对危害社会的结果持过失的心态，并不追求或者放任危害结果的发生。行为人对社会规范、对他人利益没有恶劣的敌视、蔑视心态，只是因多种原因没有尽到充分的注意或者防范义务

---

① 周光权：《刑法总论》（第四版），北京：中国人民大学出版社 2021 年版，第 56 页。

② ［德］魏德士：《法理学》，吴越、王朴译，北京：法律出版社 2005 年版，第 161 页。

而导致危害结果的发生，其人身危险性低，再次实施犯罪的可能性不高。对没有造成严重危害社会结果、人身危险性较低，但需要进行刑罚惩罚的罪犯，其在监狱等刑罚执行机构表现良好时，可以获得更多的减刑以早日出狱。

第五，符合宽严相济刑事政策的要求。2010 年，最高人民法院印发《关于贯彻宽严相济刑事政策的若干意见》，宽严相济刑事政策是我国构建和谐社会新形势下的基本刑事政策，它对于最大限度地预防和减少犯罪、化解社会矛盾、维护社会和谐稳定，具有特别重要的意义。该政策对“严”的解释为：对于罪行十分严重、社会危害性极大，依法应当判处重刑或死刑的，要坚决地判处重刑或死刑；对于社会危害大或者具有法定、酌定从重处罚情节，以及主观恶性深、人身危险性大的被告人，要依法从严惩处。在审判活动中通过体现依法从“严”的政策要求，有效震慑罪犯和社会不稳定分子，达到有效遏制犯罪、预防犯罪的目的。该政策对“宽”的解释为：对于情节较轻、社会危害性较小的犯罪，或者罪行虽然严重，但具有法定、酌定从宽处罚情节，以及主观恶性相对较小、人身危险性不大的被告人，可以依法从轻、减轻或者免除处罚；对于具有一定社会危害性，但情节显著轻微危害不大的行为，不作为犯罪处理；对于依法可不监禁的，尽量适用缓刑或者判处管制、单处罚金等非监禁刑。

笔者认为，以减刑的方式提高无期徒刑犯实际执行刑期，提高部分死缓犯实际执行刑期，是宽严相济刑事政策的“严”在减刑中的体现，表明了法律对社会危害大或者具有法定、酌定从重处罚情节，以及主观恶性深、人身危险性大的罪犯的严惩，能够收到一般预防的良好效果。如果在减刑中，只有限制减刑而没有从宽减刑，则刑罚会因过于严厉导致不必要的紧张，缺乏必要松弛以保障合理弹性，不利于刑罚作用的发挥。笔者所建议的对部分过失犯从宽减刑，与限制减刑相对应，是宽严相济刑事政策的“宽”在减刑中的体现，是对社会危害较小，以及主观恶性相对较小、人身危险性不大的罪犯之从宽处理，有利于保持刑罚合理的张力，有利于罪犯重返社会，收到良好的矫正效果。实践中已经有地区对过失犯减刑放宽条件，如江苏省高级人民法院 2005 年发布的《关于审理减刑案件若干问题的意见（试行）》第 16 条第 2 款规定，对过失罪犯，可以比照同等条件故意罪犯的减刑幅度适当从宽，但不得超过有期徒刑 3 个月。

六、多措并举，完善财产性判项与减刑的衔接

（一）宣传法律知识，纠正错误认识

罪犯及家属履行财产性判项积极性不高，观念上无法转变主要源于认识上的偏差。在日常教育、管理、改造过程中，需要及时普及法律知识，使罪犯认识到民事责任、刑事责任是不同种类的责任。民事责任在监狱服刑期间不履行，出狱以后同样需要履行，不会因为刑事责任已经履行而宣告消灭。如果出狱后有能力履行而不履行，会被强制执行，纳入失信被执行人名单，各种活动都要受到限制。如果能够在监狱服刑期间履行财产性判项，不仅使民事责任宣告消灭，还能够获得减刑的奖励，降低实际服刑时间。如果在监狱服刑期间有履行能力不履行，不仅民事责任没有消灭，还不能获得减刑。算一下“经济账”，还是在监狱服刑期间及时履行财产性判项更加有利。

实践中，财产性判项履行情况对减刑影响重大，成为判断罪犯认罪悔罪的一个重要标准。履行财产性判项意义重大，能够促进被害人补偿恢复，促使罪犯自觉主动通过履行财产性判项修复犯罪损害。敦促罪犯积极履行财产性判项，有利于修正罪犯“以刑代罚”“服刑即赎罪”等错误观念，充分认识到财产性判项也是刑事责任、民事责任的重要组成部分，刑事责任的承担，不仅仅是在监狱服自由刑。

（二）向法院缴纳赔偿款或者向赔偿权利人近亲属支付赔偿即可视为履行

赔偿权利人因为多种原因拒绝接受赔偿，使罪犯即使有全部履行或者部分履行的意向也不能实现判决确定的赔偿。这种现象导致罪犯不能全部履行或者部分履行的，会影响财产性判项的执行，影响监狱提请给予罪犯减刑。笔者认为，在这种情况下，罪犯向法院全部或者部分缴纳赔偿款即可视为履行全部或者一部分，按照相关规定予以减刑。如果没有办法找到赔偿权利人，向赔偿权利人近亲属支付赔偿，做好相关法律手续亦可被认为履行了财产性判项。如果这两种方式实施起来都有难度，笔者认为可以在监狱所在地通过公证处利用提存的方式全部或者部分支付赔偿。《提存公证规则》第 2 条规定，提存公证是公证处依照法定条件和程序，对债务人或担保人为债权人的利益而交付的债之标的物或担保物

（含担保物的替代物）进行寄托、保管，并在条件成就时交付债权人的活动。为履行清偿义务或担保义务而向公证处申请提存的人为提存人。提存之债的债权人为提存受领人。在刑事责任、民事责任交叉的案件中，通过提存方式，能够消除罪犯对赔偿权利人的债务。在罪犯根据法律规定办理好提存手续后，其提存手续可视为全部履行或者部分履行的法律证明。

（三）综合判断罪犯履行能力，形成比较客观的结论

财产性判项执行与减刑关联问题，并非是国家用减刑制度压迫罪犯执行财产性判项，而是增加罪犯认罪悔罪判断标准的客观性。罪犯有履行能力并全部履行财产性判项，显然是认罪悔罪的表现。罪犯有部分履行财产性判项的能力，在自己能力范围内履行了财产性判项，同样也是认罪悔罪的表现。这两种情形下，罪犯能够获得减刑。

如果罪犯经过批评教育能够认识到自己行为的危害，通过自己的亲属完成了财产性判项，应该认为有履行能力而履行，可以报请减刑。如果罪犯经批评教育依然有履行能力而不履行，或者自己不方便履行时也不通过自己的亲属履行，应认定为有履行能力而不履行，不予报请减刑。例如，龙岩市中级人民法院的两个典型案例①：卢某某贪污罪减刑案件中，该犯名下有一辆轿车由亲属使用未被依法扣押，经教育后其亲属将轿车送交原审法院扣押，原审法院执行局扣押后将情况向龙岩市中级人民法院反映，卢某某获得减刑。相反，犯信用卡诈骗罪、妨害信用卡管理罪的钟某减刑案中，该犯有某水电站 6.22% 股份未处置，仅仅履行 8000 元财产性判项。该行为被认为系有履行能力不积极履行，不能被裁定减刑。

如果罪犯有全部履行能力，故意在该省确定的标准范围内履行一小部分，不适宜认定为有认罪悔罪表现，反而是故意投机性改造的表现，不应该予以减刑。例如，某地检察机关在监督减刑过程中发现，罪犯杨某犯票据诈骗罪，有履行财产性判项的能力，但是仅履行财产性判项总金额 67.3 万元中的 6.73 万元，显然是卡着当地减刑实施细则中的 10% 比例标准履行，真诚悔改表现不足，有投机获取减刑资格嫌疑。当地检察院认为其不积极退赃，不能认定为确有悔改表现，并在减刑、假释评审委员会发表监督意见。罪犯杨某于次日全部履行财产性判项，

① 陈立烽、李秋英、张燕：《龙岩中院严把减刑关口，督促服刑人员主动履行财产性判项》，载《闽西日报》2020 年 11 月 30 日，第 6 版。

检察人员庭审中建议准予杨某减刑，并建议法庭根据杨某悔改表现，将提请建议减刑 7 个月放宽至减去余刑，均被法庭采纳①。

对财产性判项履行能力的判断，可以综合判断罪犯家庭经济情况、个人财产情况、监狱内消费水平和个人在监狱的账户余额。有些地区开具罪犯家庭困难证明文件程序不是十分严谨，导致证明力相对较弱，使证明文件中的内容仅仅成为参考因素，不能作为不具有履行财产性判项能力的唯一标准。有些省的做法是看狱内的消费能力，如果罪犯被判处没收全部个人财产已经执行，则控制罪犯的月均消费，消费低于 400 元的，认定为没有履行能力可以呈报减刑。有些省的做法是将狱内的消费能力与账户余额共同作为重要标准，罪犯在监狱消费水平月均低于 100 元，余额低于 200 元的，通常认定为没有履行能力，在报请减刑方面没有幅度限制。例如，邓某生因盗窃罪被判处有期徒刑 9 年 6 个月，并处罚金 20 万元，执行机关提出减刑一个月的建议。常德市中级人民法院经过审查发现，该罪犯只履行了 1000 元罚金，经考察发现其狱内消费水平较高，于是认定其不构成认罪悔罪，裁定不予减刑②。

---

① 章钟元：《南京钟山：驻高淳监狱检察室成功监督两名“三类罪犯”履行财产性判项》，江苏检察网，http：//jsjc. gov. cn/wsjcy/xz/ajxx/201807/t20180705_512219. shtml。最后访问日期：2022-01-29。

② 张鼎峰、邱杨雨生：《湖南高院：减刑、假释要考察财产性判项的履行情况》，华声在线，https：//hunan. voc. com. cn/article/201910/201910241255189306. html。最后访问日期：2022-01-29。

结 论

国家创设减刑制度，需要有充足的理论支撑，这是国家权力自身合法性的要求。一种事关公民基本权利的制度，应该能够使公民信服，获得公众支持，使人更加乐于遵守，并进而自觉维护国家法律和其他社会规范。减刑制度，仅仅是庞大而复杂的国家机器上的一颗小螺丝钉，但是，它同样关系到公民的权利，尤其是处于极端状态下罪犯的福祉，不容忽视。

任何国家制度都不是完美无缺的，我们应该像对待“犯罪饱和”一样对待减刑制度中的问题——容忍并控制。在减刑实践中不断出现的问题，需要我们依靠理性来解决。笔者期待，在共同理性的推动下，减刑制度将越来越完善，更加体现人类智慧，更能增进人类幸福。

参考文献

[1] 鲍圣庆:《减刑、假释的理论与实践》，吉林人民出版社 1992 年版。

[2] 陈鼓应:《老子注译及评介》，中华书局 2009 年版。

[3] 陈金林:《积极一般预防理论研究》，武汉大学出版社 2013 年版。

[4] 陈敏:《减刑制度比较研究》，中国方正出版社 2001 年版。

[5] 陈兴良:《教义刑法学》，中国人民大学出版社 2010 年版。

[6] 陈兴良:《刑法的人性基础》，中国方正出版社 1996 年版。

[7] 陈忠林主编:《刑法学》（上），法律出版社 2006 年版。

[8] 陈忠林主编:《刑法总论》，高等教育出版社 2007 年版。

[9] 高铭暄、马克昌主编:《刑法学》（第四版），北京大学出版社、高等教育出版社 2010 年版。

[10] 高铭暄主编:《刑法学原理》，中国人民大学出版社 1994 年版。

[11] 甘雨沛等主编:《犯罪与刑罚新论》，北京大学出版社 1991 年版。

[12] 韩玉胜等著:《刑事执行法学研究》，中国人民大学出版社 2007 年版。

[13] 刘京华:《减刑假释制度的发展趋势和利弊》，高憬宏主编:《减刑、假释的法律适用与司法实践——中国·欧盟法律和司法合作项目成果》，人民法院出版社 2005 年版。

[14] 李适时:《关于〈中华人民共和国刑法修正案（八）（草案）的说明〉——2010 年 8 月 23 日在第 11 届全国人民代表大会常务委员会第 16 次会议上》，王志祥主编:《〈刑法修正案八〉解读与评析》，中国人民公安大学出版社 2012 年版。

[15] 林山田:《刑法通论（修订十版）》（下），元照出版有限公司 2008 年版。

［16］林山田：《刑罚学》（修订本），商务印书馆2005年版。

［17］林钰雄：《新刑法总则》，中国人民大学出版社2009年版。

［18］梁治平：《寻求自然秩序中的和谐——中国传统法律文化研究》，上海人民出版社1987年版。

［19］龙宗智、杨建广主编：《刑事诉讼法》，高等教育出版社2003年版。

［20］梅传强：《犯罪心理生成机制研究》，中国检察出版社2004年版。

［21］梅传强：《论犯罪与刑罚的人性基础》，王牧主编：《犯罪学论丛》（第3卷），中国检察出版社2005年版。

［22］米传勇：《对加罗法洛犯罪学思想的曲解与澄清》，陈兴良主编：《刑事法评论》（第25卷），北京大学出版社2009年版。

［23］米传勇：《阅读加罗法洛——以自然犯、法定犯理论为中心》，陈兴良主编：《刑事法评论》（第24卷），北京大学出版社2009年版。

［24］马克昌主编：《近代西方刑法学说史略》，中国检察出版社2004年版。

［25］马克昌主编：《近代西方刑法学说史》，中国人民公安大学出版社2008年版。

［26］马克昌主编：《刑罚通论》，武汉大学出版社1999年版。

［27］钱穆：《论语新解》，九州出版社2013年版。

［28］强世功：《惩罚与法治——当代法治的兴起（1976-1981）》，法律出版社2009年版。

［29］曲新久主编：《刑法学》（第三版），中国政法大学出版社2009年版。

［30］邱兴隆：《关于惩罚的哲学——刑罚根据论》，法律出版社2000年版。

［31］苏惠渔主编：《刑法学》，中国政法大学出版社1997年版。

［32］沈家本：《监狱访问录序》，《沈寄簃先生遗书》甲编《寄簃文存》卷6。

［33］许发民：《刑法的社会学分析》，法律出版社2003年版。

［34］徐静村主编：《减刑、假释制度改革研究》，中国检察出版社2011年版。

［35］王爱立：《中华人民共和国刑法条文说明、立法理由及相关规定》，北京大学出版社2021年版。

［36］王利荣：《人性与惩罚》，赵长青主编：《犯罪认定与适用研究》，长安出版社2002年版。

［37］王利荣：《行刑法律机能研究》，法律出版社2001年版。

［38］王顺安：《刑事执行法学》，群众出版社 2001 年版。

［39］王顺安：《刑事执行法学通论》，群众出版社 2005 年版。

［40］王尚新主编：《中华人民共和国刑法解读》（第三版），中国法制出版社 2011 年版。

［41］王泰：《现代监狱制度》，法律出版社 2003 年版。

［42］吴宗宪：《西方犯罪学史》，警官教育出版社 1997 年版。

［43］吴宗宪主编：《中国服刑人员心理矫治》，法律出版社 2004 年版。

［44］谢望原：《欧陆刑罚制度与刑罚价值原理》，中国检察出版社 2004 年版。

［45］夏勇：《法治源流——东方与西方》，社会科学文献出版社 2004 年版。

［46］杨联陞：《中国文化中的“报”“保”“包”之意义》，中华书局 2016 年版。

［47］俞荣根：《从儒家之法出发——俞荣根讲演录》，群众出版社 2009 年版。

［48］钟安惠：《西方刑罚功能论》，中国方正出版社 2001 年版。

［49］章恩友、姜祖祯主编：《矫治心理学》，教育科学出版社 2008 年版。

［50］周光权：《犯罪论体系的改造》，中国法制出版社 2009 年版。

［51］周光权：《刑法总论》（第四版），中国人民大学出版社 2021 年版。

［52］张明楷：《刑法学》（第五版），法律出版社 2016 年版。

［53］周少华：《刑罚理性与规范技术——刑罚功能的发生机理》，中国法制出版社 2007 年版。

［54］张文学：《刑罚执行变更理论与实务》，人民法院出版社 2000 年版。

［55］朱晓阳：《罪过与惩罚：小村故事 1931-1997》，天津古籍出版社 2003 年版。

［56］朱玉光、牛传勇：《树立科学的刑罚执行观 依法大胆适用假释制度》，高憬宏主编：《减刑、假释的法律适用与司法实践——中国·欧盟法律和司法合作项目成果》，人民法院出版社 2005 年版。

［57］翟中东：《国际视域下的重新犯罪防治政策》，北京大学出版社 2010 年版。

［58］翟中东：《刑罚问题的社会学思考：方法及运用》，法律出版社 2010 年版。

[59] 翟中东：《刑法中的人格问题研究》，中国法制出版社 2003 年版。

[60] 张志辉：《刑法理性论》，北京大学出版社 2006 年版。

[61] 周振杰：《日本近代刑法与刑法思想史研究》，赵秉志主编：《刑法论丛》（第 27 卷），法律出版社 2011 年版。

[62] 陈立烽、李秋英、张燕：《龙岩中院严把减刑关口，督促服刑人员主动履行财产性判项》，载《闽西日报》2020 年 11 月 30 日第 6 版。

[63] 徐盈雁、郑赫南：《张海违法减刑案：揪出“假立功”背后的保护伞》，载《检察日报》2015 年 2 月 12 日第 2 版。

[64] [德] 安塞尔姆·李特尔·冯·费尔巴哈：《德国刑法教科书》（第十四版），C·J·A·米特迈尔出版，徐久生译，中国方正出版社 2010 年版。

[65] [德] 伯恩·魏德士：《法理学》，丁晓春、吴越译，法律出版社 2013 年版。

[66] [德] G·拉德布鲁赫：《法哲学》，王朴译，法律出版社 2005 年版。

[67]《德国刑法典》，冯军译，中国政法大学出版社 2000 年版。

[68] [德] 黑格尔：《法哲学原理》，范扬、张企泰译，商务印书馆 1961 年版。

[69] [德] 汉斯·海因里希·耶赛克、托马斯·魏根特：《德国刑法教科书》，徐久生译，中国法制出版社 2001 年版。

[70] [德] 卡尔·曼海姆：《重建时代的人与社会：现代社会结构的研究》，张旅平译，三联书店 2002 年版。

[71] [德] 克劳斯·罗克辛：《德国刑法学总论》（第 1 卷），王世洲译，法律出版社 2005 年版。

[72] [德] 拉德布鲁赫：《法学导论》，米健等译，中国大百科全书出版社 1997 年版。

[73] [德] 卢曼：《社会的法律》，郑伊倩译，人民出版社 2009 年版。

[74] [德] 李斯特：《德国刑法教科书》（修订译本），[德] 施密特修订，徐久生译，何秉松校，法律出版社 2006 年版。

[75] [德] 雅克布斯：《现今的刑法理论》，冯军译，夏勇编：《公法》（第 2 卷），法律出版社 2000 年版。

[76] [法] 埃米尔·涂尔干：《社会分工论》，渠东译，生活、读书、新知三联书店 2000 年版。

［77］［法］E·杜尔凯姆：《社会学方法的准则》，狄玉明译，商务印书馆1995年版。

［78］［法］米歇尔·福柯：《规训与惩罚：监狱的诞生》，生活·读书·新知三联书店2003年版。

［79］［美］昂格尔：《现代社会中的法律》，吴玉章、周汉华译，中国政法大学出版社1994年版。

［80］［美］理查德·A·波斯纳：《法理学问题》，苏力译，中国政法大学出版社2002年版。

［81］［美］E·A·罗斯：《社会控制》，秦志勇、毛永政译，华夏出版社1989年版。

［82］［美］卡斯东·斯特法尼：《法国刑法总论精义》，罗结珍译，中国政法大学出版社1998年版。

［83］美国法学会编：《美国模范刑法典及其评注》，刘仁文、王祎等译，法律出版社2005年版。

［84］［美］斯蒂芬诺斯·毕贝斯：《刑事司法机器》，北京大学出版社2015年版。

［85］［美］约翰·亨利·梅利曼：《大陆法系》（第二版），顾培东、禄正平译，李浩校，法律出版社2004年版。

［86］［美］朱迪斯·巴特勒：《权力的精神生活：服从的理论》，张生译，凤凰传媒出版集团、江苏人民出版社2009年版。

［87］［挪威］托马斯·马蒂森（Thomas Mathiesen）：《受审判的监狱》，北京大学出版社2014年版。

［88］［日］吉川经夫译：《新社会防卫论》，一粒社1968年版。

［89］［日］菊田幸一：《犯罪学》，海沫等译，群众出版社1989年版。

［90］［日］木村龟二主编：《刑法学词典》，顾肖荣等译，上海翻译出版公司1991年版。

［91］［日］正田满三郎：《刑法体系总论》，良书普及会1979年版。

［92］［英］边沁：《道德与立法原理导论》，时殷弘译，商务印书馆2000年版。

［93］［意］杜里奥·帕多瓦尼：《意大利刑法学原理》（注评版），陈忠林译评，中国人民大学出版社2004年版。

［94］［意］恩里科·菲利：《犯罪社会学》，郭建安译，中国人民公安大学出版社 2004 年版。

［95］［意］恩里科·菲利：《实证派犯罪学》，郭建安译，中国人民公安大学出版社 2004 年版。

［96］［意］格拉马蒂卡：《社会防卫原理》，［日］森下忠译，成文堂 1980 年版。

［97］［意］加罗法洛：《犯罪学》，耿伟、王新译，储槐植校，中国大百科全书出版社 1996 年版。

［98］［英］拉尔夫·达伦道夫：《现代社会冲突》，林荣远译，中国社会科学出版社 2000 年版。

［99］［英］马林诺夫斯基：《原始社会的犯罪与习俗》（修订译本），法律出版社 2007 年版。

［100］［意］切萨雷·贝卡里亚：《论犯罪与刑罚》，黄风译，北京大学出版社 2008 年版。

［101］［意］切萨雷·龙勃罗梭：《犯罪人论》，黄风译，中国法制出版社 2005 年版。

［102］《最新意大利刑法典》，黄风译注，法律出版社 2007 年版。

［103］储槐植：《刑罚现代化：刑法修改的价值定向》，载《法学研究》1997 年第 1 期。

［104］陈筱芳：《中国传统报应观的源头：春秋善恶报应观》，载《求索》2004 年第 4 期。

［105］陈忠林：《自由、人权、法治——人性的解读》，载《现代法学》2001 年第 3 期。

［106］杜菊：《关于减刑制度的理性思考》，载《中国监狱学刊》2002 年第 6 期。

［107］戴昕：《威慑补充与“赔偿减刑”》，载《中国社会科学》2010 年第 3 期。

［108］段晓东：《科学分析狱情之管见》，载《中国监狱学刊》2005 年第 1 期。

［109］杜雪晶：《论安塞尔新社会防卫思想的理论内核》，载《河北法学》2009 年第 8 期。

［110］［法］雷蒙·加桑（Raym GASSIN）：《解析西方民主国家刑事政策的变化：以法国为例》，朱琳译，载《比较法研究》2010年第3期。

［111］郭建安：《论刑罚的威慑效应》，载《法学研究》1994年第3期。

［112］顾培东：《公众判意的法理解析——对许霆案的延伸思考》，载《中国法学》2008年第4期。

［113］黄风：《刑罚：社会防卫的双刃“器”——读李斯特的〈刑罚目的论〉》，载《比较法研究》1987年第4期。

［114］季卫东：《合宪审查与司法权的强化》，载《中国社会科学》2002年第2期。

［115］刘邦惠：《重刑犯常见的心理问题及应对策略》，载《河南司法警官职业学院学报》2006年第4期。

［116］劳东燕：《罪刑法定的明确性困境及其出路》，载《法学研究》2004年第6期。

［117］刘智：《只有完善监狱法律体系才能真正实现依法治监——“监狱立法与监狱工作”研讨会实录》，载《犯罪与改造研究》2000年第5期。

［118］李忠诚：《减刑、假释提请权的归属问题研究》，载《法治论丛》2005年第6期。

［119］赖早兴：《减刑、假释和暂予监外执行适用条件中的平等问题》，载《中国监狱学刊》2006年第6期。

［120］梅传强：《论犯罪心理的生成机制》，载《河北法学》2004年第1期。

［121］彭海滨：《从减刑活动的性质看减刑审理诉讼化运作》，载《西南政法大学学报》2011年第2期。

［122］邱兴隆：《报应论的价值悖论——以社会秩序、正义与个人自由为视角》，载《政法论坛》2001年第2期。

［123］邱兴隆：《撩开刑罚的面纱——刑罚功能论》，载《法学研究》1998年第6期。

［124］邱兴隆：《刑罚个别化否定论》，载《中国法学》2000年第5期。

［125］［日］泽登俊雄：《新社会防卫论》，冯筠译，潘汉典校，载《外国法译丛》1987年第3期。

［126］［日］中山研一：《牧野英一的刑法理论——刑法的基础理论》，甘雨

沛译，载《国外法学》1980 年第 4 期。

[127] [日] 庄子邦雄：《刑罚制度的基础理论——刑罚制度的意义》，甘雨沛译，载《国外法学》1979 年第 5 期。

[128] 石经海：《从极端到理性：刑罚个别化的进化及其当代意义》，载《中外法学》2010 年第 6 期。

[129] 王克金：《权利冲突论——一个法实证主义的分析》，载《法治与社会发展》2004 年第 2 期。

[130] 王利荣：《减刑运作和刑罚合理弹性》，载《云南法学》2001 年第 1 期。

[131] 吴明童：《既判力的界限研究》，载《中国法学》2001 年第 6 期。

[132] 王志祥：《我国减刑、假释制度改革路径前瞻》，载《法商研究》2009 年第 6 期。

[133] 王志祥、马聪：《刑罚报应目的之辩证》，载《山东警察学院学报》2009 年第 4 期。

[134] 许发民：《论社会文化对刑罚的影响》，载《中国法学》2002 年第 1 期。

[135] 肖世杰：《法律的公众认同、功能期许与道德承载——对刑法修正案（八）的复眼式解读》，载《法学研究》2011 年第 4 期。

[136] 鲜铁可：《安塞尔新社会防卫思想研究》，载《中外法学》1994 年第 2 期。

[137] 鲜铁可：《格拉马蒂卡及其〈社会防卫原理〉》，载《中国法学》1993 年第 4 期。

[138] 袁登明：《减刑权归属之探讨》，载《中国监狱学刊》2002 年第 1 期。

[139] 杨娟：《罪犯服刑医疗费用保障研究》，载《当代经济》2009 年第 15 期。

[140] 余松龄、胡莎：《论减刑制度的运作机制》，载《湖南公安高等专科学校学报》2004 年第 4 期。

[141] 叶士珍、周强：《我国减刑制度的几点思考》，载《犯罪与改造研究》2003 年第 12 期。

[142] 曾爱东、童团结：《狱情排查与防控的科学体现》，载《中国监狱学

刊》2008 年第 1 期。

[143] 张爱华:《试论当前重刑犯特点及教育改造的对策》，载《北京市政法管理干部学院学报》2001 年第 3 期。

[144] 赵国玲:《二十世纪之中国监狱法学》，载《中外法学》1998 年第 3 期。

[145] 周光权:《公众认同、诱导观念与确立忠诚——现代法治国家刑法基础观念的批判性重塑》，载《法学研究》1998 年第 3 期。

[146] 周光权:《违法性判断的基准与行为无价值论——兼论当代中国刑法学的立场问题》，载《中国社会科学》2008 年第 4 期。

[147] 周光权:《行为评价机制与犯罪成立——对犯罪构成理论的扩展性思考》，载《法学研究》2000 年第 3 期。

[148] 朱华军:《某重刑犯监狱心理咨询的困境》，载《社会心理科学》2008 年第 Z1 期。

[149] 章梅娟:《我国监狱减刑制度完善研究》，载《行政与法》2009 年第 2 期。

[150] 张全仁、张鸥:《监狱行刑的功能与目的》，载《中国法学》2000 年第 4 期。

[151] 赵绪明:《当前重刑犯的特征简析与管理探讨》，载《中国司法》2006 年第 9 期。

[152] 宗雄信:《也谈减刑权的运作》，载《河南司法警官职业学院学报》2004 年第 1 期。

[153] 翟中东:《刑罚个别化的蕴涵：从发展角度所作的考察——兼与邱兴隆教授商榷》，载《中国法学》2001 年第 4 期。

[154] 陈志刚:《减刑制度废除研究》，中国政法大学硕士论文 2010 年。

[155] 范真:《中国减刑制度研究》，山东大学硕士论文 2007 年。

[156] 曲伟:《中国减刑权归属制度探讨》，中国政法大学硕士论文 2009 年。

[157] 孙琳:《减刑假释实施程序研究》，西南政法大学博士论文 2010 年。

[158] 王爱鲜:《我国减刑制度的一般理论研究》，河南大学硕士论文 2004 年。

[159] 王瑞青:《我国减刑制度研究》，安徽大学硕士论文 2007 年。

[160] 徐久生:《刑罚目的及其实现》，中国政法大学博士论文 2009 年。

[161] 徐昕:《论私力救济》,清华大学博士论文 2003 年。

[162] 周超:《减刑基础理论及实务问题研究》,中国政法大学硕士论文 2010 年。

[163] 郑人杰:《论刑罚的应报思想》,台北东吴大学硕士论文 2008 年。

后　记

拙作是在同名博士论文的基础上修改完成。2012 年 2 月，博士论文交稿前，新的减刑、假释司法解释公布，所提完善建议几乎全部无用，内心焦灼无比。幸亏论文中对减刑相关理论研究较多，尚有可用之处，抓紧时间删减修改后，怀着忐忑的心情提交外审。感谢外审老师的宽容，顺利通过。在随后的答辩过程中，得到老师们的指点颇多，得以全票通过。毕业后，一直关注减刑的理论与实践，始终觉得才疏学浅，想要写出一本关于减刑的完美著作，着实能力有限。然而，一想到拙作仅仅是对减刑制度的一个阶段性思考，如果能起到抛砖引玉的效果，也是一个贡献。

拙作能够呈现在诸位读者面前，需要感谢恩师梅传强教授。2003 年我从太原重型机械学院法律系（今太原科技大学法学院）考入西南政法大学研究生部，在梅老师的悉心教导下学习刑法学。2009 年从中央司法警官学院再次考入西南政法大学攻读博士学位，重新追随梅老师研究学问。梅老师知识渊博、人品高尚、性格谦和……所言所行，都是榜样。当年困惑于博士论文选题，梅老师指点，要和自己工作单位的业务紧密联系起来，于是选择减刑作为研究内容。无论是在开题阶段还是在写作阶段，无论是在论文大纲结构方面还是在遣词造句方面，都得到了梅老师耐心点拨，铭感五内。可惜资质愚钝，没有写出让导师满意，让自己满意的优秀论文，实在惭愧。感谢在西南政法大学求学期间陈忠林教授、朱建华教授、李永升教授、王利荣教授、高维俭教授、石经海教授、袁林教授等老师的耳提面命，老师们的指导成为我学术道路上极为宝贵的经验。

拙作能够出版，需要感谢中央司法警官学院的同仁与学生。2006 年研究生毕业后来到单位工作，得到了单位领导、同事无微不至的师长般关爱，原谅我不能一一列举，以免挂一漏万。有师长指点，要把自己的专业与中央司法警官学院的发展联系在一起，从刑罚执行角度深入研究“刑”这门学问。有师长鼓励，要把科研坚持做下去，努力提升自己同时提升学校的水平，他们办公室的灯往往是最晚熄灭的，这种不言之教让人肃然起敬。感谢同仁们给予的帮助，他们师德高尚，学问专一，正直善良。感谢中央司法警官学院在校和毕业的学生，他们热爱学习，上课认真听下课仔细学是对老师最大的褒奖。毕业生中很大一部分在监狱工作，他们对监狱减刑工作的思考，成为拙作调研内容的重要来源。

拙作能够出版，需要感谢家人。感恩父母，他们无缘见到孩子博士毕业，无缘见到拙作出版，每每想起来，感慨造化弄人。父母都是标准的中国农民，淳朴、勤奋、上进……他们期望孩子能够读书读到“顶”，读到不用再去读了，即使砸锅卖铁也要“供”到底。当拿到博士毕业证、学位证的时候，多么希望他们能够看到。学海无涯，能够遨游其中，没有父母“掉在地上摔成八瓣”的辛勤汗水，我这支小舟是无法漂起来的。感谢妻子钱娜，让我过上了“衣来伸手饭来张口”的悠闲日子，生活上没有什么需要操心的琐事；她在法院工作，接触了大量减刑案例，为拙作写作提供了很多灵感，没有她的鼓励，拙作不会这么早与读者见面。

赵　亮

2022 年 8 月 9 日